中國能源
二氧化碳排放總量控制
和地區分配研究

何艷秋 / 著

財經錢線

前 言

　　近百年來全球氣候正在經歷一次以全球變暖為主要特徵的顯著變化，經濟發展和環境保護之間的矛盾越來越突出。一系列科學研究表明，二氧化碳等溫室氣體排放與全球升溫存在直接關係。隨著氣候變暖帶來的危害越加明顯，各個國家都在積極尋求碳減排途徑，以便以最小的經濟代價取得最大的碳減排效果。隨著發展中國家經濟的快速增長和二氧化碳排放量的增長，發達國家越來越傾向於要求發展中國家控制碳排放和承擔碳減排義務。1997年《聯合國氣候變化框架公約》第三次締約方大會之后，發達國家紛紛向發展中國家施加壓力。他們認為，要實現把大氣中的溫室氣體濃度控制在防止氣候系統免受危險的干擾水平上的目標，中國、印度等發展中國家必須要實施大量的碳減排行動。隨著我國工業化和城鎮化進程的加快，化石能源消費量和二氧化碳排放量均大幅度增加，碳減排成為部分發達國家通過能源消耗限制我國經濟增長的借口。他們認為中國應該承擔起更多的碳減排義務，使我國面臨巨大的減排壓力。

　　除了應對來自於國際社會的壓力外，碳減排也是與我國建立「資源節約型、環境友好型」社會目標相一致的，為此我國也在不斷地努力中。2006年年底，中國科技部、中國氣象局、國家發展和改革委員會、國家環保總局等六部委聯合發布了我

國第一部《氣候變化國家評估報告》。2007年6月，我國又正式發布了《中國應對氣候變化國家方案》；同年7月，溫家寶總理先後主持召開了國家應對氣候變化及節能減排工作領導小組第一次會議和國務院會議，研究部署應對氣候變化工作，組織落實節能減排工作；同年12月26日，國務院新聞辦發表《中國的能源狀況與政策》白皮書，著重提出能源多元化發展，並將可再生能源發展正式列為國家能源發展戰略的重要組成部分，不再提以煤炭為主。2008年7月，日本北海道G8峰會上我國也表示將尋求與《聯合國氣候變化框架公約》的其他簽約方一道共同達成到2050年把全球溫室氣體排放減少50%的長期目標；同年的「兩會」上，全國政協委員吳曉青明確將「低碳經濟」提到議題上來。2009年9月，胡錦濤主席在聯合國氣候變化峰會上承諾到2020年單位國內生產總值二氧化碳排放比2005年降低40%~45%。2010年政府制訂的《節能減排綜合性工作方案》，明確了中國實現節能減排的目標和總體要求。2012年，中國深入實施了三大減排措施，把結構減排放在更加突出位置。2013年，企業節能減排的主體地位得到加強。2015年，國務院印發了《2014—2015年節能減排低碳發展行動方案》，從大力推進產業結構調整、加快節能減排降碳工程，狠抓重點領域節能降碳、強化技術支撐、進一步加強政策扶持、積極推進市場化節能減排機制、加強監測和監督檢查、落實責任目標等8個方面提出了30項措施和要求。通過努力，我國的減排成效得到了國際社會的認可。

在人類應對氣候變暖的減排過程中有兩個前提。一是各個國家面臨多少減排量。這一點在各種國際協商會議的基礎上已經取得了一定成效，應對措施也已形成一種不斷發展演化並日益完善的國際制度框架，共同承擔減排義務成為國際社會的一致聲音。二是各個國家內部各個地區面臨多少減排量，目前仍

在探索階段。尤其是我國區域差距較大，只能通過區域分解、分區控制的方法實現整體減排目標。我國也僅對碳強度減排目標分解進行了一些探索，而要真正實現減排必然要通過總量控制。本書正是基於這樣一個背景，從地區最終需求的角度出發，利用投入產出和計量經濟模型相結合的手段探索了能源二氧化碳總量的地區分配方法，在理論和實踐上均有重大意義。從理論意義上來看，把碳排放作為支撐經濟發展的一個重要要素引入，認為各個地區在居民公平消費和經濟健康發展基礎上的二氧化碳排放需求應該得到滿足，從理論上豐富了發展經濟學各個地區公平發展權利的內涵，並且這種既實現全國環境保護目標又實現經濟增長需求的地區分配方案把環境經濟學中經濟發展與環境保護如何相協調具體化了，具有重大的理論意義；從實踐意義上來看，本書的能源二氧化碳總量地區分配方法充分考慮了地區的差異化，是各個地區經過努力可以實現的控制目標，為國家進行地區減排考核提供了依據，使國內碳交易平臺建立之后碳資源能夠實現公平、有效的配置，具有重大的實踐意義。

本書主要解決了以下五個問題：

（1）國家提出的是碳強度控制承諾，要實現真正意義上的減排，必須要從碳排放總量控制上進行。為印證本書碳排放總量控制地區分解方法的合理性，需要將國家的強度減排目標轉變為總量減排目標，為后文的分析奠定基礎。

（2）要實現國家碳排放總量控制目標，有必要研究過去我國能源二氧化碳變動的歷史規律以及影響因素，為我國未來的減排提供歷史經驗或者不足。所以，本書解決的第二個問題就是分析影響全國能源二氧化碳總量的各個因素及影響程度。

（3）國家要實現碳排放總量控制目標的地區分解必須要考慮各個地區能夠實現的能源二氧化碳總量目標，這就必須要考

慮各個地區的差異化發展情況。所以，本書解決的第三個問題就是分析我國各個區域碳排放差異性的程度以及引起這些差異的原因是什麼。

（4）由於國家的整體產業佈局需要和各個地區發展的比較優勢不同，地區間通過產品流動產生了碳轉移，而在國家碳排放總量的地區分配中必須要把地區間的碳轉移因素考慮進去。所以，本書解決的第四個問題就是分析省際間過去存在多大的碳轉移，影響碳轉移的主要因素是什麼，以及未來的碳轉移趨勢如何。

（5）在解決前面幾個問題的基礎上，本書提出了如何進行全國能源二氧化碳排放權總量的區域分配，既保證公平性又適當考慮效率性。

本書的創新之處主要體現在三個方面：

（1）本書探索了一種從最終需求角度出發對全國能源二氧化碳總量控制目標進行地區分解的合理方式。這種分配方式充分考慮了消費需求公平性、經濟發展需求公平性、地區間碳轉移公平性以及能源生產力的效率性，為碳排放總量控制目標區域分解的實現提供了參考。

（2）本書將因素分配分析法和投入產出法相結合，對全國能源二氧化碳排放的影響因素進行了分解，從數量上測算了各個因素的影響程度，論證了中國控制能源二氧化碳的歷史經驗與薄弱環節，得出了很有意義的結論。從而揭示出：最終需求規模的擴大是導致全國能源二氧化碳排放總量增加的主要因素，其中投資規模對全國能源二氧化碳排放的影響最為突出；目前中國淨出口產品還並未擴大能源二氧化碳排放，甚至還抑制了能源二氧化碳排放的增長，但是應注意到淨出口產品結構變化有擴大能源二氧化碳排放的趨勢；行業生產效率的提高對能源二氧化碳排放總量具有有效的抑製作用，所以技術進步和需求

結構調整是今后控制能源二氧化碳排放的最重要途徑。

（3）本書探索了一種依據中國地區擴展投入產出表測算省際貿易隱含能源二氧化碳轉移量的方式。特別是具體測算出了各地區省際貿易和國際貿易中隱含的能源二氧化碳排放轉移數量，為全國能源二氧化碳排放總量控制目標合理地進行地區分解創造了條件。

由於資料和個人研究水平的局限，本書也存在一些不足。一方面是由於缺乏近期的投入產出表數據，本書的研究只能利用 2007 年和 2010 年的投入產出數據。特別是在利用地區碳轉移對各個地區分得的能源二氧化碳總量進行調整的時候，由於資料局限只能利用 2002 年的截面數據進行預測，這種預測的準確性還有待進一步驗證。另一方面本書為了解決多重共線性問題採用了主成分面板迴歸，雖然得到的結論從理論上來解釋比較合理，但主成分迴歸分析無法對原始變量的顯著性進行統計檢驗的缺陷值得進一步研究。

經過研究，本書提出以下建議：第一，國家在進行碳排放總量控制的時候必須要根據各個地區的發展差異分配差異化的碳減排目標；第二，國家可以通過引導省際碳排放淨調入的地區對向其輸送產品的主要省市提供資金或技術支持的形式以實現全國減排的目標；第三，要充分發揮全要素生產率在碳減排中的作用；第四，統籌全國的產業佈局，並進一步提高電力、熱力的生產和供應業，石油加工煉焦及核燃料加工業，金屬冶煉及壓延加工業，交通運輸、倉儲和郵政業，煤炭開採和洗選業，非金屬礦物製品業和化學工業等重點減排行業的能源利用效率；第五，進一步完善國家與碳排放相關的數據編製方法形成碳排放統計核算體系，充分發揮國家統計體系在碳排放控制中的作用；第六，應該努力調整進出口產品結構實現碳減排。

目　錄

1. 緒論 / 1

1.1　問題的提出 / 1

　　1.1.1　全球變暖，危害凸顯 / 1

　　1.1.2　氣候問題已經引起全世界的廣泛關注 / 3

　　1.1.3　我國面臨巨大的減排壓力，並積極做出努力 / 5

　　1.1.4　低碳化是未來經濟發展的必然趨勢 / 6

1.2　選題的意義 / 7

　　1.2.1　理論意義 / 7

　　1.2.2　實踐意義 / 8

1.3　碳排放相關理論和研究綜述 / 10

　　1.3.1　碳排放的相關概念 / 10

　　1.3.2　碳排放的測算 / 15

　　1.3.3　碳排放的控制 / 25

　　1.3.4　碳排放權分配 / 28

1.4　研究的思路和技術路線圖 / 39

1.5　主要創新點 / 40

2. 全國能源二氧化碳排放現狀和控制目標分析 / 42

2.1　能源二氧化碳排放的測算 / 43

 2.1.1　對能源二氧化碳排放進行研究的重要意義 / 43

 2.1.2　能源二氧化碳排放的測算 / 45

2.2　中國能源二氧化碳排放的歷史狀況與現狀 / 52

 2.2.1　國家能源二氧化碳排放現狀 / 52

 2.2.2　行業能源二氧化碳排放現狀 / 55

 2.2.3　行業完全能源二氧化碳排放現狀 / 60

 2.2.4　行業邊際完全能源二氧化碳排放現狀 / 62

 2.2.5　對我國行業的重新分類 / 63

2.3　中國碳排放控制目標 / 68

 2.3.1　碳強度控制目標與碳排放總量控制目標的聯繫和區別 / 68

 2.3.2　碳排放強度控制目標 / 69

 2.3.3　碳排放總量控制目標 / 70

2.4　碳排放總量目標的地區分解 / 74

 2.4.1　碳排放總量目標地區分解的必要性 / 74

 2.4.2　碳排放總量目標地區分解的原則 / 75

2.5　本章小結 / 77

3. 全國能源二氧化碳排放主要影響因素的指數分解 / 78

3.1 碳排放影響因素的理論分析 / 79
  3.1.1 經濟因素與碳排放 / 79
  3.1.2 人口因素與碳排放 / 84
  3.1.3 能源因素與碳排放 / 86
  3.1.4 技術進步與碳排放 / 87
  3.1.5 碳排放影響因素研究的評述 / 89

3.2 碳排放相關因素的測算 / 89
  3.2.1 高碳排放行業的界定 / 89
  3.2.2 技術進步指標的測算 / 92

3.3 因素分配分析法的原理 / 101

3.4 與投入產出法相結合的碳排放因素分配分析法 / 105
  3.4.1 行業 i 最終消費能源二氧化碳的分解 / 106
  3.4.2 行業 i 投資能源二氧化碳的分解 / 108
  3.4.3 行業 i 淨出口能源二氧化碳的分解 / 110
  3.4.4 全國能源二氧化碳總量分解 / 113

3.5 碳排放影響因素實證分析 / 115
  3.5.1 數據整理 / 115
  3.5.2 能源二氧化碳總量分解的分析 / 116

3.5.3 實證結果總結 / 124

3.6 本章小結 / 129

4. 地區能源二氧化碳排放差異和影響因素的建模分析 / 132

4.1 地區能源二氧化碳排放的差異性分析 / 132

4.1.1 地區能源二氧化碳總量差異分析 / 132

4.1.2 地區碳強度差異分析 / 135

4.1.3 地區人均碳排放差異分析 / 137

4.2 引起我國地區能源二氧化碳排放差異的因素分析 / 139

4.2.1 我國經濟因素與地區碳排放差異 / 139

4.2.2 我國人口因素與地區碳排放差異 / 141

4.2.3 我國能源因素與地區碳排放差異 / 142

4.2.4 我國技術因素與地區碳排放差異 / 144

4.2.5 影響因素總結 / 144

4.3 能源二氧化碳排放總量的面板模型構建和分析 / 145

4.3.1 變量選擇 / 145

4.3.2 模型的初始設定 / 148

4.3.3 選擇面板主成分迴歸的原因 / 148

4.3.4 主成分的提取 / 151

4.3.5 面板主成分迴歸模型的構建和估計 / 155

4.4　本章小結 / 175

5. 各地區碳排放轉移的特徵研究 / 177

5.1　碳轉移的相關研究及述評 / 178

5.2　地區的貿易情況分析 / 181

　　5.2.1　數據來源和整理 / 181

　　5.2.2　地區貿易總量分析 / 181

　　5.2.3　地區分行業貿易情況分析 / 185

5.3　地區貿易隱含能源二氧化碳排放量分析 / 189

　　5.3.1　地區貿易隱含能源二氧化碳排放的測量方法 / 189

　　5.3.2　數據來源和整理 / 190

　　5.3.3　省際貿易隱含能源二氧化碳排放分析 / 192

　　5.3.4　國際貿易載碳量分析 / 212

5.4　地區排放權分配應考慮地區間的碳轉移 / 216

　　5.4.1　理論分析 / 216

　　5.4.2　省際碳轉移影響因素分析及預測 / 218

5.5　本章小結 / 222

　　5.5.1　國內省際間碳轉移的行業構成差異較大 / 222

　　5.5.2　省際和國際碳轉移與地區的資源稟賦和產業結構關係密切 / 222

　　5.5.3　各個地區產業結構的不同造成其在國家整體經濟發

　　　　展過程中的地位有所差異 / 223

　　5.5.4 在進行國家碳排放總量區域分解時應把省際碳轉移
　　　　量考慮在內 / 223

6. 全國二氧化碳排放總量控制目標的地區分解研究 / 224

6.1 我國二氧化碳總量控制目標地區分解的依據 / 225

　　6.1.1 滿足居民消費需求的公平性 / 225

　　6.1.2 滿足地區經濟發展需求的公平性 / 226

　　6.1.3 考慮區域碳轉移的公平性 / 228

　　6.1.4 考慮碳資源使用的效率性 / 229

　　6.1.5 小結 / 231

6.2 中國能源二氧化碳總量的區域分解 / 231

　　6.2.1 總體思路 / 231

　　6.2.2 全國公平性碳排放權和效率性碳排放權總量的
　　　　測定 / 235

　　6.2.3 全國公平性碳排放權的地區分配 / 250

　　6.2.4 全國效率性碳排放權的地區分配 / 265

　　6.2.5 各個地區2020年分得的能源二氧化碳排放
　　　　總量 / 266

6.3 本章小結 / 267

7. 總結與展望 / 269

7.1 本書的主要結論 / 269

7.1.1 全國碳排放總量目標的實現離不開地區的努力 / 269

7.1.2 規模擴張是我國碳排放增加的主要原因 / 269

7.1.3 經濟因素、人口因素、能源因素和技術因素影響程度的不同是造成地區碳排放差異的主要原因 / 271

7.1.4 資源稟賦和產業結構的不同帶來國際和省際間的碳轉移 / 272

7.1.5 碳排放權的最終分配兼顧了消費公平性、投資公平性、碳轉移公平性和效率性 / 274

7.2 若干政策建議 / 275

7.3 本研究的不足 / 277

參考文獻 / 278

1. 緒論

1.1 問題的提出

1.1.1 全球變暖，危害凸顯

隨著人類的進步和經濟的快速發展，特別是工業化進程的加快，二氧化碳排放已經達到了歷史上的最高值和最快增速，全球氣候正在經歷一次以全球變暖為主要特徵的顯著變化。一系列科學研究證實，二氧化碳等溫室氣體排放是引起全球變暖的主要原因。南極 Law Dome 冰芯資料顯示，從 1750 年人類工業化以來，大氣中含的二氧化碳的濃度明顯增加，從 280ppmv 快速上升到 370 ppmv 以上；美國國家海洋大學管理局提供的最新全球年平均溫度數據顯示，近百年來 7 個最溫暖的年份有 6 個發生在 2001 年后，其中 2006 年是自 1861 年有器測氣象記錄以來第六熱的年份；中國科技部、中國氣象局和中科院等六部門發布的《氣候變化國家評估報告》表示未來中國氣候變化的速度將進一步加快，在未來的 50~80 年全國平均溫度很可能會升高 2℃~3℃。

氣候變暖會帶來許多方面的影響：一是會引起海平面的上升。科學家預測，如果地球表面的溫度按照現在的速度升高，

到2050年全球溫度將上升2℃~4℃，南極和北極的冰川將大幅度融化，海平面高度在1990—2100年將上升0.09~0.88米，一些島嶼國家和沿海城市將會被淹沒。二是會引起某些地區農作物產量的減少。由於氣候變暖使降雨量大幅減少，對農作物的產量帶來負面影響，將會使全球糧食價格升高，而且可能使脆弱人口遭受饑餓的風險增加。三是會加劇世界上許多水資源缺乏地區的水短缺。氣候變暖使淡水質量因水溫升高而降低，使世界上許多缺水地區的供水量大量減少，造成世界性的水短缺。除此之外，全球變暖還會使地球病蟲害增加、極端氣候頻繁。近幾年以來，世界上許多國家都遭受了嚴重的風暴、洪水和干旱的影響，造成全球大量生命和財產的損失，給人類的生產生活帶來巨大的危害。

表1.1　20世紀已觀測到的氣候變化的部分影響[①]

指標	已觀測到的變化
全球平均海平面	20世紀平均每年上升1~2毫米。
河流湖泊結冰期	北半球中高緯度地區大約減少了兩週（很可能）。
北極海冰範圍和厚度	近幾十年來在夏末秋初變薄40%（可能）；20世紀50年代以來，春、夏季面積減少10%。
非極地冰川	20世紀廣泛退卻。
雪蓋	20世紀60年代以來面積減少10%（很可能）。
永凍土層	在極地的部分地區，解凍、變暖、退化。

---

① 劉蘭翠. 我國二氧化碳減排問題的政策建模與實證研究 [D]. 合肥：中國科學技術大學，2006.

表1.1(續)

指標	已觀測到的變化
植物生長季	過去40年中,北半球尤其是高緯度地區每10年延長了1~4天。
動植物分佈	植物、昆蟲、鳥類和魚類的分佈向高緯度、高海拔轉移。
生育開花和遷徙	北半球開花、候鳥迴歸、生育季節和昆蟲出現時間均提前。
珊瑚礁白化	頻率增加,尤其在厄爾尼諾年。
相關經濟損失	考慮了通貨膨脹後,過去40年全球的損失增加了14倍。

1.1.2 氣候問題已經引起全世界的廣泛關注

由於二氧化碳等溫室氣體帶來的危害越來越明顯,世界各國已經意識到減少溫室氣體排放的重要性。近年來,一系列國際性會議、雙邊會晤和多邊合作等活動的舉行也表明如何減排已經成為一個重要的國際議題。

1988年,世界氣象組織和聯合國環境規劃署共同建立了「政府間氣候變化專門委員會」;同年12月,聯合國大會通過了關於保護氣候的第43/53號決議,提出氣候變化是「人類共同關切之事項」。1992年,里約環境與發展大會通過的《聯合國氣候變化框架公約》規定,發達國家應率先應對氣候變化的不利影響,在20世紀末將其溫室氣體排放降到1990年的水平。1997年,第三次締約方會議在日本京都舉行,通過了《京都議定書》,要求締約國在2008—2012年將其溫室氣體的排放量在1990年的基礎上減少一定的百分比。2001年在摩洛哥馬拉喀什簽訂了《馬拉喀什協定》,這次會議選舉產生了清潔發展機制執行理事會和技術轉讓專家組。2007年《聯合國氣候變化框架公

約》締約方在印尼巴厘島舉行會議，制定了巴厘路線圖。會議強調了國際合作，並把美國也納入了履約方，還就發展中國家所關心的適應氣候變化、技術開發和轉讓、資金三個問題進行了討論。2009年召開了哥本哈根會議，這次會議的重點議題就在於「責任共擔」，許多國家都做出了減排承諾。2010年的墨西哥坎昆會議中發達國家承諾在最近三年拿出300億美元支持發展中國家的減排行動；2011年南非德班會議取得了五大成果：一是堅持了《聯合國氣候變化框架公約》《京都議定書》和「巴厘路線圖」授權，堅持了雙軌談判機制，堅持了「共同但有區別的責任」原則；二是就發展中國家最為關心的《京都議定書》第二承諾期問題做出了安排；三是在資金問題上取得了重大進展，啟動了綠色氣候基金；四是在坎昆協議的基礎上進一步明確和細化了適應、技術、能力建設和透明度的機制安排；五是深入討論了2020年後進一步加強《聯合國氣候變化框架公約》實施的安排，並明確了相關進程，向國際社會發出積極信號。2012年多哈會議上確定了2013—2020年《京都議定書》第二承諾期。2013年波蘭華沙會議上各國探討了德班行動平臺、資金以及損失損害補償機制三個問題。2014年聯合國利馬氣候變化大會取得了三項成果：一是重申各國須在明年早些時候制定並提交2020年之后的國家自主決定貢獻，並對2020年後國家自主決定貢獻所需提交的基本信息做出要求；二是在國家自主決定貢獻中，適應被提到更顯著的位置，國家可自願將適應納入自己的國家自主決定貢獻中；三是聯合國利馬氣候變化會議上簽訂了一份巴黎協議草案，作為2015年談判起草巴黎協議文本的基礎。

  國際上應對全球氣候變化的會議取得了一定的成效，應對措施也已形成一種不斷發展演化並日益完善的國際制度框架，共同承擔減排義務成了國際社會的一致聲音，但是不同國家由

於其發展階段和發展需求的不一致，都會根據自身的利益訴求來選取適合自己的減排方案。所以，大多數國際性會議所達成的協議都是在多方協調和妥協的基礎上形成的，多是從道義的角度進行約束，並未完全實現法律上的約束。

1.1.3 我國面臨巨大的減排壓力，並積極做出努力

隨著發展中國家經濟的快速增長和二氧化碳排放量的急遽上升，國際上要求發展中國家控制碳排放和承擔減排義務的呼聲越來越高。1997年《聯合國氣候變化框架公約》第三次締約方大會之後，發達國家紛紛向發展中國家施壓。他們認為，要實現把大氣中溫室氣體濃度控制在防止氣候系統免受危險的干擾水平上的目標，中國、印度等發展中國家必須要實施大量的減排行動。

目前，我國已成為世界上經濟增長最快的國家之一。隨著我國工業化和城市化進程的加快，化石能源消費量和二氧化碳排放量也大幅度增加，正好成為部分發達國家通過能源消耗限制中國經濟增長的藉口，認為中國應該承擔起更多的減排義務，這也使我國面臨著巨大的減排壓力。

為了堅持減排的共同責任原則和應對國際輿論，我國在減排上也進行了不斷的努力。2006年年底，中國科技部、中國氣象局、國家發展和改革委員會、國家環保總局等六部委聯合發布了我國第一部《氣候變化國家評估報告》。2007年6月，中國正式發布了《中國應對氣候變化國家方案》；同年7月，溫家寶總理在兩天時間裡先後主持召開國家應對氣候變化及節能減排工作領導小組第一次會議和國務院會議，研究部署應對氣候變化工作，組織落實節能減排工作；同年12月26日，國務院新聞辦發表《中國的能源狀況與政策》白皮書，著重提出能源多元化發展，並將可再生能源發展正式列為國家能源發展戰略的重

要組成部分，不再提以煤炭為主。2008年7月，在日本北海道G8峰會上，我國也表示將尋求與《聯合國氣候變化框架公約》的其他簽約方一道達成到2050年把全球溫室氣體排放減少50%的長期目標；在同年的「兩會」上，全國政協委員吳曉青明確將「低碳經濟」提到議題上來。2009年9月，胡錦濤主席在聯合國氣候變化峰會上承諾到2020年單位國內生產總值二氧化碳排放比2005年降低40%~45%。2010年政府制訂了《節能減排綜合性工作方案》，明確了中國實現節能減排的目標和總體要求。2012年，中國深入實施三大減排措施，把結構減排放在更加突出的位置，完善落後產能退出機制，嚴格建設項目總量指標前置審核，從源頭上減少污染排放。繼續強化工程減排和管理減排，加快污染物治理、重點治污工程、菸氣脫硫脫硝、污水處理設施建設，加強機動車減排，開展農業和農村污染減排。嚴格監管，保證治污設施正常運行，挖掘治污潛力，提高治污效率。2013年，企業節能減排的主體地位得到加強。2015年，國務院印發了《2014—2015年節能減排低碳發展行動方案》，從大力推進產業結構調整、加快節能減排降碳工程、狠抓重點領域節能降碳、強化技術支撐、進一步加強政策扶持、積極推進市場化節能減排機制、加強監測和監督檢查、落實責任目標8個方面提出了30項措施和要求。通過努力，我國的減排成效得到了國際社會的認可。

1.1.4 低碳化是未來經濟發展的必然趨勢

在工業化初期，發達國家多是採用高能耗、高污染的方式達到經濟增長的目的，這種方式也造成了全球二氧化碳等溫室氣體在地球大氣中的累積。近年來，大量發展中國家崛起，經濟快速增長，由於化石能源的快速消耗和全球大氣污染的加劇，過去那種高能耗、高污染的經濟增長方式已不再適應當前經濟

發展模式。為了保證經濟增長與環境的協調發展，保護好我們的唯一一個地球，全世界正在努力探索新的經濟增長方式，即「低碳化發展」。

英國是最早提出「低碳」概念並積極倡導低碳經濟的國家。歐盟把低碳化作為未來經濟的發展方向，並提出了2012年的3個20%的目標：第一個是溫室氣體排放量比1990年減少20%，第二個是一次能源消耗量比1990年減少20%，第三個是再生能源比重比1990年提高20%。這三個20%體現了歐盟國家減排的決心。日本承諾到2050年減排60%～80%，並把發展太陽能列入日本經濟刺激計劃，努力把日本打造成世界上第一個低碳社會。我國「十二五」規劃中明確了能源的多元清潔發展，積極發展太陽能、生物質能、地熱能等其他新能源。巴西等發展中國家也制訂了有關發展可再生能源的法律和計劃。可見，世界經濟走向低碳化已是大勢所趨。

1.2 選題的意義

1.2.1 理論意義

在發展經濟學中，發展中國家和欠發達地區如何實現工業化、擺脫貧困、走向富裕是一核心問題，本質是各個國家和地區都有公平發展的權利；而在環境經濟學中，如何協調經濟發展和環境保護是一個令人關注的焦點。在發展經濟學中，納克斯、羅森斯坦-羅丹和劉易斯等人強調了工業化在經濟發展過程中的重要作用，認為工業化進程是國家和地區發展的必經階段。從發達國家的發展過程來看，工業化伴隨著化石能源的大量消耗，造成了大量的累積二氧化碳排放。目前各個發展中國家要

向發達階段邁進不能走發達國家粗放式使用能源的路子，必須高效地利用能源、保護環境、進行二氧化碳總量控制。

本書在我國二氧化碳總量控制的前提下，探索了進行總量地區分配的方法，充分考慮了各個地區經濟發展水平的差異，從公平性的角度保障了欠發達地區追趕發達地區的權利，把碳排放作為支撐經濟發展的一個重要因素引入，認為各個地區在經濟健康發展基礎上的二氧化碳排放需求應該得到滿足，從理論上豐富了發展經濟學各個地區公平發展權利的內涵。另外，本書從國家二氧化碳總量控制的角度出發，科學合理地把控制目標分配給了各個地區，既實現了全國的環境保護目標，又實現了經濟增長需求，把環境經濟學中經濟發展與環境保護如何相協調具體化了。

1.2.2 實踐意義

1.2.2.1 便於明確對各地區二氧化碳排放的考核依據

本書從影響我國二氧化碳排放的因素出發，尋找引起各地區二氧化碳排放差異的原因，從最終需求的角度出發測算了全國最終需求的能源二氧化碳排放總量，並在充分考慮地區差異的基礎上把全國的碳排放總量目標進行了地區分配，在保證公平性的前提下，適當體現了效率性。可見，這種分配結果是各個地區在現有經濟發展水平下通過努力可以實現二氧化碳排放水平，這種差異化的分配方式為國家進行地區二氧化碳控制的考核提供了依據。

1.2.2.2 為地區碳交易平臺的建立和完善奠定了基礎

我國作為發展中國家，經濟發展是當前的要務，但在環境承載力有限的情況下，保護環境也迫在眉睫，所以我國提出了到 2020 年碳強度較 2005 年降低 40%～45%的目標。這是保護經濟發展時的一個軟約束。目前，我國也在積極探索國內碳交易

平臺的建設，並策劃了碳交易平臺試點城市。在 2011 年年底，上海市碳排放交易試點工作正式全面啟動。我國國內碳交易平臺建設的提速表明二氧化碳總量控制是未來的必然發展方向，通過市場的方式配置碳排放資源也是必然選擇的途徑。而碳交易平臺建立之初首先需要解決的問題就是初始排放權的確定。只有公平有效的初始排放權得到明確，通過市場方式配置的資源才能達到最優狀態。可見，本書基於公平性原則的地區能源二氧化碳分配量為我國國內碳交易平臺的建立奠定了基礎。

1.2.2.3 為徵收碳稅提供了參考標準

對於徵收碳稅我國已經做了多方面的研究。財政部財科所的報告《開徵碳稅問題研究》認為，中國可以考慮在未來五年內開徵碳稅，並提出了我國碳稅制度的實施框架。中國社科院財政與稅收研究室相關研究人士認為徵收碳稅很有必要，並且從現有的稅制框架來看，這種環境稅還比較缺乏，現有稅制的目的是用於增加財政收入，而沒有充分發揮改善資源配置的作用。清華大學全球氣候變化研究所副所長劉德順也指出，徵收碳稅這樣的財政措施可以和其他降低能耗的措施相輔相成[①]。

可見，長期來說，開徵碳稅是我國未來減排的一個重要手段。一方面通過開徵碳稅達到減排的目的有助於應對國際輿論，樹立起我國負責任大國的國際形象；另一方面還可以通過加重高耗能企業和高污染企業的稅賦來抑制其增長，鼓勵企業節能減排，促進產業結構優化和節能減排技術的發展。另外，碳稅作為一種獨立的環境稅，可以使環境稅的稅制框架更加完善。

由於碳稅的影響非常大，所以針對哪些群體徵收以及稅率

---

① 上海證券報. 我國徵收碳稅仍處於研究層面，短期內不會開徵 [EB/OL]. (2011-12-23) http://news.xinhuanet.com/fortune/2011-12/23/c_122470244.htm.

如何制定等都是需要關注的重點，而本書碳排放總量控制地區分配的公平性原則和效率性原則也可以成為未來碳稅制定的基礎，從效率性出發碳稅的制定應該以發展低碳產業為主，限制高碳產業。但從公平的角度出發，某些高碳產業也是低碳產業發展的基礎，所以並不能一味地限制所有的高碳產業，應區別對待。

1.3 碳排放相關理論和研究綜述

1.3.1 碳排放的相關概念

1.3.1.1 低碳經濟

「低碳經濟」的概念首先由英國2003年在《我們未來的能源——創建低碳經濟》的白皮書中提出。2006年，世界銀行首席經濟學家尼古拉斯·斯特恩牽頭做出的《斯特恩報告》呼籲全球減排，並使經濟向低碳化轉型，其認為全球只需要每年犧牲1%的經濟增長就可以避免將來5%~20%的經濟損失。莊貴陽（2007）[1]認為，低碳經濟是一場能源革命，是通過技術創新得以實現的；夏堃堡（2008）[2]認為，低碳經濟包括兩方面：一方面是低碳生產；另一方面是低碳消費，並認為低碳經濟是一種可持續的經濟增長方式。袁男優（2010）[3]認為，低碳經濟是一個交織了經濟、社會和環境的綜合問題，既是一種發展理念

---

[1] 莊貴陽. 氣候變化挑戰與中國經濟低碳發展 [J]. 國際經濟評論, 2007 (5): 50-52.

[2] 夏堃堡. 發展低碳經濟，實現城市可持續發展 [J]. 環境保護, 2008 (3): 33-35.

[3] 袁男優. 低碳經濟的概念內涵 [J]. 環境保護, 2010 (2): 43-46.

也是一種發展模式，既是一個科學問題也是一個政治問題；陳柳欽（2010）[1]認為，低碳經濟的實質是能源利用效率的提高以及清潔能源的開發，包括了產業結構的優化升級和生存發展方式的根本轉變；王博（2010）認為低碳經濟必須要建立在低碳文化的基礎上；姚遜（2011）[2]認為低碳經濟是一種與以往經濟發展模式完全不同的經濟形態，是一種綠色經濟；曹瑩（2012）[3]認為低碳經濟是一種低能耗、低污染、低排放的經濟發展模式。

從表面意思來看，低碳經濟是指在經濟發展與社會進步的過程中碳排放總量逐步減少或者排放的增速逐步減緩。從深層次的意思來看，如果把碳排放作為一種重要的生產資源，對這種資源高消耗和低效率利用的經濟增長方式是帶來環境污染的重要誘因，低碳經濟表示我們應該重新審視傳統的經濟增長方式。在環境承載力允許的碳排放總量情況下，高效率地利用這種排放資源，以更低的碳排放投入帶來更高的經濟增長，實現經濟與環境協調發展的可持續社會進步。因為經濟增長的推動力是多方面的，所以對低碳經濟的理解也可以是多方面的，包括低碳化的消費、低碳化的投資和低碳化的出口，這實際上是要求以低碳化的產業結構帶動經濟增長。低碳化產業結構的形成必須由低碳能源系統和低碳技術做支撐，所以低碳經濟的核心是高效率的能源利用技術、清潔能源研究開發技術和減排技術。從政治的角度來說，經濟低碳化的程度既是一個國家綜合

---

[1] 陳柳欽. 低碳經濟新次序：中國的選擇 [J]. 節能與環保，2010（2）：5-7.

[2] 姚遜. 新時期低碳經濟的內涵與發展趨勢分析 [J]. 山西財經大學學報：哲學社會科學版，2011（4）：140-144.

[3] 曹瑩. 論我國發展低碳經濟的策略選擇 [J]. 現代商貿工業，2012（4）：40.

競爭力的重要體現，也是一個國家在國際減排行動中取得主動性話語權的重要途徑。就中國的實際來說，實現低碳經濟不僅是應對國際減排輿論的辦法，也是建設中國特色社會主義、踐行科學發展觀的必由之路。

1.3.1.2 溫室氣體和碳排放

溫室氣體是指大氣中能夠吸收地面反射的太陽輻射，並重新發射輻射的一些氣體。《2006年國家溫室氣體排放清單指南》中的溫室氣體包括二氧化碳、甲烷、氧化亞氮、氫氟烴、全氟碳、六氟化硫、三氟化氮、鹵化醚等。這些氣體都有吸收紅外線的能力，會產生「溫室效應」，帶來諸如海平面上升、極端氣候天氣等災難性的后果。

水蒸氣、二氧化碳、氧化亞氮、甲烷和臭氧等都是地球大氣中主要的溫室氣體。其中，水蒸氣所產生的溫室效應占到整體溫室效應的60%~70%，其次是二氧化碳（約占26%），最后是臭氧。但是由於水蒸氣和臭氧的時空分佈變化較大，減排措施的制定一般不把它們考慮在內，這樣二氧化碳就成為占比最大、影響最顯著的溫室氣體了，所以減排主要針對二氧化碳。為了便於民眾的理解，往往也把二氧化碳的排放簡稱碳排放。

表1.2　　　　　　　溫室氣體全球變暖潛勢值

	IPCC第二次評估報告值	IPCC第四次評估報告值
二氧化碳（CO_2）	1	1
甲烷（CH_4）	21	25
氧化亞氮（N_2O）	310	298

表1.2(續)

		IPCC第二次 評估報告值	IPCC第四次 評估報告值
氫氟碳化物 （HFC_S）	HFC-23	11,700	14,800
	HFC-32	650	675
	HFC-125	2,800	3,500
	HFC-134a	1,300	1,430
	HFC-143a	3,800	4,470
	HFC-152a	140	124
	HFC-227ea	2,900	3,220
	HFC-236fa	6,300	9,810
	HFC-245fa	——	1,030
全氟化碳 （PFC_S）	CF_4	6,500	7,390
	C_2F_6	9,200	9,200
六氟化硫（SF_6）		23,900	22,800

註：資料來自《省級溫室氣體清單編製指南》。

1.3.1.3 碳源和碳匯

《聯合國氣候變化框架公約》（UNFCCC）將碳源定義為向大氣中釋放二氧化碳的過程、活動或機制，將碳匯定義為從大氣中清除二氧化碳的過程、活動或機制。這表明碳源和碳匯是兩個相對的概念。

能源部門通過化石燃料的燃燒產生了大量的二氧化碳排放，在一次能源資源的勘探利用過程中，在一次性能源資源在煉油廠和發電廠轉化為更有用能源的過程中，在燃料的輸送和分配過程中，以及對燃料固定和移動的應用都要產生碳排放，占到總碳排放的90%以上，所以能源部門是最大的碳源製造部門。

除此以外，工業生產中化石燃料作為原料和還原劑使用的過程，農業、林業和其他土地利用中生物量、死亡有機物質、礦質土壤碳庫變化，發生火燒，對土壤施用石灰和尿素的過程，以及廢棄物等方面也都會帶來碳排放。所以，國民經濟中的農業、工業和服務業等各個部門都包含有碳源。而森林是最大的碳匯，每年世界上的森林都吸收了大量的二氧化碳，為減緩全球變暖起了非常重要的作用。

1.3.1.4 碳足跡

碳足跡的英文為 Carbon Footprint，是指企業機構、活動、產品或個人通過交通運輸、食品生產和消費以及各類生產過程等引起的溫室氣體排放的集合。也就是說，碳足跡的主體既可以是人，也可以是企業機構，還可以是某類產品。從人的角度來說，碳足跡反應了其行為意識對自然界的影響。低碳經濟也倡導居民轉變生活方式、放棄各種高碳生活，比如出行更多地乘坐公交車或騎自行車、少用私家車、平時的生活中注意節約能源等。從企業的角度來說，其碳足跡反應了生產對自然界的影響。低碳經濟也要求企業採用先進的生產技術，淘汰落後設備，提高能源利用效率，實現生產的低碳化。對於產品來說，可以通過引導人們改變消費結構，實現低碳化消費，從而達到產業結構的低碳化。

從碳足跡的測算範圍來看，可以分為兩類：一類是生產碳足跡，另一類是消費碳足跡。從生產碳足跡的角度來看，某地區的排碳量應該是其生產的所有產品碳淨排放量的總和，不考慮產品是不是本地區消費，僅限制在某一個地區進行考慮。使用此方法可以測算某地區單位產品的排碳量，進而可以通過與其他地區對比瞭解此地的生產技術水平、環境保護情況以及各種產品的污染情況。從消費碳足跡的角度來看，某地區的排碳量應該是其消費的所有產品碳淨排放量的總和，把與某地區相

關的其他地區都考慮了進來，可以分析某地區單位產品消費的排碳量，進而對消費結構進行思考；同時，用消費碳足跡的思想來衡量一個國家的碳減排責任會更加合理。

1.3.2 碳排放的測算

與碳排放測算相關的研究可以分成三類：按測算範圍分類，可以分為碳排放總量測算和局部碳排放測算；按減排的思路分類，可以分為自上而下法、自下而上法和混合法；按具體測量方法分類，可以分為多種模型。

1.3.2.1 按測算範圍分類

（1）碳排放總量測算

主要是以政府間看似變化專門委員會（IPCC）的國家溫室氣體排放清單為代表的全面測算碳排放。在2006年國家溫室氣體排放中，IPCC對碳排放的全面測算包括能源、工業過程和產品使用、農業、林業和其他土地利用、廢棄物四個方面，涉及三個方法層。本思路是把有關人類活動發生程度的信息與量化單位活動的排放量或清除量的系數結合起來。人類活動發生程度的信息稱為活動數據，用 AD 表示；系數稱作排放因子，用 EF 表示。因此，測算的基本方程是：

$$COE = AD \times EF$$

其中，COE 為碳排放總量，AD 是活動數據，EF 是排放因子。

以能源部門為例，其活動數據為化石能源燃燒量，排放因子為單位化石能源燃燒排放的二氧化碳量。在能源部門中，二氧化碳成為主要排放氣體，占到能源部門總碳排放量的95%。對於 CO_2，排放因子主要取決於燃料的碳含量，燃燒條件（燃燒效率、在礦渣和爐灰等物中的碳殘留）相對不重要。因此，能源部門二氧化碳排放可以基於燃燒的燃料總量和燃料中的平

均碳含量進行相當精確的估算。

　　此測算方法一般用來對一個國家的全面碳排放進行測算，並且是扣除了碳匯影響的淨碳排放，目的就是使各個國家的碳排放能夠按照統一的方法來進行衡量，以向《聯合國氣候變化框架公約》報告，也便於聯合國對各個國家的減排量和減排效果進行即時的監控和比較。此種方法雖然簡單，但是精確度的保證需要大量的詳實數據，對於有不同研究目的的學者來說在考慮成本的條件下會對一個國家的局部碳排放進行測算。

（2）局部碳排放測算

　　對一個國家局部的碳排放測算包括了三種類型：

　　第一種是關於居民消費領域排放量的測算。自從投入產出法被 Reunders A H M E, Vringer K, Blok K（2003）[1]、Park H C, Heo E（2007）等人[2]用來研究居民能源消費需求后，此方法被我國大量學者用於測算居民消費領域的碳排放，代表人物有吳開亞等人（2013）[3]、姚亮、劉晶茹、王如松（2011）[4]、朱

---

[1] Reunders A H M E, Vringer K, Blok K. The direct and indirect energy requirement of households in the European Union [J]. Energy Policy, 2003, 31 (2): 139-153.

[2] Park H C, Heo E. The direct and indirect household energy requirements in the Republic of Korea from 1980 – 2000, An input – output analysis [J]. Energy Policy, 2007, 35 (5): 2839-2851.

[3] 吳開亞, 王文秀, 張浩, 等. 上海市居民消費的間接碳排放及影響因素分析 [J]. 華東經濟管理, 2013, 27 (1): 1-7.

[4] 姚亮, 劉晶茹, 王如松. 中國城鄉居民消費隱含的碳排放對比分析 [J]. 中國人口·資源與環境, 2011, 21 (4): 25-29.

勤、彭希哲、吳開亞（2012）[1]，安玉發（2014）[2]，範玲、汪東（2014）[3] 等。他們不僅測算了居民消費領域能源消耗的直接排放，而且測算了通過中間投入品間接使用能源的間接排放，充分發揮了投入產出法考慮產品整個投入產出鏈的優勢。另外，較為常用的測算方法是生命週期法，代表人物有劉蘭翠（2006）[4]，Brent Kin，Roni Neff（2009）[5]，智靜（2009）[6]，Pathak H，Jain N，Bhatia A，Patel J，Aggarwal P K（2010）[7]，吳燕（2012）[8] 等。此方法側重產品角度，從產品生產、運輸、使用和報廢各個環節出發，全面測算其碳排放，但此方法對數據監測的要求相對較高。

第二種是區域碳轉移量的測算。它包括國際轉移和省際轉移兩個緯度，測算方法也主要是投入產出模型和生命週期模型。在研究中，學者們又將投入產出模型細分為單區域投入產出模

---

[1] 朱勤，彭希哲，吳開亞. 基於投入產出模型的居民消費品載能碳排放測算與分析 [J]. 自然資源學報，2012，27（12）：2018-2029.

[2] 安玉發，彭科，包娟. 居民食品消費碳排放測算及其因素分解研究 [J]. 農業技術經濟，2014（3）：74-82.

[3] 範玲，汪東. 我國居民間接能源消費碳排放的測算及分解分析 [J]. 生態經濟，2014，31（7）：28-32.

[4] 劉蘭翠. 我國二氧化碳減排問題的政策建模與實證研究 [D]. 合肥：中國科學技術大學，2006.

[5] Brent Kin and Roni Neff. Measurement and communication of greenhouse gas emissions from U. S. food consumption via carbon calculators [J]. Ecological Economics，2009（69）：186-196.

[6] 智靜，高吉喜. 中國城鄉居民食品消費碳排放對比分析 [J]. 地理科學進展，2009，28（3）：429-434.

[7] Pathak H，Jain N，Bhatia A，Patel J，Aggarwal P K. Carbon footprints of Indian food items [J]. Agriculture，Ecosystems and Environment，2010，139（2）：66-73.

[8] 吳燕，王效科，逯非. 北京市居民事物消費碳足跡 [J]. 生態學報，2012（5）：1570-1577.

型和多區域投入產出模型。單區域投入產出模型假設進口產品碳排放系數與國內同產品相同。而多區域投入產出模型採用了進口產品在進口國的實際碳排放系數，使測算結果更符合實際情況。其代表人物有 Manfred Lenzen（1998）[1], Giovani Machado, Roberto Schaeffer, Ernst Worrell.（2001）[2], Manfred Lenzen, Lise L Pade, Jesper Munksgaard（2004）[3], Nadim Ahmad, Andrew W Wyckoff（2004）[4], Glen P Peters, Edgar G Hertwich（2006）[5], 張曉平（2009）[6], 張為付、杜運蘇（2011）[7], 閆雲鳳（2014）[8] 等。學者們不僅測算了進出口產品本身的直接排放，還測算了進出口產品由於中間投入而產生的間接排放，使碳轉移的測量結果更為全面。由於資料的局限性，

---

[1] Manfred Lenzen. Primary energy and greenhouse gases embodied in Australian final consumption: an Input output analysis [J]. Energy Policy, 1998, 26 (6): 495-506.

[2] Giovani Machado, Roberto Schaeffer, Ernst Worrell. Energy and carbon embodied in the international trade of Brazil: an input-output approach [J]. Ecological Economics, 2001, 39 (3): 409-424.

[3] Manfred Lenzen, Lise L Pade, Jesper Munksgaard. CO_2 multipliers in multi-region input-output models [J]. Economic Systems Research, 2004, 16 (4): 391-412.

[4] Nadim Ahmad, Andrew W Wyckoff. Carbon dioxide emissions embodied in international trade of goods [EB/OL]. [2009-04-15] http://www.oecd.org/sti/working-papers.

[5] Glen P Peters, Edgar G Hertwich. Pollution embodied in trade: the Norwegian case [J]. Global Environmental Change, 2006, 16 (4): 379-387.

[6] 張曉平. 中國對外貿易產生的 CO_2 排放區位轉移效應分析 [J]. 地理學報, 2009, 64 (2): 234-242.

[7] 張為付, 杜運蘇. 中國對外貿易中隱含碳排放失衡度研究 [J]. 中國工業經濟, 2011 (4): 138-147.

[8] 閆雲鳳, 趙忠秀. 消費碳排放與碳溢出效應: G7、BRIC 和其他國家的比較 [J]. 國際貿易問題, 2014 (1): 99-107.

我國開展省際間碳轉移測算的學者較少,僅有姚亮等人(2010)①、石敏俊等人(2012)②、潘元鴿等人(2013)③,研究結果區分出我國的碳排放淨出口地和淨進口地,淨出口地為支持其他地區的發展而承擔了高於其消費水平的碳排放,而淨進口地消費的碳排放卻高於其生產量,為國家考慮地區發展在全國經濟中地位的不同而制定差異化的地區減排目標奠定了基礎。而基於生命週期法測算碳轉移更側重出口產品,劉強等人(2008)④就利用此方法測算了中國出口貿易中的46種重點產品的載碳量。

第三種是對行業碳排放的測算,視角較為微觀。其代表人物有陳紅敏(2009)⑤、蔣金荷(2011)⑥、謝守紅、王利霞、邵珠龍(2013)⑦、王蘭會、符穎佳、許雙(2014)⑧、曲建升人等(2014)⑨,研究方法主要有排放因子法、投入產出法和系統動

---

① 姚亮,劉晶茹.中國八大區域間碳排放轉移研究[J].中國人口·資源與環境,2010(12):16-19.

② 石敏俊,王妍,張卓穎,等.中國各省區碳足跡與碳排放空間轉移[J].地理學報,2012,67(10):1327-1338.

③ 潘元鴿,潘文卿,吳添.中國地區間貿易隱含CO_2[J].統計研究,2013(9):21-28.

④ 劉強,莊幸,姜克雋,等.中國出口貿易中的載能量及碳排放量分析[J].中國工業經濟,2008(8):46-55.

⑤ 陳紅敏.包含工業生產過程碳排放的產業部門隱含碳研究[J].中國人口·資源與環境,2009,19(3):25-30.

⑥ 蔣金荷.中國碳排放量測算及影響因素分析[J].資源科學,2011,33(4):597-604.

⑦ 謝守紅,王利霞,邵珠龍.中國碳排放強度的行業差異與動因分析[J].環境科學研究,2013(11):1252-1258.

⑧ 王蘭會,符穎佳,許雙.中國林產品行業隱含碳的計量研究[J].中國人口·資源與環境,2014(S_2):28-31.

⑨ 曲建升,王莉,邱巨龍.中國居民住房建築固定碳排放的區域分析[J].蘭州大學學報:自然科學版,2014,50(2):200-207.

力法等。其中最常用的是基於活動水平和排放因子的排放因子法。這種方法也是IPCC提出的參考方法，實證中能不能收集到準確的活動水平數據和適應本行業的排放因子，會直接影響測算結果的準確性。從學者們的研究來看，只有我國測算出了平均排放因子的行業測算結果才相對準確，大部分還是依據IPCC的參考因子。利用投入產出法主要側重測算行業的隱含碳排放。系統動力法從因果關係入手，通過原因的輸入、結果的輸出，從系統的角度來全面測算行業碳排放。

1.3.2.2 按減排的思路分類

（1）自上而下法

自上而下法是從宏觀經濟的各個要素出發對碳排放進行測算，是對整個經濟描述的集合模型，包括整個宏觀經濟的各要素。在對碳源排碳量的估算中，主要使用投入產出IO模型和經濟計量模型。

（2）自下向上法

與自上向下法相對，自下向上法是一種以詳細技術信息為基礎的模型，通過對能源優化、技術性能、減排成本等建模后，估算在不同能源使用結構與技術應用的條件下溫室氣體的排放量。楊宏偉在研究減排技術的環境效益中使用的AMI-LOCAL/China模型等屬於這一類。早期的這類模型主要研究如何以最低的成本滿足能源需求，近來的發展則允許需求對能源價格做出反應。

1.3.2.3 混合模型

混合模型是由自上向下和自下向上兩類模型組合而成的混合模型。不論是自上向下模型還是自下向上模型，都是由模型的結構、經濟理論基礎、關鍵假設等方面的區別造成了模擬結果的差異。Wilosn等人系統地比較了兩者之間的差別后，進行了深入討論。一些經濟學家認為應當綜合應用這兩種方法，因

為它們在多數情況下是互補而不是替代關係（Bohring, 1998）。混合模型既可以分析如碳稅之類的自上向下的政策也可以分析如電廠技術規範、減排成本等自下向上的政策。GLOBAL（Manne, 1992），NEMS（Kdyes, 1999）模型都是混合模型的代表。

1.3.2.4　按具體測量方法分類

按具體測量方法分類，可以分為投入產出模型、經濟計量模型、CGE 模型、CERI-AIM 模型、Logistic 模型、MARKAL 模型、生命週期模型、CARBON 模型和決策樹模型等。

投入產出模型主要用於測算隱含碳排放，對於行業或者產品的碳排放來說，除了直接消耗能源的直接排放外，還有部分是通過中間投入間接消耗能源的間接排放。而投入產出模型通過行業的消耗系數反應出行業間的投入關係，從而達到測算隱含碳排放的目的。

經濟計量模型一般都是通過經濟變量之間過去的統計關係來預測經濟變量發展變化的。長期能源替代規劃模型（LEAP）是這一類模型的代表。這個模型通過過去的能源使用規律預測長期能源的使用狀況，從而估算溫室氣體的排放量。經濟計量模型在測算碳排放時的局限性主要表現在該模型只反應經濟系統過去相應時間段的行為特徵，經濟主體不可以直接對政策做出有效率或準確的回應，因而不適合分析較大的政策變化。

CGE 模型源於瓦爾拉斯的一般均衡理論。在對氣候變化領域的研究中，CGE 模型的優勢是把影響溫室氣體排放的各個因素建立起數量關係，使我們可以考察來自某一因素的擾動對整個系統的影響，從而可以用來估計溫室氣體的排放量和分析減排政策的影響。中國社科院構建的中國經濟 CGE 模型即屬於這一類。與計量經濟模型相比，CGE 模型有著清晰的微觀經濟結構和宏觀與微觀變量之間的連接關係，模型不再是一個「黑

箱」；與混合模型相比，由於它將政策變量納入經濟系統的整體之中，不論政策的變化如何衝擊均能反應到整個經濟系統中，從而對政策的評估起到較好的效果。但 CGE 模型需要的數據相當複雜，並且其動態模型都是採用遞推機制，這在短期預測中有合理性，而在長期預測中存在不足。

  ERI-AIM 模型是集排放、氣候、影響三類模型於一體的較為完整的政策評價模型。通過建立適合國情的能源系統模型體系和測算方法，對未來能源需求、二氧化碳排放趨勢及其對宏觀經濟的影響進行預測。該模型的主要功能和目標是：評價在各種技術減排對策中引入碳稅政策后的效果和影響；評估將碳稅與其他對策結合起來的可能性和綜合效果。該模型由三個模塊組成。第一個模塊是能源服務量計算模塊。它可以進行社會能源需要量的計算，通過與決定經濟、社會等變量的外部模塊進行結合，推算能源服務需求量。第二個模塊是計算能源效率變化的能源效率計算模塊。它以二次能源供應為一方，以能源服務需求為一方，形成「參照能源系統」（RES），它是對能源設備的技術信息進行充分描述的部分。第三個模塊是對決定能源效率的各種服務技術進行選擇的模塊。其根據經濟核算標準來評價服務設備的好壞，為各階段各種服務需求選擇最佳設備。

  Logistic 模型：在自然社會經濟中，有許多生物量和經濟量是時間 t 的單調增長函數 x（t），其增長速度在前期由緩慢逐漸變快，在后期又由快速增長逐漸變慢，最終趨於一個有限值 K，通常稱為飽和值。顯示在圖形上，其散點類似一條壓扁了的 S 形曲線，稱為 S 增長曲線（Logistic 曲線），相應的函數稱為 S 增長模型，用此模型來表示碳排放和時間之間的關係，以此進行碳排放的測算。

  MARKAL 模型：該模型是一個動態線性規劃模型，以參考能源系統為基礎，對能源系統中各種能源開採、加工、轉換和

分配環節以及終端用能環節進行詳細的描述，而且對每一環節不僅可以考慮現有的技術，還可以考慮未來可能出現的各種先進技術。模型的優化目標是在滿足各種有用能源的需求下，規劃期內能源系統貼現的總供能成本最低。模型的約束主要有能載體平衡、電力基荷方程、電力峰荷方程、低溫熱峰荷方程、容量轉移方程、需求方程、描述轉換技術與加工工藝的容量和活動量間關係的方程、可獲得的資源累積量方程、排放量計算方程、用戶自定義方程等。清華大學的陳文穎、吳宗鑫等根據此模型的思想建立了中國的 MARKAL 模型，分析得到了能源消費和二氧化碳排放的宏觀指標。

生命週期模型：生命週期分析/評價（LCA）被稱為「20世紀90年代的環境管理工具」，是對產品「從搖籃到墳墓」的過程有關的環境問題進行后續評價的方法（於秀娟，2003）。LCA要求詳細研究其生命週期內的能源需求、原材料利用和活動造成的向環境排放廢棄物，包括原材料資源化、開採、運輸、製造/加工、分配、利用/再利用/維護以及過后的廢棄物處理。主要目的是：用於對一個產品、工序或生產活動的環境后果或潛在的環境影響進行科學和系統的定量研究（馬忠海，2002）[1]。按照生命週期評價的定義，理論上是每個活動過程都會產生 CO_2 氣體。由於研究時採用的是從活動的資源開發開始，會涉及不同的部門和過程，需要把在這個過程中能源、原材料所歷經的所有過程進行追蹤，形成一條全能源鏈，對鏈中的每個環節的氣體排放進行全面綜合的定量和定性分析。所以，用該方法研究每個活動過程排放的溫室氣體時，研究對象與常規的碳源分類方式不太一樣，是以活動鏈為分類單位的。

---

[1] 馬忠海. 中國幾種主要能源溫室氣體排放系數的比較評價研究 [D]. 北京：中國原子能科學研究院，2002.

CARBON 模型是中國林業科學院森林生態環境研究所的徐德應教授研製的，根據此模型他對我國森林碳平衡問題進行了計算。在 IPCC 的算法框架之下，CARBON 模型在實施過程中考慮了區域分佈和森林結構變化，中國森林被分為 5 個區，每個區又被分成 5 個年齡組：幼齡林、中齡林、近齡林、成熟林和過熟林。根據現有的森林普查資料，分別確定不同年齡級的森林面積、不同齡級的立木蓄積量、年平均生長率、年採伐面積、林地向其他類型轉化和其他類型向林地轉化的面積、木材密度、莖稈和生物量的比例、土壤中的含碳量及其他變量、木材消耗結構等，計算出我國森林對碳的吸收和釋放。

1.3.2.5 對碳排放測算方法的評述

各種方法都有各自的優缺點和適用範圍。投入產出模型由於其消耗系數是固定的，難以考慮未來技術變動的影響，僅在碳排放的現狀研究中較為精確，並且投入產出表要五年才能編製一次，不便於形成連續的時間序列。但投入產出分析從一般均衡理論中吸收了有關經濟活動相互依存的觀點，通過中間投入把各個行業部門間環環相扣的關係體現出來，從而較為精確地把握各個行業整個生產環節中的直接碳排放和間接碳排放總量，還可以分析行業結構變動造成的影響，所以投入產出法在行業碳排放的研究中具有不可替代的作用。經濟計量模型能夠把影響碳排放的各種因素綜合考慮，在碳排放的預測上有較大應用，但是模型一般都是通過經濟變量之間過去的統計關係來預測經濟變量的發展變化，若經濟系統未來有較大的變動，則模型測算就會不準確。自下而上法的主要缺陷是它通過考慮經濟主體的「淨成本」最小化來盡量客觀地模擬現實中的決策行為，而真正的決策行為並不完全由「成本」最小化來決定，還有其他因素如便利性等。

1.3.3 碳排放的控制

1.3.3.1 碳排放控制方法

從減排的目的來看,碳排放的控制可以分為兩類:一類是絕對量控制;另一類是相對量控制。下面分別介紹兩種方式:

(1) 絕對量控制

絕對量控制即是總量控制。總量控制既是一種環境管理的思想,也是一種環境管理的手段。總量控制可以分為目標總量控制、容量總量控制和行業總量控制三種類型。目標總量控制是指在碳排放總量目標一定的情況下,應該根據各個地區排污的水平和經濟技術的可行性,以最優化的方式對各個地區允許的碳排放量和碳減排量進行分配,並使各個地區的碳排放量持續降低,以達到碳排放總量減少的目的。容量總量控制是以環境質量標準為控制的基點,從污染源的可控性、環境目標的可達性兩個方面進行碳排放總量分配,即是說這種控制類型是基於對環境自身的納污能力的準確量化。行業總量控制是以能源、資源合理利用為控制基點,依據最佳生產工藝和處理技術兩方面進行碳排放總量分配。

由此可見,碳排放絕對量控制的各種方式的目的雖然都是從總量上減少碳排放,但其允許的碳排放總量和減排的過程不同。從允許的碳排放總量來說,目標總量控制方式中允許的碳排放總量是根據不同的既定目標來確定的,是一種目標允許量。容量總量控制方式中允許的碳排放總量是根據環境承載力來確定的,是一種環境可承載量;而行業總量控制方式中允許的碳排放總量是根據行業中最有效率的生產技術來確定的,是一種技術可達量。從減排的過程來說,三種總量控制依據不同的原則把碳排放總量在各個排放主體間進行最優化的分配。目標總量控制方式依據各個地區的現有排放水平和減排的實現技術進

行地區碳排放配置，這實際在保證各個地區現階段經濟正常發展水平的同時，為減排技術先進、減排效率高的地區分配更多的減排量。容量總量控制方式是根據各個地區環境的承載力和排放源的可控性進行碳排放配置，使各個主體得到的碳排放量都不會超過環境容量。行業總量控制方式是依據最有效的生產技術進行碳排放分配，保證碳排放資源流向同一行業中生產效率最高的企業。

絕對量控制的各種方法都有其適用的範圍和使用的制約條件。目標總量控制的方式更容易把握碳排放總量；容量總量控制的方式在環境承載力已知的情況下不但能夠保護環境，還能使碳排放資源充分利用起來以促進經濟社會的發展，但環境碳排放容量的界定往往受到現有技術水平的制約而很難達到精確量化。行業總量控制的方式能夠促使企業改進生產技術、提高能源利用效率、減少碳排放，但是由於先進的生產技術往往保密，所以難以真正確定行業中最有效率的生產。所以，相對而言，目標總量的控制方式更容易操作，美國實施的節餘政策、補償政策、泡泡政策和歐盟排污權交易計劃以及我國「十五」環保計劃和「十一五」環保計劃都採用了目標總量控制的方法。

現階段較為成功的絕對量控制方案為《京都議定書》。《京都議定書》中要求全球主要工業國家的二氧化碳排放量在2008—2012年應比1990年的排放量平均降低5.2%。並且此書中還提出了達到此目標的三種機制：碳排放貿易機制、清潔發展機制和聯合履約機制。碳排放貿易機制允許發達國家之間進行碳交易，難以完成消減任務的國家可以從超額完成任務的國家購買碳排放的額度；清潔發展機制允許發達國家和發展中國家進行碳交易，發達國家可以通過向發展中國家提供綠色技術或設備抵消相應的溫室氣體排放量；聯合履約機制只針對歐盟，只要求歐盟在總體上完成減排任務，而不管內部個別國家的減

排進程。

(2) 相對量控制

相對量控制即是把碳排放與經濟社會的某些指標相掛勾的一種方法，達到既控制碳排放又實現經濟社會中其他目標的目的。用得最多的就是碳強度控制方式，即控制單位 GDP 的碳排放量，這種方式把碳減排和經濟增長緊密聯繫了起來。2003 年布什政府最早提出了碳強度控制方式，將每百萬美元國內生產總值的溫室氣體排放量在 2002—2012 年消減 18%[1]，我國在 2009 年的哥本哈根會議上也提出到 2020 年碳強度在 2005 年的基礎上降低 40%~45%的承諾。

1.3.3.2 碳排放控制方法評述

碳強度控制並不一定會使碳排放總量降低，當經濟增長快於碳排放總量增長時，即使碳強度是降低的，碳排放總量仍然是上升的。也就是說，碳強度控制並不能從根本上減少碳排放，僅僅是在保證經濟增長下的一種折中方案，而碳總量控制方法的出發點就是碳減排，它才能真正實現碳排放總量的減少。但是由於引起碳排放的原因是化石能源的大量使用，而化石能源作為占比最高、獲取成本最低廉的能源，在世界各國的能源消費結構中都佔有很高的比率。隨著經濟社會的進步，化石能源的使用會進一步增加，這也會造成碳排放總量的上升。由此可見，碳排放總量控制和經濟快速增長的目標之間是存在一定程度的矛盾的。經濟作為一個國家綜合國力的重要體現，任何國家都不會願意以犧牲經濟增長速度來減少碳排放，所以碳排放總量控制的目標實施起來更艱難。而碳強度控制目標允許碳排放總量隨著經濟增長而上升，但是需要通過技術進步和能源使用效率的提高來使碳排放總量上升的速度逐步緩和。這種方式

---

[1] 於飛天. 碳排放權交易的市場研究 [D]. 南京：南京林業大學，2007.

給予了國家更多的發展空間，容易被大家接受。

1.3.4 碳排放權分配

1.3.4.1 碳交易市場建立的前提

《京都議定書》的三個實現機制中的清潔發展機制由於實施起來成本更低、效果更好得到了大量的應用。《京都議定書》的簽訂使國際碳交易市場蓬勃發展起來，碳排放權交易結合了經濟手段的間接控制和法規手段的直接控制，高效地實現了碳減排，所以碳排放權交易市場在碳資源的有效配置中具有不可替代的作用。

通過碳交易市場對碳排放權進行分配借鑑了排污權分配的一些思想。Coase（1960）最早認為在市場交易成本幾乎為零的情況下，碳排放權的初始分配並不會影響到資源最終的有效配置，所以早期多數學者在初始排污權交易理論與實踐問題的討論中幾乎忽視了初始排污權的分配問題。隨著初始排污權交易制度在發達國家的實施，Heller，Barde 等經濟學家逐漸開始關注初始排污權的分配。在實際的市場中，完全競爭是不存在的，所以，初始排污權的不同分配方式會影響最終效率。另外，從福利經濟學的角度來看，即使是完全競爭的市場，也只能夠完成資源的有效配置，無法顧及公平性。因此，首先應讓政府分配資源稟賦，再讓市場來決定效率，以此達到效率和公平的兼顧。

由此可見，通過碳交易市場對碳排放進行總量控制有兩個前提：第一個是需要確定減排量，即某區域允許的碳排放總量是多少；第二個是需要對碳排放權進行初始分配。這就可以保證通過碳交易市場進行調整後的最終碳排放權分配結果不會出現極端情況，兼顧了公平性和效率性。

1.3.4.2 碳排放權初始分配的原則

(1) 公平性原則

公平性是二氧化碳分配機制首要考慮的原則之一。國際社會對碳排放衡量指標的爭議也主要源於公正原則之爭，這既涉及各個國家能夠排放多少二氧化碳，也涉及各個國家在現有基礎上應該減少多少二氧化碳排放。於是湧現出許許多多衡量公平的指標，包括國家排放總量指標、國家累積排放量指標、人均排放指標、人均累積排放量指標、碳排放強度指標、碳複合指標和行業指標等。每個指標都從不同的角度體現了公平原則，也為不同利益取向的國家所接受。公平性原則的本質應該是使分配主體有平等的權利，分配結果有助於激發各個主體防治污染的積極性。具體來看，學者、專家們從以下三個方面對公平性原則各抒己見。

第一個方面是關於碳排放權初始分配的公平性。王偉中等人（2002）[1]認為，公平的碳排放權應該體現人類生存、發展和利用自然資源的平等權利，人均排放原則是最好的衡量指標。有些學者認為公平性必須以差別為前提，同時又不以差別本身為標準，包括「機會平等原則」「污染者承擔原則」「義務權利對稱原則」和「共同但有區別的責任原則」。陳文穎等人（2005）[2]認為，巴西提案中的有效排放量概念為碳排放分配提供了依據，有效排放既從歷史責任出發又考慮了公平性，是進行碳排放初始分配較為公平的原則。潘家華和鄭豔（2009）[3]

---

[1] 王偉中.「京都議定書」和碳排放權分配問題［J］. 清華大學學報，2002（6）：835-842.

[2] 陳文穎. 全球未來碳排放權「兩個趨同」的分配方法［J］. 清華大學學報：自然科學版，2005（6）：850-857.

[3] 潘家華，鄭豔. 基於人際公平的碳排放概念及其理論含義［J］. 世界經濟與政治，2009（10）：6-16.

認為，國際上各個國家之間的碳排放權初始分配應該考慮兩個方面：一方面是人文發展，既包括衣、食、住、行等基本生活需求，也包括教育、政治、社會等方方面面的內容。較為貧窮的國家人文發展還表現在滿足基本生存需求上，而較為發達的國家已經著重從更高的需求層次出發了。而人文發展離不開物質與能源的需求，這就要求國家應該建立相應的產業發展體系，而產業的發展需要以化石能源作為支撐，導致排放二氧化碳。從這一點來說，碳排放權的分配必須要從人文發展的需要出發，即是人際公平的概念。人際公平是指人類的發展權益相同，每個人都有權利公平地享有碳排放權這一全球性的公共資源，所以應該享用相等的碳排放權。衡量人際公平的指標包括人均碳排放相等和人均累計碳排放相等。另一方面是國家的發展權益和發展空間。碳排放權分配還與各國的經濟利益密切相關。它作為經濟發展的一個重要投入要素，支撐著各個國家的不同產業體系。由於各個國家的發展階段存在差異，產業結構不同，對碳排放權的需求也是不一樣的。從國際公平的角度來說，應該保證各個國家有相同的發展權益，發達國家過去依賴化石能源走工業化強國的路子，現在的發展中國家也正是處於這樣的階段，雖然已經與發達國家過去的工業化進程有了明顯的區別，但是工業對化石能源的使用仍然是最多的。所以，應該從不同國家的發展階段出發分配碳排放權，衡量國際公平的指標包括國家碳排放總量和國家累積碳排放量。任國玉等人指出，人均歷史累積碳排放由於其公平性，在未來的全球氣候變化歷史責任分擔研究中應該受到進一步重視。中國社會科學院從滿足人文發展需求的公平性角度提出了碳預算方案的碳排放權初始分配方案：第一步要確定全球發展的碳預算目標；第二步要以各國的基準年人口作為依據對碳預算目標進行分配；第三步根據各國的氣候、地理、資源稟賦等自然因素對各國碳預算做調整；

第四步考慮碳預算的轉移。宋玉柱等人（2006）[1]從企業間分配的角度闡述了公平性原則，認為各個廠商間的碳排放權分配的公平性原則不能僅僅以各個單位容納的勞動就業人數作為依據，還必須考慮企業的發展規模和經濟利稅總額。清華大學在「九五」和「十五」科技攻關報告中提出了考慮歷史責任的人均累積排放相等的分配原則以及「兩個趨同」的分配方法，其中趨同原則的本質就是保證各個國家的發展權力，認為短期內發展中國家由於發展的需要可以允許人均碳排放先增加，隨後再降低，而發達國家則需要單調下降。在過渡期內，發展中國家的人均碳排放可能會超過一些發達國家，當經濟發展到一定水平後再對其實施絕對減排，到目標年與發達國家趨同。

第二個方面是碳減排分配量的公平性。我國學者胡鞍鋼（2008）[2]從兩個角度進行了分析。第一個角度是以人類發展指數（HDI）作為減排原則，把人類發展指數分成四個層次，按照這個標準把全球的各個國家分為四組：高HDI組（>0.8）、上中等HDI組（0.65~0.8）、下中等HDI組（0.5~0.65）、低HDI組（<0.5）。即「一個地球，四個世界」，這種方法用四分組原則替代了原來發達國家和發展中國家的兩分組原則，更全面地考慮了人類的發展需求。HDI的等級越低，就越應該保證其國家的人民基本生存的碳排放權得到滿足。第二個角度是污染排放大國減排主體原則。從公平的角度來說，誰污染誰付費。對於污染排放大國，其碳排放量占全球碳排放量的比重越高，就越應該要求其減排更多的碳排放，分配到更少的碳排放權。

---

[1] 宋玉柱，高岩，宋玉成. 關聯污染物的初始排污權的免費分配模型[J]. 上海第二工業大學學報，2006，23（3）：194-199.

[2] 胡鞍鋼. 通向哥本哈根之路的全球減排路線圖[J]. 當代亞太，2008（6）：22-38.

蘇利陽等人（2009）[①]認為，從各國的主權平等性出發，碳減排應該採用主權原則，發達國家和發展中國家都將因其具有相同的主權而相應承擔相同的減排義務，進而在國際減排談判中衍生出歷史責任、支付能力、人的基本需求等問題，即是我們常說的責任原則、污染者付費原則、支付能力原則、基本需求原則或平等主義原則等公平性原則。

  第三個方面是蘊含在碳轉移中的公平性。一方面是國際投資帶來的碳轉移；另一方面是國際產品流動帶來的碳轉移。隨著世界經濟一體化和生產要素的全球性流動，對外開放對環境污染影響的問題也引起了人們的關注。對於外商直接投資能否產生「污染避難所」學者們有兩種觀點：一種觀點認為外商直接投資把高污染的產業投放到環境監管比較放鬆的國家，導致這些國家的環境污染越來越嚴重，從而避免了嚴格的環境監管。另一種觀點認為此現象並不明顯。從我國的情況來看，進入21世紀後，重工業快速發展，城市化、現代化進程加快，國際製造業大規模向中國轉移，高耗能產業高速增長，化石能源出現了快速消耗的局面，使我國排放了大量的二氧化碳。有人曾指出，1997—2003年中國有7%~14%的能源消耗在對美國的出口中，中國對美國出口的幾乎都是高碳產品，美國因此避免了3%~6%的排放量。

  （2）效率性原則

  效率性原則也是碳排放分配中的重要原則之一。從效率性的含義出發，包括三個方面的內容：第一個是環境效率。由世界可持續發展委員會（WBCD）於1992年在里約地球峰會上提出，環境效率越高則意味著在不增加環境負荷的條件下，可以

[①] 蘇利陽，王毅，汝醒君，等. 面向碳排放權分配的衡量指標的公正性評價 [J]. 生態環境學報，2009, 18（4）：1594-1598.

保持或者繼續擴大經濟活動量，進而可以提高居民的生活和福利水平，實現人類社會與環境相協調的可持續發展。第二個是能源效率。能源效率是指用相同或者更少的能源獲得更多的產出和更好的生活質量。能源效率包括經濟能源效率和物理能源效率，經濟能源效率包括單位產值能耗和能源成本效率，物理能源效率包括熱效率和單位產品或服務能耗。第三個是生態效率。生態效率是指增加的價值與增加的環境影響的比值，本質是要求環境和經濟共同和諧發展。

碳排放權作為一種重要的資源，可以借鑑效率含義的思路，學者們就碳排放權初始分配的效率性原則提出了許多觀點。王偉中等人（2006）[1]認為效率性是資源配置的最優化原則，在有限的環境排放空間的限制下，盡可能取得全球最大的經濟產出。而GDP碳排放系數是衡量效益原則的最好指標，表示單位GDP產出的二氧化碳排放量。趙文會等人（2007）[2]認為，碳排放權初始分配的效率性是指區域淨財富的最大化，即是生產產品產生的效益減去消耗的生產成本、污染消減成本和生產造成的污染物排放帶來的損害。宋玉柱等人（2006）[3]等從企業間分配的角度闡述了效率性原則，認為效率性要求排污權的分配在保證區域產業生態鏈不被破壞的前提下實現區域經濟效益的最大化。王麗梅（2010）[4]從污染處理成本的角度來看效率性分配原則，認為應該根據區域環境容量資源恢復成本來進行

---

[1] 王偉中，陳濱，魯傳一，等．「京都議定書」和碳排放權分配問題［J］．清華大學學報，2002，17（6）：81-85．

[2] 趙文會，高岩，戴天晟．初始排污權分配的優化模型［J］．系統工程，2007，25（6）：57-61．

[3] 宋玉柱，高岩，宋玉成．關聯污染物的初始排污權的免費分配模型［J］．上海第二工業大學學報，2006，23（3）：194-199．

[4] 王麗梅．一種排污權初始分配和定價策略［J］．專題研究，2010，17（1）：26-27．

初始排污權的分配。

除此之外，也發展了一些其他的基本原則，見表 1.3[①]。

表 1.3 　　　　　　　　碳排放權分配原則表

	總原則	定義	操作規則	區域分解依據
基於分配的準則	主權原則	所有區域具有平等的排放權和不受排放影響的權利。	所有區域按同等比例減排，維持現有的相對排放水平不變。	按排放相對份額分配排放量。
	平等主義	所有人具有平等的排放權和不受排放影響的權利。	減排量與總人口成反比。	按人口相對份額分配總排放量。
	支付能力	根據實際能力承擔經濟責任。	所有區域總減排成本占 GDP 的比率相等。	排放量的分配應使所有區域的總減排成本占 GDP 的比例相等。
基於結果的準則	水平公正	平等對待所有區域。	所有區域淨福利變化占 GDP 的比例相等。	排放量的分配應使所有區域的淨福利變化占 GDP 的比例相等。
	垂直公正	更多關注處於不利狀況的區域。	淨收益與人均 GDP 負相關。	累進分配排放權使淨收益與人均 GDP 負相關。
	補償原則	根據帕累托最優原則任何區域的改善不能造成其他區域的損失。	對淨福利損失的區域進行補償。	排放權的分配不應使任何區域遭受淨福利損失。
	環境公平	生態系統的基礎地位和權利優先。	減排應使碳排放總量資源價值最大化。	排放權的分配應使碳排放總量資源價值最大化。

---

① 楊姝影，蔡博峰，曹淑艷，等. 二氧化碳總量控制區域份額方法研究[M]. 北京：化學工業出版社，2012.

表1.3(續)

	總原則	定義	操作規則	區域分解依據
基於過程的準則	羅爾斯最大最小	處於最不利地位區域的福利最大化。	最貧困區域淨收益最大化。	為最為貧困區域分配較多的份額使其淨收益最大。
	一致同意	區域分配的過程是公平的。	尋求大多數區域接受的分配方案。	排放空間的分配應滿足大多數區域的要求。
	市場正義	市場競爭是公平的。	更好地利用市場。	以拍賣的方式將排放空間分配給出價最高的。

1.3.4.3 碳排放權初始分配的方法

中國科學院副院長丁仲禮院士認為在進行全球碳排放總量分配的時候必須要考慮各個國家的歷史排放、人均排放和經濟發展階段的差異。清華大學在「九五」和「十五」科技攻關報告中提出了考慮歷史責任的人均累積排放相等的分配原則及「兩個趨同」的分配方法。印度首次提出了「壓縮與趨同方案」。「壓縮」是指逐步減少全球總的當期排放額,「趨同」是指每個國家當前的排放權由其當前的實際排放水平決定。高碳排放國家的人均排放水平逐漸降低,而低碳排放國家的人均排放水平逐漸升高,最終達到一致。1997年巴西提出了「歷史責任方案」,較好地體現了「污染者付費」原則。中國社會科學院城市發展與環境研究中心提出了「碳預算方案」,強調碳排放權的初始分配應首先保障人的基本需求,抑制奢侈浪費。荷蘭國家公眾健康與環境研究所提出了逐漸參與法和多階段法。逐漸參與法認為發展中國家在經濟發展水平較低階段可以不承擔減排義務,當經濟發展到一定水平再參與到國際減排當中來;多階段法要求發展中國家按照基準排放情景階段、碳排放強度下降階段、穩定排放階段和減排階段4個階段承擔義務。此外,

還有排放帳戶方案，包括國家排放帳戶方案和人均排放帳戶方案，國家排放帳戶方案考慮了各國的歷史責任，而人均排放帳戶考慮了人際公平；陳文穎（1998）提出了碳權混合分配機制，兼顧人際公平和經濟效益；王中偉（2002）提出了碳排放權初始分配的公平原則和效益選擇；潘家華和鄭豔（2009）從國際公平和人際公平兩個不同的視角量化各國的溫室氣體減排責任，指出國際減排責任分配應該綜合考慮各國的歷史責任、現實發展階段和未來發展需求；另外，還有 Triptych 方法、多部門趨同方法、二元強度目標法、SD-PAMS 法和可持續法。各種初始分配方法各有優劣，站在不同利益集團的角度為不同利益集團所使用。綜觀各個學者和各個國家的經驗，將碳排放權初始分配方法總結如下：

（1）溫室氣體排放發展權法

溫室氣體排放發展權法也稱為 GDRs，這種方法是由瑞典斯德哥爾摩研究所 bear 等人共同開發的，各個國家減排能力和減排責任是以人均 GDP 和人均累計碳排放作為衡量標準的，採用兩個指標的乘積構建排放分配模型，其核心思想認為各國的減排義務和分得的碳排放權應該與每個國家的減排責任和減排能力相一致。GDRs 方法有三個基本原則：發展權、能力和責任。發展權有一個發展權值，低於這個值的國家可以先把國家的發展作為優先考慮的因素而不需要承擔減排責任；能力是由各個國家的收入水平來衡量的，為計算各國的能力，對各國高於發展門檻的個人收入之和加總並加入到計算當中；責任是根據污染者付費原則而來的，假設排放與消費成正比，而消費與收入成正比，認為低於發展門檻收入的碳排放是用於滿足生存需要的，這個碳排放是必須給予的，而高於發展門檻收入的碳排放則是奢侈性排放，應承擔更多的減排責任。

（2）全球趨同法

全球趨同法也稱為 C&C，這種方法認為發達國家的人均碳排放應該逐漸降低到世界人均碳排放水平，而發展中國家的人均碳排放應該逐漸升高到世界人均碳排放水平。在此基礎上，Hohne 等人在 2006 年提出了共同但有區別的趨同法，確定了一個各個國家達到相同人均碳排放的時間點，認為發達國家人均排放量在 2050 年趨同到所有國家相等的水平，而發展中國家的趨同從人均排放達到全球平均水平的某一百分比開始降低，沒有超過此比率的國家不承擔減排責任。

（3）基於減排成本的分配方案

在不考慮各個地區和國家利益爭端的前提下，為了使減排的成本最低，碳排放分配模型應該使各個區域或國家的邊際成本與碳價值相等（如碳市場價格、排放權價格等）。也就是說，碳排放權分配或者碳減排分配已經實現了最優化，碳排放資源實現了帕累托的最優配置。在 Babiker 提出的基於減排成本的分配方案中，把碳減排成本直接與 GDP 掛勾，認為排放分配結果應該使各國 GDP 下降的百分比一致。

（4）三部門法

該方法把一國的經濟分為三個比較寬泛的部門：輕工業部門、能源密集或出口導向部門以及電力生產部門。針對每個部門構建一個溫室氣體排放函數，從而計算該部門在承諾期內的溫室氣體額定排放量，把三大部門的配額相加，同時考慮經濟增長、人口變化和能源使用，就能夠得到一國各個部門的溫室氣體排放配額。

（5）國外二氧化碳總量分配方案舉例

Adam rose 等人認為，美國的二氧化碳總量分配應該考慮領土原則、人均原則、經濟活動能力和支付能力。其中，領土原則包括三個子原則：基於排放權的原則、基於區域地區生產總

值的原則和基於能源使用效率的原則。

德國採用了 benchmark 的方法，通過設定行業基準線來進行排放配額的國內分配。工業設備排放份額以基礎週期內的歷史二氧化碳排放量為基礎進行分配，而能源轉換、轉型設備排放份額也是以基礎週期內的歷史二氧化碳排放量為基礎進行分配的，新設備獲得的排放配額則是以產品排放量為基礎進行分配的。

1.3.4.4 對碳排放權分配方法的評述

對於趨同法來說，不同的趨同時間和趨同人均 GDP 都會使發達國家和發展中國家所分配到的溫室氣體排放配額有較大的差異，每個國家都會根據自己的利益訴求來支持對自己更為有利的方式。這樣就使趨同法的趨同時間和趨同人均 GDP 有很多不同的方式，難以達成一致意見。對於有區別的趨同法來說，某個暫不承擔減排責任的發展中國家何時承擔減排義務，即超過世界人均水平到何種程度的時候才強制性減排，將是一個懸而未決的問題。對於基於減排成本的分配方式來說，也與趨同法存在同樣的問題。如果不考慮利益爭端的問題，各個國家和地區都可以根據最低成本的方式來實現二氧化碳排放資源的最優化配置，但是各個地區和國家之間都會存在利益爭執，國家在進行內部二氧化碳排放資源配置時也不得不採取一種妥協措施。三部門法將部門作為分析的基礎，充分考慮了歐盟各成員國在人口、經濟發展水平、經濟結構和能源效率上的差異，以及三大部門能源消費的不同特點，分配方法在操作性上更強，但是部門的劃分過於粗糙，各個部門內部能源使用的差異也比較明顯，更細緻的部門劃分也許更加有必要。

1.4 研究的思路和技術路線圖

本書共七章，鑒於資料的局限和能源二氧化碳在二氧化碳總量排放中的絕對地位，僅研究全國能源消耗的二氧化碳排放。本書從研究中國能源二氧化碳變動影響因素出發，探索了引起各個地區能源二氧化碳排放差異的原因，並從碳轉移的角度分析了各個地區的碳減排責任，再在這些研究的基礎上從最終需求的角度出發對我國能源二氧化碳總量控制目標進行了地區分配。技術路線圖如下圖所示：

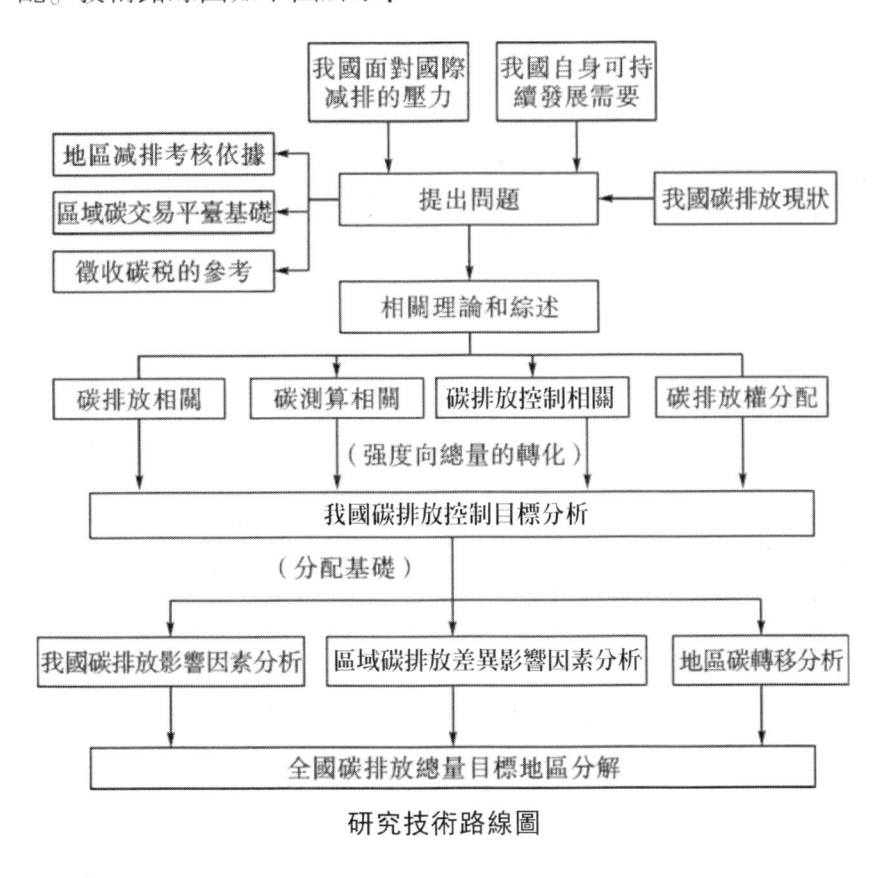

研究技術路線圖

（1）利用碳排放因素分配分析法對引起全國能源二氧化碳變化的原因及貢獻率進行了分解，為我國未來的減排行動提供了歷史經驗和不足。認為經濟規模擴張是我國能源二氧化碳總量增加的主要原因，結構因素對能源二氧化碳總量的影響較小，行業完全碳排放系數降低是引起能源二氧化碳總量下降的主要原因，說明了技術進步是未來碳減排的重要途徑之一。

（2）通過面板模型研究了引起地區能源二氧化碳總量差異的原因，為差異化的地區分配方案奠定了基礎。認為地區生產總值、人均GDP、高碳排放行業占比、人口規模、城鎮人口占比、能源生產力、煤炭消費占比和全要素生產率對各個省市能源二氧化碳總量的影響程度不同，造成各個地區能源二氧化碳排放的差異。

（3）從各個省市的省際貿易和國際貿易角度出發測算了其貿易隱含能源二氧化碳的排放，並利用地區高碳排放行業占比對省際間碳淨轉移的影響程度預測了2020年各個地區的碳淨轉移變動百分比，為能源二氧化碳地區分配的區域碳轉移公平性調整奠定了基礎。

（4）結合前面引起地區能源二氧化碳排放差異的因素和地區碳轉移，從最終需求的角度出發，利用投入產出和計量經濟模型相結合的方法，對國家能源二氧化碳總量目標進行了地區分配，充分考慮了消費需求公平性、經濟發展需求公平性、碳轉移公平性和能源生產力效率性。

1.5 主要創新點

本書的創新主要體現在以下三個方面：
（1）本書探索了一種從最終需求角度出發對全國能源二氧

化碳總量控制目標進行地區分解的合理方式。這種分配方式充分考慮了消費需求公平性、經濟發展需求公平性、地區間碳轉移公平性以及能源生產力的效率性，解決了目前碳排放目標區域分解的難題。並且本書建立的區域分配機制把投入產出法和計量經濟模型進行了有機的結合，解決了利用現有數據對未來碳排放總量目標的區域分解問題。

（2）本書將因素分配分析法和投入產出法相結合，對全國能源碳排放的影響因素進行了分解，從數量上測算了各個因素的影響程度，論證了中國控制能源碳排放的歷史經驗與薄弱環節，得出了很有意義的結論。具體揭示出：最終需求規模的擴大是導致全國能源碳排放總量增加的主要因素，其中投資規模對全國能源碳排放的影響最為突出；目前中國淨出口還並未擴大碳排放，甚至還抑制了能源碳排放的增長，但是應注意淨出口結構變化有擴大碳排放的趨勢；行業完全碳排放係數的變動對能源碳排放總量具有有效的抑製作用，技術進步和需求結構調整是今後控制碳排放的最重要途徑。

（3）本書探索了一種依據中國地區擴展投入產出表測算地區省際貿易隱含能源碳轉移量的方式。特別是具體測算出了各地區省際貿易和國際貿易中隱含的能源碳排放轉移數量，為全國能源碳排放總量控制目標合理地進行地區分解創造了條件。

2. 全國能源二氧化碳排放現狀和控制目標分析

隨著我國經濟總量的快速增加，二氧化碳排放量也迅速躥升。在 2011 年德班會議上，中國代表團專家何建坤就表示：2000—2010 年中國能源消費同比增長 120%，占全球的比重由 9.1% 提高到約 20%，二氧化碳占比由 12.9% 提高到約 23%。我國雖然是發展中國家，但是因為是全球較大的溫室氣體排放國之一，面臨著巨大的減排壓力。而且隨著中國經濟越來越發達，發達國家想通過減排的手段來遏制中國經濟發展的目的也越來越強烈。2014 年 10 月國際貨幣基金組織（IMF）的數據顯示：2014 年美國經濟規模是 17.4 萬億美元，中國經濟規模是 17.6 萬億美元。根據購買力平價算法，2014 年中國趕超美國，成為世界頭號經濟體。這使以美國、日本為代表的發達國家又開始進一步鼓吹「中國威脅論」，企圖通過軍事、經濟各方面的手段來阻止我國的快速發展。除了來自發達國家的減排壓力外，我國自身「資源節約型、環境友好型」社會的建設也離不開節能減排。由於我國仍然處於工業化階段，能源的大量消耗不可避免。而且隨著城鎮化進程的加快，大量農民成為城市居民，消費結構隨之改變，要滿足人民的能源需求也造成我國二氧化碳的大量排放。應該如何協調經濟發展與環境保護之間的關係，在實現二氧化碳排放量減少的同時盡量減少我們付出的經濟代

價已經成了我國關注的焦點。經過多年的努力，在碳排放的控制上我國也已經做出了一定的成效。

本章考察了我國能源二氧化碳碳排放總量、強度，以及行業直接能源二氧化碳排放等，分析了我國碳排放的歷史演進過程，並表明由於我國幅員遼闊，分區減排是必然要求，從而提出了我國碳排放總量控制目標，為后文的研究打下基礎。

2.1　能源二氧化碳排放的測算

2.1.1　對能源二氧化碳排放進行研究的重要意義

從《2006年國家溫室氣體排放清單指南》的資料來看（見表2.1），能夠產生二氧化碳的過程包括以下四個方面：①能源部門化石燃料的燃燒；②工業生產過程中化石燃料作為原料和還原劑使用；③農業、林業和其他土地利用過程中生物量、死亡有機物質、礦質土壤碳庫變化，發生火燒，對土壤施用石灰

表 2.1　　　　　　　　碳排放的部門分類

內容	分類	排放的主要溫室氣體
能源活動	化石燃料（原煤、焦炭、原油、汽油、煤油、柴油、燃料油、天然氣）	二氧化碳等
	生物質燃料（秸秆、薪柴、木炭、糞便）	
	電能、熱能	
	煤礦開採過程逃逸	
	石油和天然氣開採過程逃逸	
	……	

表2.1(續)

內容	分類	排放的主要溫室氣體
工業生產過程	採掘工業（水泥生產、石灰生產、玻璃生產）	二氧化碳、甲烷、二氧化氮、氫氟碳化物和全氟化碳等
	金屬工業（鋼鐵生產、鋁生產、鎂生產、鉛生產、鋅生產）	
	化學工業（電石生產、己二酸生產、硝酸生產、一氯二氟甲烷、氫氟烴生產）	
	電子工業（半導體生產、平板顯示器生產）	
	……	
農業、林業和其他土地利用過程	水稻種植	甲烷、氧化亞氮、二氧化碳等
	反芻動物飼養（腸道發酵和糞便管理）	
	農地利用及轉化	
	林地利用及轉化	
	草地利用及轉化	
	濕地地及轉化	
	聚居地及轉化	
	……	
廢棄物處理	固體廢棄物處理	二氧化碳、甲烷和氧化亞氮
	廢水處理	
	……	

和尿素；④廢棄物處理。從各個部門所排放的主要溫室氣體來看，能源部門化石燃料燃燒主要帶來的是二氧化碳，工業生產過程所帶來的溫室氣體包括二氧化碳、甲烷、二氧化氮、氫氟

碳化物和全氟化碳等，農業、林業和其他土地利用過程主要產生的是甲烷、氧化亞氮、二氧化碳等，廢棄物處理產生的主要是二氧化碳、甲烷和氧化亞氮等。

其中，能源部門通常是溫室氣體排放清單中最重要的部門。從發達國家來看，其排放的溫室氣體占總量的 75%，排放的二氧化碳占碳排放總量的 90% 以上，

二氧化碳數量一般占能源部門排放量的 95%。發展中國家化石能源的使用量更高，特別是我國，煤炭資源豐富。截至 2014 年年底，我國煤炭消費總量仍占到能源消費總量的 66%，水能、核能、風能加在一起還沒占到 10%，所以，化石能源帶來的碳排放在我國碳排放中仍占據重要位置。而能源部門所排放的二氧化碳又在能源部門排放的所有溫室氣體中占比較高，因此，研究能源消耗的二氧化碳排放具有重要意義。對能源二氧化碳排放加以控制就能在一定程度上實現碳排放總量的控制，所以本書雖然僅研究了能源二氧化碳排放，但通過研究影響因素，並建立一套科學、合理的地區能源二氧化碳分配方法，實際上也為碳減排提供了指導。除此之外，本書的實證分析以我國的年鑒資料為基礎，由於全部門的全面數據資料還不完備，而能源消耗的數據相對來說比較成熟和齊全，計算出來的結果也更加精確，從定量的角度來分析影響能源二氧化碳的因素也會更加準確，提出的減排措施也會更加有效。所以，在本書的下面章節中除非專門註明，所說的「碳排放」均是指的能源二氧化碳排放。

2.1.2 能源二氧化碳排放的測算

2.1.2.1 國家能源二氧化碳總量的測算

在《2006 年國家溫室氣體清單指南》中，化石能源燃燒碳排放的測算公式是：

$$COE = \sum Q_i \times f_i \qquad (2.1)$$

其中，COE 為能源部門的碳排放總量，Q 為第 i 種能源的消耗量（也稱活動數據），f_i 為第 i 種能源的碳排放因子。

我國對能源消耗量的數據統計相對成熟，活動數據資料比較好獲取，排放因子表示單位燃料消耗所排放的二氧化碳。排放因子取決於兩個因素：化石燃料的碳含量和化石燃料的燃燒條件。從碳含量的角度說，各種化石燃料都是既定的，而燃燒條件會隨著生產技術、所用設備而不同。所以，對於各個國家、各個地區、各個行業，乃至各個部門和各種生產工藝來說，都是會發生變化的。要計算我國的能源碳排放應該考慮我國化石能源的燃燒條件，燃燒得是否充分。IPCC 對於碳排放因子的選擇設定了三個方法層級：

第一個層級是使用《2006 年國家溫室氣體清單指南》中的平均排放因子。但是由於各個國家的排放因子因不同的特定燃料、燃燒技術乃至各個工廠而可能有所不同，所以這個方法層是在沒有進一步資料的情況下對碳排放的粗略測量，沒有考慮各個國家碳排放因子的差異性，而採用了一種平均的衡量標準。

第二個層級是排放因子使用特定國家的值。這種方法就比第一個層級更準確地測算特定國家的碳排放，對於特定國家碳排放的測算來說也會更準確。

第三個層級是在適當情況下使用詳細排放模式或測量，以及單個工廠級數據。這個方法層級雖然能夠最準確地測量碳排放，但是需要的數據更加詳細，涉及不同的生產設備和工藝，對於一個國家碳排放測算的資料獲取來說就會比較困難。

從 IPCC 所設定的三種排放因子的選擇依據來看，第一種情況成本低，但是測算結果會和實際情況存在比較大的差異；第三種情況測算結果的精確度最高，但是獲取資料的成本投入也會比較高；本書選擇的是第二個層級的排放因子選擇。

我國第 i 種化石能源燃燒的特有排放因子的計算公式如下：

$$f_i = \frac{c_i \times o \times (44/12) \times 1,000}{10^9/j_i} \tag{2.2}$$

其中，c_i 表示第 i 種能源的缺省碳含量①，o 表示能源的氧化因子，表明單位化石能源燃燒排放多少二氧化碳取決於這種化石能源燃燒的效率。由於我們使用化石能源的最終目的就是要使其燃燒過程優化，使得單位燃料消耗產生最大能源量，進而提供最大數量的 CO_2。我們希望化石能源有效燃燒確保燃料中最大數量的碳被氧化，因此，化石能源燃燒的 CO_2 排放因子對於燃燒過程本身比較不敏感，其排放的二氧化碳數量主要取決於燃料的碳含量。所以，本書假設所有的化石能源氧化因子都為 1，即完全燃燒，$c_i \times o \times (44/12) \times 1,000$② 為按 IPCC2006 標準公式計算的二氧化碳排放因子，j_i 為我國第 i 種能源的平均低位發熱量③，$10^9/j_i$④ 為發熱一萬億焦耳⑤的第 i 種能源的質量，f_i 為中國第 i 種能源特有的二氧化碳排放因子。

求出我國第 i 種化石能源的碳排放因子後，可以進一步使用下面公式計算我國的能源二氧化碳排放總量：

$$COE = \sum_{i=1}^{n} q_i \times d_i \times f_i \tag{2.3}$$

---

① 各種能源的缺省碳含量來自《2006 年國家溫室氣體排放清單指南》。缺省碳含量是單位能源的碳含量，因為化石能源之所以能排放二氧化碳就是因為其含有碳元素。

② 單位化石能源完全燃燒產生的二氧化碳由其中的碳元素與氧元素完全結合產生，單位碳元素的質量為 12，單位氧元素的質量為 16，結合成的二氧化碳的質量為 44。

③ 各種能源的低位發熱量來自於《中國能源統計年鑒》。低位發熱量是指燃料完全燃燒時，其燃燒產物中的水蒸氣以氣態形式存在時的發熱量。

④ 單位能源二氧化碳排放量是按照其發熱量來計算的，需要把從 IPCC 中得到的排放因子通過相同發熱量的質量轉化成符合我國的排放因子。

⑤ 一萬億焦耳 = 10^12J。

其中，COE 為中國能源二氧化碳排放總量，q_i 為第 i 種能源的消費量①，d_i 為第 i 種能源的折標煤系數②。因為各種能源的計量單位有所區別，比如煤炭和石油就是以多少萬噸來計量的，天然氣卻是以多少億立方米來進行計量的，而二氧化碳排放因子的標準單位是每噸標準煤的能源消耗帶來的二氧化碳排放量，所以，需要首先將各種不同計量單位的化石能源全部統一為噸標準煤。f_i 為第 i 種能源的二氧化碳排放因子。

以化石能源二氧化碳排放總量作為基礎可以計算我國碳強度和人均碳排放量。其計算公式如下：

$$E_i = \frac{COE_i}{GDP_i} \quad (2.4)$$

$$E_i = \frac{COE_i}{R_i} \quad (2.5)$$

式（2.4）表示我國第 i 年的碳強度等於單位 GDP 所帶來的碳排放量，式（2.5）表示我國第 i 年的人均碳排放等於第 i 年的碳排放總量除以第 i 年的年平均人口數。

2.1.2.2 行業完全能源二氧化碳的測算

行業碳排放既包括消耗能源的直接排放，又包括消耗中間投入品的間接排放，所以行業碳排放量的測算要從行業整個投入產出鏈進行全面考慮。投入產出分析法從一般均衡理論中吸收了有關經濟活動相互依存的觀點，通過中間投入把各個行業、部門間環環相扣的關係體現出來，還能發現任何局部變化對經濟系統各個部分的影響，既便於對行業的間接碳排放進行測量，從而較為精確地把握各個行業的完全碳排放量，還可以分析行

---

① q_i 來自《中國能源統計年鑒 2011》中的全國能源平衡表中各種能源的消費總量。

② d_i 來自《中國能源統計年鑒 2011》中的附錄 4。

業結構變動造成的影響。因此，雖然投入產出表五年編製一次，行業完全碳排放的測量結果時間跨度較大，且投入產出表假定產品類型與行業部門類型一一對應與實際有一定差異，但是投入產出分析法對於行業碳排放問題的研究仍具有不可替代的優勢。另外，由於國際貿易的存在，「碳泄漏」使某些國家可以通過進口能源密集型產品或者碳排放密集型產品以人為達到減排的目的，而另一些國家卻成為碳排放的犧牲品，於是「消費碳足跡」的測算思想更便於明確國家的碳減排責任。因此，本書遵循「消費碳足跡」的測算思想，利用投入產出法從消費碳足跡的角度提出測算行業能源使用的完全碳排放量的方法。

第一步，計算各行業的碳強度 E（指行業直接消耗能源量除以總產出得到的行業單位產值排碳量）。

$$E_j = \frac{\sum_i^n a_i \theta_i}{Z_j} \quad (2.6)$$

其中，E_j 表示 j 行業的碳強度，a_i 表示 j 行業對第 i 種能源的消耗量，θ_i 表示第 i 種能源的碳排放因子，Z_j 表示 j 行業的總產出。

第二步，從生產碳足跡的角度計算各行業能源消耗的總碳排放 Q。行業能源消費的總碳排放量由兩部分組成：本行業消耗能源的直接排放（下式的前半部分）和本行業消耗中間投入品的間接排放（下式的后半部分）。

$$Q_j = \sum_i^n a_i q_i + \sum_k^m E f_{ik} E_k \quad (2.7)$$

其中，Q_j 表示 j 行業按生產碳足跡計算的總碳排放量，$\sum_i^n a_i \theta_i$ 表示第 i 行業消耗能源的直接排碳量，f_{jk} 表示第 j 行業對第 k 行業的完全消耗係數，E_k 表示第 k 行業的碳強度。

第三步，計算各行業的進口載碳量 IP 和出口載碳量 XP。

$$IP_j = \frac{ip_j Q_j}{Z_j} \qquad (2.8)$$

其中，ip_j 表示第 j 行業的進口量，$\frac{Q_j}{Z_j}$ 表示第 j 行業的完全碳強度（指行業直接消耗和間接消耗能源的總碳排放量除以行業總產出得到的行業單位產值碳排放量）。

$$XP_j = \frac{xp_j Q_j}{Z_j} \qquad (2.9)$$

其中，xp_j 表示第 j 行業的出口量。

第四步，從消費碳足跡的角度測算各行業能源消費的完全碳排放 Y。

$$Y_j = Q_j + IP_j - XP_j \qquad (2.10)$$

此公式表明第 j 行業能源消費的完全碳排放量為生產碳足跡的總碳排放量加上進口載碳量再減去出口載碳量。

2.1.2.3 行業能源二氧化碳強度的測算

行業消耗能源產生的碳排放不僅包括直接消耗能源產生的直接碳排放，還包括中間投入品消耗能源產生的間接碳排放，兩者結合起來即可稱為行業的完全碳排放。行業的完全碳排放可以反應我國各個行業的真正環境成本。所以，行業碳強度也分為直接碳強度和完全碳強度。

行業直接能源二氧化碳排放總量的計算公式如下：

$$coe_{直接k} = \sum_{i=1}^{n} q_{ki} \times d_i \times f_i \qquad (2.11)$$

其中，$coe_{直接k}$ 為行業 k 的能源二氧化碳排放量，q_{ki} 為行業 k 第 i 種能源消費量，d_i 為第 i 種能源的折標煤系數，f_i 為第 i 種能源的二氧化碳排放因子。在此基礎上，可以測算行業的直接碳強度：

$$e_{直接k} = \frac{coe_k}{Q_k} \qquad (2.12)$$

其中，e_k 表示行業 k 的直接碳強度，Q_k 表示行業 k 的總產出。

行業間接能源二氧化碳排放總量的計算公式如下：

$$coe_{間接k} = \sum_j c_k a_{kj} e_{直接j} \qquad (2.13)$$

其中，a_{kj} 表示行業 k 對行業 j 的完全消耗係數。式（2.13）表示的內涵是行業 k 的間接能源二氧化碳排放總量等於投入 k 行業的所有中間產品的能源碳排放之和。在此基礎上可以測算行業的完全碳強度：

$$e_{完全k} = \frac{coe_{直接k} + coe_{間接k}}{Q_k} \qquad (2.14)$$

2.1.2.4 行業邊際完全能源二氧化碳的測算

通過投入產出法還可以研究第 N 個行業總產出的變化對其他 $N-1$ 個行業碳排放的影響，從而判斷哪些行業對碳排放總量影響大。現將某行業單位產值變動對總碳排放量的影響定義為行業的邊際完全碳排放。具體算法如下：

第一步，測算第 N 個行業總產出變動引起其他 $N-1$ 個行業總產出的變動量 $\Delta x_{(n-1)}$。

第 N 個部門總產出對其他 $N-1$ 個部門總產出的影響用矩陣表示為：

$$x_{(n-1)} = A_{(n-1)} x_{(n-1)} + \begin{bmatrix} a_{1n} \\ a_{2n} \\ \dots \\ a_{n-1,n} \end{bmatrix} x_n + y_{(n-1)} \qquad (2.15)$$

其中，$x_{(n-1)}$ 表示其他 $N-1$ 個行業的總產出，$A_{(n-1)}$ 表示其他 $N-1$ 個行業的直接消耗係數矩陣，$y_{(n-1)}$ 表示其他 $N-1$ 個部門產品的最終使用，a_{in} 表示第 N 部門要直接消耗的 I 部門產品數量。

假設第 N 個部門總產出有一個增量 Δx_n，式（2.15）可

變為：

$$\Delta x_{(n-1)} = \begin{bmatrix} I-A_{(n-1)} \end{bmatrix}^{-1} \begin{bmatrix} a_{1n} \\ a_{2n} \\ \cdots \\ a_{n-1,n} \end{bmatrix} \Delta x_n \quad (2.16)$$

其中，$\Delta x_{(n-1)}$ 表示 $N-1$ 部門總產出的變動量。

把式（2.16）變換成利用 N 階完全需求系數矩陣求得的形式：

$$\Delta x_{(n-1)} = \begin{bmatrix} \bar{b}_{1n}/\bar{b}_{nn} \\ \bar{b}_{2n}/\bar{b}_{nn} \\ \cdots \\ \bar{b}_{n-1,n}/\bar{b}_{nn} \end{bmatrix} / \Delta x_n \quad (2.17)$$

其中，$\bar{b}_{in}$ 表示第 N 部門對第 I 部門產品的完全需求系數。

第二步，利用公式 $\Delta E_j = \dfrac{\Delta X_j Q_j}{Z_j}$ 測算各個行業的碳排放變動量，ΔE_j 為 j 行業的碳排放變動量，ΔX_j 為 j 行業的產出變動量，$\dfrac{Q_j}{Z_j}$ 為 j 行業的完全碳強度。

第三步，利用公式 $\Delta E = \sum_{j=1}^{n} \Delta E_j$ 得到行業的邊際完全碳排放量。

2.2　中國能源二氧化碳排放的歷史狀況與現狀

2.2.1　國家能源二氧化碳排放現狀

根據上文所述的能源二氧化碳排放總量測算公式，可以得

到全國能源二氧化碳排放總量、能源二氧化碳強度和人均能源二氧化碳排放量，見表2.2。

表2.2　　　　全國能源二氧化碳排放現狀表

時間	碳排放總量 （萬噸）	碳強度 （噸/萬元）	人均碳排放 （噸/人）
1980	171,212.44	37.67	1.73
1985	206,015.49	22.85	1.95
1990	265,755.31	14.24	2.32
1995	352,455.30	5.80	2.91
2000	389,157.01	3.92	3.07
2001	396,404.35	3.62	3.11
2002	418,898.37	3.48	3.26
2003	482,949.54	3.56	3.74
2004	556,822.19	3.48	4.28
2005	625,087.06	3.38	4.78
2006	704,112.55	3.26	5.36
2007	745,985.45	2.81	5.65
2008	770,826.52	2.45	5.80
2009	809,912.65	2.38	6.07
2010	873,810.69	2.18	6.52
2011	932,530.48	1.97	6.92
2012	985,316.38	1.89	7.28
2013	1,138,102.27	1.82	7.63

註：碳排放總量計算的基礎數據為我國各種能源的年消耗量，數據來自歷年的《中國能源統計年鑒》；碳強度計算的基礎數據為我國歷年的國內總產值，數據來自歷年的《中國統計年鑒》；人均碳排放計算的基礎數據為我國歷年的年平均人口數，通過首末折半法計算而得；各年年末人口數數據來自歷年的《中國統計年鑒》。

從表 2.2 可以看出，中國的碳排放總量呈現逐步上升趨勢。大致可以劃分為兩個階段：2006 年及以前各年的碳排放總量幾乎都是以兩位數字在增長，增長較快；從 2007 年開始碳排放增速有所放緩。截至 2013 年我國的能源碳排放總量已經達到 103.8 億噸左右，這年全世界的碳排放總量才為 360 億噸，中國就占到其中的 29%。對比世界上的其他國家（見表 2.3），我國的碳排放總量不僅超過美國、日本等發達國家，也超越了與我們同樣是發展中大國的印度。可見，我國的碳排放總量確實很高。

表 2.3　　　　　　2013 年各國碳排放比重表①

國家	占世界碳排放總量的比重（%）
中國	29
美國	15
歐盟	10
日本	3.7
印度	7.1

從表 2.2 中的碳強度來看，我國碳強度呈現先快速降低、再緩慢降低的特徵。1980 年中國碳強度高達 37.67 噸/萬元，1995 年降低為 5.8 噸/萬元，此后進入緩慢降低區間。由於碳強度衡量了一個國家對碳排放這種投入要素利用效率的高低，隨著我國技術的進步，碳排放要素的使用效率也會越來越高，單位產出需要的碳排放會越來越少，但是技術進步的難度卻加大了，在想進一步提高碳排放要素的利用效率也會越來越難。對

---

① 觀察者.中國碳排放總量超過歐美總和　人均碳排放首超歐盟［EB/OL］.（2014－09－22）http：//www.guancha.cn/strategy/2014_09_22_269609.shtml.

比主要發達國家，2008年我國碳排放強度為美國的5.2倍、日本的11.3倍、澳大利亞的3.2倍①，雖然在近年我國碳強度有所降低，但仍然是發達國家的倍數，碳減排的技術水平仍舊較低，這也使我國的減排備受發達國家關注。

從表2.2中的人均碳排放來看，我國人均碳排放量呈現出逐漸增長的趨勢：從1980年的1.73噸/人增加到2013年的7.63噸/人，增加了3倍。人均碳排放量在一定程度上可以衡量一個國家的經濟發展水平和人民的生活水平。隨著我國經濟的不斷發展，支撐產業也在發生著變化，由過去的農業大國轉變為工業大國，將來朝著服務業大國邁進，人民的收入水平和生活質量也在不斷提高，消費結構隨之而變，支撐消費結構的碳排放水平也會逐漸增加。對比主要發達國家，2013年歐盟的人均碳排放量為6.8噸/人，美國卻高達16.5噸/人②，而世界上人均碳排放量為5噸/人，說明我國人均碳排放量已經超過了世界平均水平。

綜上所述，我國作為人口大國，在經濟快速增長的時期，由於能源消耗總量的上升，不可避免地會造成碳排放總量的增加。由於生產技術水平相對有限，碳強度仍是發達國家的倍數，而且隨著人們消費結構的轉變和我國產業結構的轉變，人均碳排放呈現出不斷上升的趨勢，並首次超過了歐盟國家，這都說明節能減排仍然是未來很長一段時間內我國關注的重點。

2.2.2 行業能源二氧化碳排放現狀

行業能源二氧化碳排放是構成全國能源二氧化碳排放的關

---

① 數據來自《中國低碳經濟發展報告2011》中的附錄4。
② 新民網. 中國人均碳排放首次超過歐洲 [EB/OL]. (2014-09-24) http://news.xinmin.cn/domestic/2014/09/24/25478450.html.

鍵單元,而與能源消費密切相關的產業結構調整升級也是減少能源消費二氧化碳排放的重要舉措。由於各行業碳排放的差異很大,為了分析哪些行業是碳排放高的行業,有必要分析各行業的碳排放現狀。根據上述計算公式可以計算出行業能源二氧化碳排放總量和行業的碳強度。結果如表2.4所示。

表2.4　　全國各行業直接碳排放總量情況表　　單位:萬噸

行業	2010年	2007年	增速(%)
農、林、牧、漁業	9,008.82	13,470.02	-33.12
煤炭開採和洗選業	34,817.92	24,873.63	39.98
石油和天然氣開採業	6,811.96	7,144.49	-4.65
金屬礦採選業	1,349.95	940.23	43.58
非金屬礦和其他礦採選	1,387.36	1,195.93	16.01
食品製造及菸草加工業	6,564.99	5,148.58	27.51
紡織業	4,300.25	4,029.06	6.73
紡織服裝和皮革	864.64	816.88	5.85
木材和家具製造	934.42	726.70	28.58
造紙印刷和文教體育用品	6,892.32	5,540.15	24.41
石油加工、煉焦及核燃料加工業	218,399.53	172,969.49	26.26
化學工業	48,196.86	42,059.51	14.59
非金屬礦物製品業	38,927.03	30,067.57	29.47
金屬冶煉及壓延加工業	140,170.31	116,620.00	20.19
金屬製品業	1,222.10	1,104.82	10.62
通用專用設備製造業	4,939.98	3,853.89	28.18
交通運輸設備製造業	2,635.08	2,041.37	29.08

表2.4(續)

行業	2010年	2007年	增速（%）
電氣機械及器材製造業	1,006.35	659.87	52.51
通信設備、計算機及其他電子設備製造業	786.77	634.33	24.03
儀器儀表及文化、辦公用機械製造業	160.04	106.86	49.77
其他製造業	895.15	766.94	16.72
電力、熱力的生產和供應業	223,780.74	197,993.34	13.02
燃氣生產和供應業	2,085.21	2,362.76	-11.75
水的生產和供應業	141.44	72.85	94.15
建築業	4,803.60	3,888.75	23.53
交通運輸、倉儲和郵政業	69,619.76	57,587.49	20.89
批發、零售業和住宿、餐飲業	4,878.74	6,097.62	-19.99
其他行業（除上述行業外的其他所有服務業之和）	14,666.74	9,874.40	48.53

註：由於計算行業碳排放總量時要用到行業總產出，行業總產出的數據取自2007年和2010年我國的投入產出表。

從表2.4可以看出，各行業直接碳排放量差異較大。碳排放量1億噸以上的有：煤炭開採和洗選業，石油加工、煉焦及核燃料加工業，化學工業，非金屬礦物製品業，金屬冶煉及壓延加工業，電力、熱力的生產和供應業，交通運輸、倉儲和郵政業。工業行業占高碳排放行業的比重為85.7%，並且工業高碳排放行業都是資源型、基礎型的工業行業，所以工業行業的節能減排仍是我國節能減排的重點領域。而作為服務業的交通運輸、倉儲和郵政業，由於涉及交通運輸設備的運用，也需要消耗大量的化石能源。另外，除農林牧漁業、石油和天然氣開採

業、燃氣生產和供應業與批發、零售業和住宿、餐飲業外，其餘所有行業的直接碳排放總量都有所上升，其中，碳排放基數比較大的煤炭開採和洗選業、石油加工、煉焦及核燃料加工業、金屬冶煉及壓延加工業和交通運輸、倉儲和郵政業都以20%以上的速度增長。

表2.5　　　全國各行業碳直接強度情況表　　單位：噸/萬元

行業	2007年	2010年	增速（%）
農、林、牧、漁業	0.275,5	0.130,0	-52.81
煤炭開採和洗選業	2.578,9	1.726,6	-33.05
石油和天然氣開採業	0.749,3	0.583,6	-22.11
金屬礦採選業	0.152,9	0.118,3	-22.63
非金屬礦和其他礦採選	0.310,5	0.257,4	-17.10
食品製造及菸草加工業	0.123,2	0.097,4	-20.94
紡織業	0.159,9	0.131,9	-17.51
紡織服裝和皮革	0.045,2	0.035,8	-20.80
木材和家具製造	0.066,1	0.062,1	-6.05
造紙印刷和文教體育用品	0.371,0	0.331,5	-10.65
石油加工、煉焦及核燃料加工業	8.207,5	7.244,1	-11.74
化學工業	0.678,4	0.516,9	-23.81
非金屬礦物製品業	1.318,5	0.871,6	-51.27
金屬冶煉及壓延加工業	1.908,8	1.707,7	-10.54
金屬製品業	0.062,4	0.049,9	-20.03
通用專用設備製造業	0.097,6	0.074,5	-23.67
交通運輸設備製造業	0.061,9	0.044,9	-27.46
電氣機械及器材製造業	0.024,3	0.021,9	-9.88
通信設備、計算機及其他電子設備製造業	0.015,4	0.013,9	-9.74

表2.5(續)

行業	2007年	2010年	增速（%）
儀器儀表及文化、辦公用機械製造業	0.021,9	0.022,4	2.28
其他製造業	0.072,7	0.065,6	-9.77
電力、熱力的生產和供應業	6.288,3	5.115,2	-18.66
燃氣生產和供應業	2.131,9	0.930,4	-56.36
水的生產和供應業	0.061,8	0.081,2	31.39
建築業	0.062,0	0.046,9	-24.35
交通運輸、倉儲和郵政業	1.775,7	1.413,1	-20.42
批發、零售業和住宿、餐飲業	0.139,7	0.075,4	-46.03
其他行業	0.084,9	0.076,3	-10.13

註：由於計算行業碳強度時要用到行業總產出，行業總產出的數據取自2007年和2010年我國的投入產出表。

從表2.5可以看出，行業直接碳強度的差異也較大，在1噸/萬元以上的行業有：煤炭開採和洗選業，石油加工、煉焦及核燃料加工業，非金屬礦物製品業，金屬冶煉及壓延加工業，電力、熱力的生產和供應業，燃氣生產和供應業，交通運輸、倉儲和郵政業。並且所有行業的直接碳強度都隨著時間下降。其中，碳強度較高且下降幅度較大的行業有煤炭開採和洗選業，非金屬礦物製品業，電力、熱力的生產和供應業，燃氣生產和供應業，交通運輸、倉儲和郵政業，而碳強度較高的石油加工、煉焦及核燃料加工業和金屬冶煉及壓延加工業碳強度的降低幅度僅有10%左右。

綜上所述，行業直接碳排放總量和直接碳強度的排序並不完全相同。其中：化學工業雖然碳排放總量較大，但碳強度較低；燃氣生產和供應業雖然碳排放總量較低，但是碳強度排名靠前。

從圖2.1可以看出，各個行業的完全碳強度都高於直接碳強度。其中，差異較為顯著的行業有黑色金屬冶煉業，有色金屬冶煉業發，化學原料及化學製品製造業，金屬製品業，水的生產和供應業，農、林、牧、漁業，交通運輸、倉儲和郵政業，批發、零售業和住宿、餐飲業。

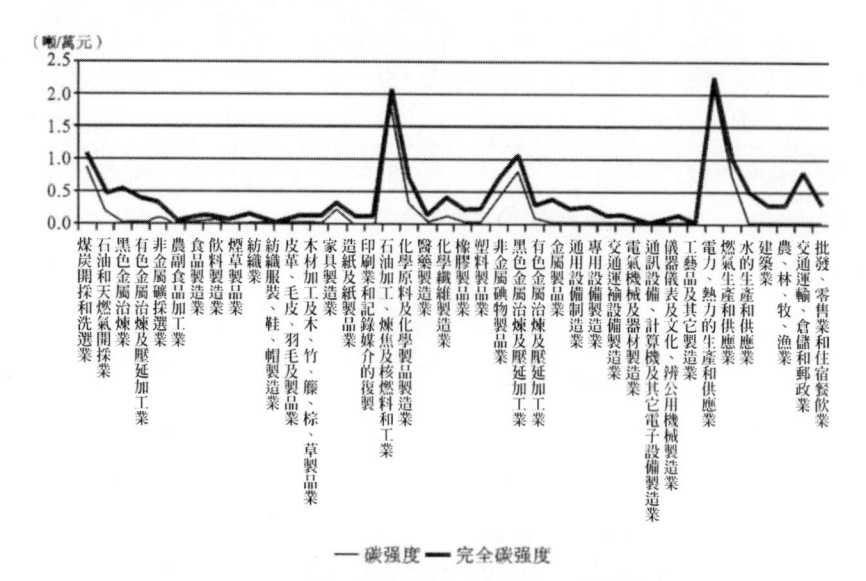

圖2.1　行業的直接碳強度和完全碳強度圖

註：根據《中國統計年鑒》、「中國投入產出表」中的有關資料計算得到。

2.2.3　行業完全能源二氧化碳排放現狀

從表2.6可以看出，完全碳排放量較大的行業主要集中在採掘業、金屬冶煉業、石化業、電熱能源業等中上游工業行業，這些行業是我國工業化進程中需求量較大的行業。如何在不影響我國能源及基礎原材料需求的情況下減少這些行業的碳排放將是值得研究的問題。

採掘業中的煤炭開採和洗選業的完全碳排放量大主要是由我國直接生產造成的，而石油和天然氣開採業以及黑色金屬礦

採選業的完全碳排放量大主要是由我國大量進口造成的，石油加工煉焦及核燃料加工業，有色金屬冶煉及壓延加工業，電力、熱力的生產和供應業的完全碳排放量大主要是由直接碳排放量大引起的，而化學原料及化學製品製造業的完全碳排量大是因為其直接碳排放量和間接碳排放量都很大。

表 2.6　　　　　行業的完全碳排放情況表　　　單位：萬噸

碳排放總量較大的行業	完全碳排放量	碳排放總量為負的所有行業	完全碳排放量
電力、熱力的生產和供應業	66,357.8	皮革、毛皮、羽毛（絨）及其製品業	-17.0
石油加工、煉焦及核燃料加工業	40,089.8	橡膠製品業	-58.1
黑色金屬冶煉及壓延加工業	30,768.7	通信設備、計算機及其他電子設備製造業	-109.6
化學原料及化學製品製造業	14,376.9	紡織服裝、鞋、帽製造業	-128.1
非金屬礦物製品業	8,841.0	文教體育用品製造業	-173.2
煤炭開採和洗選業	8,294.3	家具製造業	-176.1
石油和天然氣開採業	4,471.6	電氣機械及器材製造業	-256.7
有色金屬冶煉及壓延加工業	2,206.7	金屬冶煉業	-823.6
造紙及紙製品業	1,839.7	批發、零售業和住宿、餐飲業	-1,416.1
黑色金屬礦採選業	1,631.9	交通運輸、倉儲和郵政業	-2,355.3

註：根據《中國統計年鑑》、「中國投入產出表」中的有關資料計算得到。

在碳排放量為負的行業中，批發、零售業和住宿、餐飲業，交通運輸、倉儲和郵政業的碳排放量的絕對值居前兩位。由於第三產業生產與消費同時發生的特性，其進出口量是通過境外

人員在東道國的需求中體現的。可見，這兩個行業的發展產生了大量的碳轉移。另外，在碳排放總量為負的行業中集聚了紡織、電子、機械設備、家具等製造業，更說明了我國作為「世界工廠」的角色，在把大量產品輸出國外的同時承擔了其他國家本應承擔的碳排放責任。

3.2.4 行業邊際完全能源二氧化碳排放現狀

從圖2.2可以看出，石油加工、煉焦及核燃料加工業的邊際完全碳排放量最大（為3.3噸/萬元），而廢棄資源和廢舊材料回收加工業的邊際完全碳排放量最小（為0.17噸/萬元）。另外，建築業、農林牧漁業、水的生產和供應業的邊際完全碳排的放量也較大，分別為1.99噸/萬元、1.87噸/萬元和1.79噸/萬元。

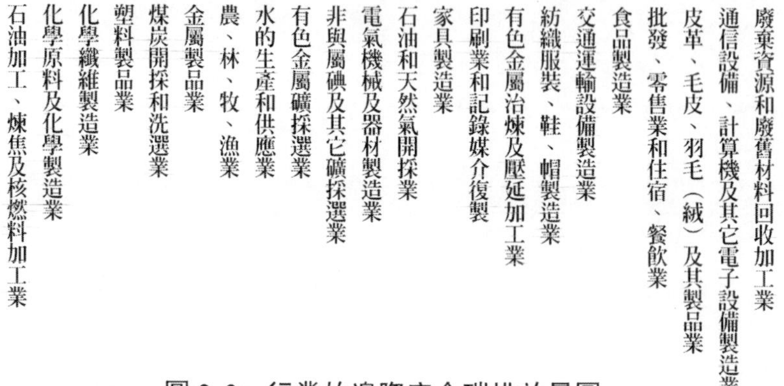

石油加工、煉焦及核燃料加工業
化學原料及化學製造業
化學纖維製造業
塑料製品業
煤炭開採和洗選業
金屬製品業
農、林、牧、漁業
水的生產和供應業
有色金屬礦採選業
非金屬礦採選業
電氣機械及器材製造業
石油和天然氣開採業
家具製造業
印刷業和記錄媒介複製
有色金屬冶煉及壓延加工業
紡織服裝、鞋、帽製造業
交通運輸設備製造業
食品製造業
批發、零售業和住宿、餐飲業
皮革、毛皮、羽毛（絨）及其製品業
通信設備、計算機及其它電子設備製造業
廢棄資源和廢舊材料回收加工業

圖2.2 行業的邊際完全碳排放量圖

註：根據《中國統計年鑑》、「中國投入產出表」中的有關資料計算得到。

從表2.7可以看出，電、熱、燃氣與水的生產和供應業的邊際完全碳排放量最大，為2.27噸/萬元；其次是石化業，為2.05噸/萬元，其中，醫藥製造業和石油天然氣開採業的邊際完全碳排放量最小，分別為1.11噸/萬元和1.39噸/萬元；再次是採掘業，為1.75噸/萬元；金屬冶煉加工業的邊際完全碳排放量居第四位，為1.61噸/萬元，其中，有色金屬冶煉加工業的邊際完全碳排放

量為1.22噸/萬元，比黑色金屬冶煉加工業低0.78噸/萬元；裝備製造業的邊際完全碳排放量居第五位，為1.33噸/萬元，其中，通信設備、計算機及其他電子設備製造業的邊際完全碳排放量最小，僅為0.6噸/萬元；第三產業中交通運輸、倉儲和郵政業的邊際完全碳排放量是批發、零售業和住宿、餐飲業的兩倍左右，居第六位，為1.78噸/萬元；紡織服裝業和食品飲料製造業的邊際完全碳排放量較小，分別為0.9噸/萬元和0.8噸/萬元。

表2.7　　　　　行業對碳排放影響程度表　　單位：噸/萬元

行業	行業的邊際完全碳排放量
電、熱、燃氣與水的生產和供應業	2.27
石化業	2.05
建築業	1.99
農、林、牧、漁業	1.87
採掘業	1.75
金屬冶煉業	1.61
裝備製造業	1.34
第三產業	1.33
紡織服裝製造業	0.90
食品飲料製造業	0.50

註：根據《中國統計年鑒》、「中國投入產出表」中的有關資料計算得到。

2.2.5　對我國行業的重新分類

行業劃分既要考慮行業對總體經濟的影響，又要考慮行業對環境的影響，所以從以下三個指標入手：一是行業的影響力係數；二是行業的完全碳排放量；三是行業的邊際完全碳排放量。

行業在經濟中的重要程度主要通過行業的影響力係數來體

現。某個行業的影響力係數越大，則說明這個行業對社會生產的影響越大，此行業在經濟中越重要。行業影響力係數的計算公式如下：

$$r_j = \frac{\sum_{i=1}^{n} \bar{b}_{ij}}{\frac{1}{n}\sum_{j=1}^{n}\sum_{i=1}^{n_y} \bar{b}_{ij}} \tag{2.18}$$

其中，r_j表示行業j的影響力係數，$\sum_{i=1}^{n}\bar{b}_{ij}$表示完全需求係數矩陣中第$j$列的和，$\frac{1}{n}\sum_{j=1}^{n}\sum_{i=1}^{n_y}\bar{b}_{ij}$表示完全需求係數矩陣中各列和的平均值。

行業分類的過程如下：

第一步，把完全碳排放為負值的10個行業和完全碳排放為正值的32個行業分成兩組。

第二步，分別就三個指標中每一個指標對兩組中的行業分別進行聚類分析，可以得到按三個指標區分的高、中、低三個等級各自有哪些行業。

第三步，可以得到三個指標都為高等級的行業（影響力大且污染也大的行業），三個指標中一個指標為高等級的行業、其餘兩個指標為低等級的行業（影響力大但污染較小的行業），三個指標中一個指標為低等級的行業、其餘兩個指標為高等級的行業（影響力小但污染較大的行業）這三種典型的行業類別。結果如表2.8所示。

表2.8　　　　　　　　行業分類情況表

行業	影響力係數	行業完全碳排放（萬噸）	行業的完全邊際碳排放（噸/萬元）

表2.8(續)

行業	影響力係數	行業完全碳排放（萬噸）	行業的完全邊際碳排放（噸/萬元）
完全碳排放量為正的行業			
影響大且碳排放量也較大（1）			
電力、熱力的生產和供應業	1.111,6	66,357.868,3	2.797,1
石油加工、煉焦及核燃料加工業	1.057,6	40,089.867,5	3.288,2
黑色金屬冶煉及壓延加工業	1.223,2	30,768.739,2	2.003,6
化學原料及化學製品製造業	1.241,9	14,376.957,0	2.573,8
非金屬礦物製品業	1.113,7	8,841.008,7	1.918,0
煤炭開採和洗選業	0.917,7	8,294.305,4	1.988,5
影響大但碳排放量較小（2）			
木材加工及木、竹、藤、棕、草製品業	1.118,4	113.075,4	0.952,2
工藝品及其他製造業	1.174,6	81.810,2	1.326,1
儀器儀表及文化、辦公用機械製造業	1.360,7	78.812,5	1.230,4
水的生產和供應業	0.890,6	20.529,3	1.789,4
印刷業和記錄媒介複製業	1.125,6	14.865,2	1.298,3
塑料製品業	1.339,5	13.977,7	2.020,7
影響大且碳排放量一般（3）			
有色金屬冶煉及壓延加工業	1.228,3	2,206.748,3	1.225,6
造紙及紙製品業	1.131,4	1,839.722,3	1.121,6
黑色金屬礦採選業	1.078,8	1,631.926,7	2.024,6
燃氣生產和供應業	1.043,7	817.700,3	2.211,7

表2.8(續)

行業	影響力系數	行業完全碳排放(萬噸)	行業的完全邊際碳排放(噸/萬元)
建築業	1.203,1	799.377,2	1.987,1
通用設備製造業	1.261,5	774.428,1	1.373,4
農副食品加工業	1.024,2	705.378,8	0.719,7
專用設備製造業	1.262,8	670.366,6	1.710,7
有色金屬礦採選業	1.018,2	572.755,8	1.745,2
交通運輸設備製造業	1.351,7	569.601,2	1.070,1
化學纖維製造業	1.293,1	496.255,0	2.187,9
食品製造業	1.096,9	457.022,2	0.988,3
非金屬礦及其他礦採選業	1.000,6	411.273,3	1.582,7
飲料製造業	1.026,0	366.854,4	0.998,8
紡織業	1.236,9	293.535,0	0.830,1
醫藥製造業	1.055,0	279.552,0	1.111,2
影響一般但碳排放量較大 (4)			
石油和天然氣開採業	0.796,5	4,471.652,9	1.386,7
影響小且碳排放量也小 (5)			
菸草製品業	0.684,6	56.374,3	0.472,4
廢品廢料	0.479,0	42.501,5	0.173,4
農、林、牧、漁業	0.715,8	518.302,2	1.872,5
完全碳排放量為負的行業			

表 2.8（續）

行業	影響力系數	行業完全碳排放（萬噸）	行業的完全邊際碳排放（噸/萬元）
影響大且碳排放量也較大（1）			
金屬製品業	1.274,2	−823.688,3	1.964,8
影響大但碳排放量較小（2）			
通信設備、計算機及其他電子設備製造業	1.448,5	−109.604,5	0.601,7
電氣機械及器材製造業	1.359,0	−256.749,1	1.397,2
皮革、毛皮、羽毛（絨）及其製品業	1.226,4	−17.045,1	0.762,5
橡膠製品業	1.240,5	−58.187,8	1.815,6
紡織服裝、鞋、帽製造業	1.246,3	−128.120,7	1.117,4
文教體育用品製造業	1.286,7	−173.204,0	1.537,8
家具製造業	1.162,7	−176.127,6	1.369,2
影響小但碳排較大（3）			
批發、零售業和住宿、餐飲業	0.797,5	−1,416.175,0	0.888,9
交通運輸、倉儲和郵政業	0.899,8	−2,355.342,9	1.778,5

註：根據《中國統計年鑑》、「中國投入產出表」中的有關資料計算得到。

從表 2.8 可以看出，完全碳排放量為正的 32 個行業中，影響大且碳排放量也大的行業主要是煤炭開採和電力、熱力的生產和供應業等能源行業，石油化工、黑色金屬冶煉等中上游工業行業，以及非金屬礦物製品業；影響大但碳排放量較小的行業中有水的生產和供應業，設備製造業中的儀器儀表及文化、辦公用機械製造業，以及石化業中的塑料製品業等；建築業、飲料製造業和紡織業影響力大但碳排放量一般；而石油和天然

氣開採業的影響力一般，但碳排放量較大。

完全碳排放量為負的 10 個行業中，影響大且碳排放量也較大的行業為金屬製品業；影響大但碳排放量較小的行業中七大設備製造業占兩個，包括通信設備、計算機及其他電子設備製造業和電氣機械及器材製造業，紡織業中的皮革、毛皮、羽毛（絨）及其製品業和紡織服裝、鞋、帽製造業，以及石化業中的橡膠製品業；影響小但碳排放量較大的行業中第三產業占兩個，包括交通運輸、倉儲和郵政業，批發、零售業和住宿、餐飲業。

2.3 中國碳排放控制目標

2.3.1 碳強度控制目標與碳排放總量控制目標的聯繫和區別

碳排放強度承諾實質上是二氧化碳排放總量控制的一種「軟性約束」。強度控制與總量控制的主要差別在於，強度控制在控制期間二氧化碳排放總量還可以繼續上升，是相對於正常情景的相對減排，控制的關鍵是對排放增量和增速的限制，並最終實現總量減排。將碳強度控制目標與碳排放總量控制目標聯繫在一起的是國內生產總值（GDP）。當碳強度以比 GDP 增長小的幅度降低時，二氧化碳排放總量仍然會上升。只有當碳強度以比 GDP 增長更大的幅度下降時，才會真正從總量上減少碳排放量。碳強度控制目標是向總量控制目標的過渡階段，而碳總量控制將是未來發展的必然趨勢。2014 年年底，中美雙方共同發表了《中美氣候變化聯合聲明》[1]，宣布了各自 2020 年後

---

[1] 新浪新聞中心. 全球兩個最大碳排放國談成了 5 年未談成的事中國承諾 2030 年左右二氧化碳排放達到峰值 [OB/EL]. (2014-11-13) http://news.sina.com.cn/o/2014-11-13/050031135513.shtml.

的行動目標，美國計劃於 2025 年實現碳排放量較 2005 年減少 26%~28%，這是發達國家提出的總量減排目標。對於我國來說，由於經濟發展的需要，以及工業化、城鎮化進程的需要，減排目標在現階段只能從控制化石能源消費佔比和碳強度出發。

2.3.2 碳排放強度控制目標

2009 年 12 月 7~18 日《聯合國氣候變化框架公約》第 15 次締約方會議在丹麥首都哥本哈根召開，集中討論了碳減排上的「責任共擔」問題，發達國家和發展中國家各持己見。發達國家認為，發展中國家應該為氣候變化承擔更多的責任。而我國政府認為：從道義上講，中國作為最大的發展中國家和人口大國之一，經濟快速增長，工業化進程加快帶來的能源二氧化碳增加難以避免。但是，作為「世界加工廠」的中國卻替發達國家的消費承擔了過多的碳排放量。撇開發達國家的惡意言論，我國作為《聯合國氣候變化框架公約》和《京都議定書》的締約方，一直在認真履行相關義務。溫家寶總理在這次大會上還發表了題為《凝聚共識、加強合作、推進應對氣候變化歷史進程》的重要講話。他在講話中明確地告訴世界各國，中國在發展的進程中高度重視氣候變化問題，並做出了積極的努力。一方面表現為中國是最早制訂實施《應對氣候變化國家方案》的發展中國家；另一方面中國是近年來節能減排力度最大的國家。此外，中國還是新能源和可再生能源增長速度最快的國家。

我國在這次大會上明確提出了減排目標，到 2020 年碳強度比 2005 年降低 40%~45%。清華大學低碳能源實驗室主任何建坤認為：「我國政府制定碳強度目標是應對氣候變化負責任的積極態度，屬於自願行動的承諾，符合中國目前的國情和發展階段的特點。中國之所以提出相對減排指標，是因為中國目前已進入重工業化階段，能源強度仍然呈上升趨勢，二氧化碳排放量增長短期

內無法避免。」這一目標在保障我國經濟健康增長的同時，希望通過調整經濟結構和技術進步等方式來提高碳生產力。

雖然碳強度目標是一個相對減排指標，但實際上對我國自然增長的碳排放總量也進行了約束和限制。在沒有碳強度目標下，我國碳排放總量按自然條件增長必然會達到一個高出碳強度目標約束的總量水平。這也說明碳強度控制目標和碳總量控制目標有一定的聯繫。

2.3.3 碳排放總量控制目標

胡錦濤總書記在黨的十八大報告中提出「確保到 2020 年實現全面建成小康社會的宏偉目標，實現國內生產總值和城鄉居民人均收入比 2010 年翻一翻」的發展目標。為了使我國國內生產總值翻一翻，2010—2020 年經濟年均增速應為 7.2%，2011 年實現 9.3% 的增速，2012 年增長 7.8%，2013 年增長 7.7%，2014 年增長 7.4%，2015—2020 年經濟年均增速只需達到 6.64% 國內生產總值就可以翻一翻。

隨著 2015 年我國經濟發展進入新常態，經濟增速放緩，經濟結構調整，經濟質量提高，我國經濟發展將面對巨大的挑戰。但是仍有大量專家認為，我國經濟增速持續保持在 6% 及以上的可能性比較大。中國社科院的《經濟藍皮書夏季號：中國經濟增長報告（2013—2014）》[1]認為「在未來五年，中國經濟的增長率將會是 6.4%~7.8%，穩速、高效將是 GDP 減速時期的

---

[1] 央廣網. 社科院預計：中國未來 5 年經濟增長率為 6.4%~7.8% [OB/EL]. (2014-07-28) http://finance.cnr.cn/txcj/201407/t20140728_516049730.shtml.

新要求」；國家信息中心經濟預測部主任祝寶良[①]在「2015中國智庫論壇暨綜合開發研究院北京年會」上提出「『十三五』期間，中國平均潛在經濟增速為6.5%」。再結合歷史的經驗，2005—2010年中國GDP年均增速為10.5%，2011年後中國經濟增速由兩位數降為一位數，但仍能保持7%以上的平均增速。雖然面臨世界經濟不景氣、中國經濟結構調整的巨大壓力，但是隨著我國經濟發展內涵質量的逐步提升，在2020年實現GDP翻一番也是完全有可能的，到2020年我國GDP將為802,404億元。

對於我國提出的碳強度降低目標，可以將其轉化為我國總量控制目標。在碳強度的約束下，到2020年我國碳排放總量不能超過一個總量臨界值。全國能源二氧化碳排放總量可以根據前文公式計算得到，GDP數據通過中國統計年鑒得到，全國碳強度等於全國能源二氧化碳排放總量除以GDP，於是可以得到2005年和2013年的GDP分別為184,937億元和568,845億元，能源二氧化碳總量分別為625,087.06萬噸和1,138,102.27萬噸，全國碳強度分別為3.38噸/萬元和2噸/萬元。根據2020年全國碳強度比2005年降低45%的目標（雖然提出的碳強度是降低40%~45%，但是本書選擇了一個上限），可以計算出2020年全國的碳強度為1.86噸/萬元；根據2020年全國GDP比2010年翻一番的目標可以得到2020年的GDP為802,404億元，通過把2020年GDP與2020年全國碳強度相乘可以得到2020年全國能源二氧化碳排放總量為1,491,669.03萬噸。可見，在碳強度約束下，全國碳排放總量比經濟增長的幅度更小。其計算結果

---

① 大眾財經. 國信中心預測：未來5年中國平均潛在經濟增速為6.5% [OB/EL]. (2015-05-09) http：//finance.takungpao.com/hgjj/q/2015/0509/2994922.html.

見表2.9。

表2.9　　　　全國碳排放總量控制目標測算表

時間	GDP（億元）	能源二氧化碳排放總量（萬噸）	全國碳強度（噸/萬元）
2005	184,937	625,087.06	3.38
2013	568,845	1,138,102.27	2.00
2020	802,404	1,491,669.03	1.86

從統計年鑒公布的中國歷年的GDP增長和能源消耗總量的統計數據來看，2013年能源消耗總量僅為2005年的2倍左右，而2013年的GDP卻為2005年的3.1倍。由於這8年能源強度有較大幅度下降，2013年較2005年能源強度降低了36%，所以2013年的碳強度較2005年也有較大幅度的下降，2013年較2005年碳強度在較高水平上降低了40%。根據黨的十八大提出的經濟增長目標和我國承諾的碳排放目標，2020年還要求比2010年再降低5%。也就是說，2020年全國碳強度控制45%的目標在五年的時間就已經降低了40%，未來六年只需要再降低5%。之所以出現這樣的態勢，或許應該考慮以下幾個方面的問題：

（1）從統計數據的可靠性看，由於地區GDP考核的方式使各個地區的地區生產總值有可能存在一定程度的高估，而由於「十一五」期間國家特別注重節能減排的考核，國家的節能降耗約束又有可能會使各個地區的能源消耗量存在一定程度的低估，這或許會顯示出地區能源消耗總量的增幅較小，而GDP的增幅較大。然而，全國的GDP數據並不是地區數據的簡單加總，而是經過經濟普查修正，經全國相關數據調整過的；全國的能源消耗數據也不是地區能源數據的簡單加總，而是經過全國能源

總量數據平衡控制的。儘管全國統計數據由於種種因素的影響會有些偏差，但是總體上看能夠反應基本的發展趨勢，我們沒有充分理由對全國的能源強度統計數據本身做出其他解讀，這些統計年鑒中公布的統計數據是目前對全國碳排放做統計分析的合理依據。

（2）從碳強度的降低趨勢來看，過去我國是在碳強度水平較高的基礎上減排，通過提高能源利用效率等方式減排相對會容易些，所以截至2013年碳強度降低了40%也在情理之中。雖然數據有些偏差，也許高估了碳強度下降的百分比，但是這種趨勢是合理的。但是，今后是在已較大幅度降低碳強度水平的基礎上進一步減排，需要投入更多的資金和更先進的技術，將會面臨更多困難。所以，雖然在未來6年我們只需要實現碳強度降低百分之幾的目標，但是難度會比以前降低百分之幾十的目標要大。

（3）從能源消費的趨勢來看，一方面在我國大力推進減少煤炭使用、加大清潔能源使用的政策下，我國的能源消費結構有了一定程度的變化，2013年的非化石能源占到能源消費總量的比重上升到了11%左右；另一方面隨著技術的進步，化石能源的燃燒效率越來越高，2013年的能耗強度較2005年降低了36%。這兩方面的原因都促使我國碳強度在最近幾年有了較大幅度的下降。

綜上所述，我國的減排潛力還是比較巨大的，在過去高能耗發展的基礎上，要通過能源利用效率提高，以及生產技術水平的提高來達到減少碳排放的目的。但是在未來要想進一步實現節能減排，會面臨能源消費結構、產業結構調整方方面面的約束。

2.4 碳排放總量目標的地區分解

2.4.1 碳排放總量目標地區分解的必要性

2.4.1.1 我國碳排放總量控制目標的實現需要各個地區的努力

2009年，我國政府正式提出到2020年碳強度比2005年下降40%~45%，將碳強度作為約束性指標納入國民經濟和社會發展的中長期計劃，碳強度下降目標實際也對碳排放總量提出了要求。我國作為一個經濟快速增長的國家，在相當長一段時間內，能源需求量和二氧化碳排放量都還將明顯增加。儘管我國政府就碳減排做出了巨大的努力，我國的增長方式和結構調整也具有巨大潛力，但是要在短期內實現二氧化碳排放總量的減少幾乎是不可能的。在碳排放總量繼續增加的情況下，如何實現全國的碳排放總量增速減緩，需要各省市的積極努力。各省市作為全國的行政單元，在全國的碳減排過程中，各個地區資源稟賦、經濟發展和產業結構等都存在差異，造成各個地區的二氧化碳排放總量也各不相同。正是這種不同，才使國家有可能在國家整體發展戰略的前提下，通過各個地區間產業結構的配套發展，對各個地區採取差異化的碳排放權分配方案，從而在保證全國整體經濟損失最小的情況下達到碳排放總量控制的目的。

2.4.1.2 差異化的碳排放權地區分配額有利於國家對地區發展進行綜合考核

由於各個地區的經濟發展、產業結構和能源利用效率的不同，造成各個地區的碳減排責任和碳減排潛力不同。在進行國

家二氧化碳排放總量的地區分解時，充分考慮引起各個地區二氧化碳排放差異的因素，使各個地區的二氧化碳配額符合各自的責任和能力。一方面使國家能夠直接從各地區能否把二氧化碳排放總量控制在配額量內來考核其減排的努力程度；另一方面也能把碳減排完成指標和經濟社會發展指標結合起來對各個地區進行綜合考核，改變過去僅以 GDP 進行地區考核的方式，更科學、全面地考核一個地區的發展。

2.4.1.3 分解結果有利於明確地區的碳排放權

從國際上看，主要發達國家都在主推「總量管制與排放交易」的碳排放交易方案。此方案一方面可以實現以成本有效的方式達到《京都議定書》的減排目標；另一方面可以吸引資金向低碳化產業流動，最終實現低碳化的可持續發展。對於一國內部來說，各個地區的碳減排成本是不一樣的。某一國在完成碳排放總量控制目標時應該充分發揮各地碳減排的比較優勢，使全國碳減排總成本最低，而市場化方式是實現效率的最佳手段。所以，在我國推行國內碳交易平臺的同時，就需要對初始分配權做出一個合理的解釋，充分發揮政府的公平性和市場的效率性，使最終的交易結果能夠實現碳排放資源的最優化配置。而科學合理的二氧化碳排放權有利於明確各個地區的初始稟賦，為進一步明確地區企業減排責任奠定基礎，從而使國內碳交易平臺得以順利運行。

2.4.2 碳排放總量目標地區分解的原則

2.4.2.1 公平性原則

公平性原則是分配碳排放權最基本的原則，包括三個方面的內容：

（1）保證人人平等，即每個人基本消費需求所產生的碳排放應該得到滿足。每個人都有享用同等產品和服務的權利，而

二氧化碳排放權作為一種重要的生產要素，在人們享受產品和服務的時候產生，所以，應該使每個地區居民消費需求所需要的二氧化碳排放權得到滿足。

（2）地區發展需求得以滿足的公平性。從地區經濟發展需求出發，發達地區和發展中地區的經濟發展水平、產業結構的差距都比較大，發展中地區要逐步發展起來必須經過一定的時間和消耗一定的資源，這必然對碳排放權的需求量比較大。從這一點來說，為了保證發展中地區的發展權利，在分配碳排放權時也應該適當傾斜。

（3）考慮區域間碳轉移的公平性。從區域間的碳轉移出發，由於國內要素市場和產品市場的跨區域頻繁流動，某個省市生產的產品和消費的產品已經能夠在一定程度上進行分離了，於是各個區域產業結構的不一樣使其碳排放量存在差異。碳排放權作為產業發展的生產要素，某些省市投入得多，某些省市投入得少；而投入得多的區域可能為投入得少的區域輸送了產品而轉入了碳排放，投入得少的區域通過從其他地區購買產品而節約了碳排放。所以，在分配初始碳排放權的時候必須把區域轉移的碳排放權考慮在內，保證既不限制碳排放轉入地的碳排放投入，又不阻礙碳排放權轉出地的經濟發展。

2.4.2.2 效率性原則

本書認為效率性原則就是在相同的碳排放資源總量下，初始的區域分配機制可以使整個國家的經濟產出達到最大化，效率性實質是碳排放資源應該流向利用效率更高的地區。而衡量碳排放資源利用效率的最典型指標就是碳強度，即單位碳排放帶來越多產出的地區就應該得到更多的排放權，而單位碳排放帶來越少產出的地區則會得到較少的排放權。

2.5　本章小結

　　隨著我國經濟總量的快速增加，工業化、城鎮化的不斷推進，我國已經成為全球最大的溫室氣體排放國，面臨著來自國際和國內兩方面的減排壓力。國際社會對我國減排的意見較大，國內的環境污染越發嚴重，需要減少污染，實現可持續發展，所以節能減排將是我國長期努力的方向。

　　從我國碳排放的歷史演變規律來看，雖然碳排放總量仍然在增長，但總量增速已經明顯減緩，各行業的碳強度也已明顯降低，說明我國積極努力的碳減排已經初見成效。為了實現國際碳減排合作，我國在 2009 年承諾到 2020 年我國碳強度較 2005 年降低 40%~45% 的目標。這個目標實際是總量控制目標的過渡階段和軟約束，也是對我國未來的碳排放總量在自然增長的基礎上加以控制。所以，碳強度目標可以轉換成碳排放總量目標，要求我國在經濟快速增長的基礎上，能源二氧化碳排放總量以較低的速度增加。而地區作為全國碳減排目標實現的基本單元，其減排的努力程度會直接影響到全國的碳減排目標能否實現。我國幅員遼闊，各個地區發展的基礎和條件存在較大差異，地區差異化碳減排目標的設定也會直接影響到我國的整體減排效果，所以，如何實現碳排放總量目標的地區分解是值得研究的重要課題。

3. 全國能源二氧化碳排放主要影響因素的指數分解

自20世紀80年代以來，氣候變暖問題引起了越來越多的關注，二氧化碳作為全球最主要的溫室氣體，如何控制其排放、保護環境已經成為世界各國的重要議題。中國作為世界上經濟增長最快的發展中國家，一直是國際社會碳減排討論中針對的焦點。實際上，中國的碳減排壓力不但來自於國際社會，在中國自身的經濟發展過程中，實現經濟與環境的協調也是達到可持續發展，實現「資源節約型，環境友好型」社會建立的必然要求。本書前文已經分析了我國碳排放的歷史演進規律，也發現我國的碳減排努力已經顯現出一定的成效。那麼探究哪些原因是引起我國碳排放的變化就是碳控制之前的基礎工作。只有總結已有的碳減排經驗和教訓，才能使我們更好地實現碳減排目標。所以，本章以2007年和2010年我國投入產出表作為分析依據，通過碳排放因素分配分析法對引起能源二氧化碳排放總量的各個因素的影響程度進行了研究，一方面得到了各個因素的影響力度，另一方面為未來的碳減排行動提供了可供參考的歷史經驗。

3.1 碳排放影響因素的理論分析

中國政府在 2004 年向聯合國提交的《中華人民共和國氣候變化初始國家信息通報》中提出了影響二氧化碳排放的八個主要因素：人口增長、城鎮化、經濟發展、人民生活基本需求、消費模式變化、經濟結構調整、技術進步、林業與生態保護建設①。大量學者也就影響我國碳排放的因素提出了自己的見解，概括起來影響能源碳排放的主要因素有經濟因素、人口因素、能源因素和技術進步因素。

3.1.1 經濟因素與碳排放

3.1.1.1 經濟發展水平與碳排放

經濟發展水平對碳排放的影響是學者們最早關注的重點。自 GROSSMAN（1991）② 首次提出環境質量和人均收入間存在倒 U 型關係以來，環境庫茲涅茨曲線假說理論就成為研究經濟發展與碳排放之間關係的重要理論依據之一，簡稱 EKC 理論。根據 EKC 理論，碳排放在不同經濟發展階段與經濟增長的關係有所差異。在工業化之前，由於農業比重較高，對能源需求較少，經濟發展水平較低，碳排放水平也較少；在工業化之後，碳排放會隨著工業化進程的加快而隨之增長，經濟增長主要靠高新技術和第三產業拉動，發展方式以內涵式的增長為主，依

---

① 王鋒，馮根福. 中國經濟低碳發展的影響因素及其對碳減排的作用 [J]. 中國經濟問題，2011, 3 (5)：62-69.

② Grossman, G M, &Krueger, A B. Environmental impacts of a North American Free Trade A greement [A]. National Bureau of Economic Research Working Paper 3914, NBER, Cambridge MA. 1991.

靠科技進步和提高產品附加值，GDP 增長較緩，能源消費彈性相應較低，GDP 增長的速度幾乎與能源消費的增長一致，甚至低於能源消費的增長，碳排放也呈下降趨勢。但也有少量學者對 EKC 理論提出了質疑。韓貴鋒等人（2006）[1] 就認為，EKC 理論是建立在假設當前和未來環境惡化沒有阻礙經濟正常發展的基礎上，即經濟的發展始終是可持續的。但是隨著環境越來越惡化，經濟發展所依賴的自然資源越來越少，經濟發展的可持續假設就不一定總是正確了。並且，經濟發展受到眾多因素影響，如經濟結構、人口狀況、政治體制等。而環境質量除受經濟活動影響外，還受公民環境意識、消費觀念和文化傳統的影響。該理論並未考慮全部的影響因素，只考慮了環境質量和經濟發展間的關係，所得到的結論也會與實際情況存在一定差異。

由於 EKC 理論的倒 U 型結論並不適用於所有的國家，Bruynetal（1998），Stem（1998，2004）等也指出要想正確分析經濟增長與環境之間的關係，必須在特定的歷史經驗中逐個研究各個國家的具體情況。所以，大量學者為給本國經濟發展與環境保護如何協調提出建議，針對各國的實際情況研究了經濟發展與碳排放間的關係，而所得到的結論也是各不相同的，有 N 型、二次型、三次型、線性等，在這個基礎上部分學者也進一步研究了碳排放的轉折點問題。雖然碳排放與經濟發展之間的關係尚未完全確定，但是毋庸置疑的是碳排放一定與經濟發展緊密聯繫。

Shafik，Sandyopadhyay（1992）對 149 個國家進行了分析，利用了 1960—1990 年的面板數據，發現二氧化碳排放量和人均

---

[1] 韓貴鋒，徐建華，蘇方林，等. 環境庫茲涅茨曲線研究評述 [J]. 環境與可持續發展，2006（1）：1-3.

收入之間呈正向線性關係，但研究不足的是沒有考慮這149個國家各自的發展差異，放在一起研究，得到的結論值得懷疑；Friedland Getzner（2003）在 Shafik，Sandyopadhyay 研究的基礎上進行了改進，研究了人均實際 GDP 和二氧化碳排放間的關係，由於扣除了各年物價波動的影響，結論更能使人信服。研究發現對於1960—1999年的數據而言，人均實際 GDP 和二氧化碳排放量之間存在立方關係；徐玉高等人（1999）[①] 用計量經濟學的方法探討了人均 GDP 與人均 CO_2 排放的關係，認為人均碳排放隨人均 GDP 的上升而增加；杜婷婷（2007）[②] 的研究表明中國數十年來經濟發展與二氧化碳之間呈現三次曲線關係；宋濤、鄭挺國、佟連軍（2007）[③] 基於環境—經濟的簡單理論模型，利用跨期消費選擇問題最優化求解和穩態方法分析了環境污染與經濟增長之間的長期關係和短期關係，結果表明人均 CO_2 排放量與人均 GDP 之間存在長期協整關係，呈現倒 U 型的環境庫茲涅茨曲線關係，此研究也在一定程度上印證了 EKC 理論在我國的適用性；楊國銳（2010）[④] 認為中國碳排放與經濟增長之間呈現三次曲線關係，即不太明顯的 N 型趨勢，並且在短期內，中國的碳排放與經濟增長之間存在「脫鉤」向「連接」的轉變；趙愛文和李東（2011）[⑤] 的研究結果表明：從長期來看，碳排放與經濟增長之間存在長期均衡關係，碳排放對

---

① 徐玉高，郭元，吳宗鑫. 經濟發展，碳排放和經濟演化 [J]. 環境科學進展，1999，2（4）：54-64.

② 杜婷婷. 中國經濟增長與 CO_2 排放演化探悉 [J]. 中國人口·資源與環境，2007，17（2）：94-99.

③ 宋濤，鄭挺國，佟連軍. 環境污染與經濟增長之間關聯性的理論分析和計量檢驗 [J]. 地理科學，2007，2（4）：156-162.

④ 楊國銳. 低碳城市發展路徑與制度創新 [J]. 城市問題，2010（7）：44-48.

⑤ 趙愛文，李東. 中國碳排放與經濟增長的協整與因果關係分析 [J]. 長江流域資源與環境，2011，20（11）：1297-1303.

經濟增長的長期彈性為 0.36。在短期內，兩者存在著動態調整機制，總體來說，碳排放與經濟增長之間互為雙向因果關係。趙成柏和毛春梅（2011）[①]認為二氧化碳排放與經濟增長的關係總體呈現倒 U 型，但在不同階段會呈現 N 型。王莉雯和衛亞星（2014）[②]從城市的角度考察了瀋陽市經濟發展與碳排放的關係，結論表明 1989—2008 年瀋陽市碳排放與人均 GDP 擬合曲線符合 N 型特徵，瀋陽市的年均碳排放已經跨過了轉折點。

由此可見，碳排放與經濟發展之間到底呈現什麼關係有不同的說法，並且隨著國家的不同、地區的不同和階段的不同，兩者間的關係都會發生變化。

3.1.1.2 產業結構與碳排放

結構因素對碳排放的影響也是近幾年學術界的關注點。早期，Ang 等人（1998）就從產業結構的角度提出中國工業增加值對工業二氧化碳排放起到了最大的拉動作用；王中英和王禮茂（2006）[③]認為中國過分依賴投資的經濟增長方式與以第二產業為主的經濟結構在很大程度上導致了溫室氣體排放量的增加；譚丹等人（2008）[④]運用灰色關聯方法表明產業產值與碳排放之間存在著密切聯繫；王偉林和黃賢金（2008）[⑤]認為由於工業產業結構較為複雜，不同的工業子行業帶來的碳排放差

[①] 趙成柏，毛春梅. 碳排放約束下我國地區全要素生產率增長及影響因素分析［J］. 中國科技論壇，2011（11）：68-74.

[②] 王莉雯，衛亞星. 瀋陽市經濟發展演變與碳排放效應研究［J］. 自然資源學報，2014，29（1）：27-38.

[③] 王中英，王禮茂. 中國經濟增長對碳排放的影響分析［J］. 安全與環境學報，2006，6（5）.

[④] 胡初枝，黃賢金，鐘太洋，等. 中國碳排放特徵及其動態演進分析［J］. 中國人口·資源與環境，2008，18（3）：38-42.

[⑤] 王偉林，黃賢金. 區域碳排放強度變化的因素分解模型及實證分析——以江蘇省為例［J］. 前沿論壇，2008：32-35.

異性較大，因此，工業部門內部小行業結構的變化也會對碳排放產生巨大的影響；楊國銳（2010）[①] 認為產業結構因素對碳排放具有拉動作用；虞義華等人（2011）[②] 認為我國第二產業比重同碳強度存在正相關關係；張麗峰（2011）[③] 認為我國產業結構呈現的「二三一」形式和以煤炭為主的能源結構導致了二氧化碳排放的逐年增長，而工業是碳排放的主要行業；李健和周惠（2012）[④] 運用灰色關聯分析法研究各地區碳強度與第一、二、三產業的關聯，結論表明絕大多數地區的第二次產業與碳強度關聯密切，第三產業對地區碳強度的降低效應不明顯，第一產業對碳強度的影響最小；李科（2014）[⑤] 的研究表明EKC曲線會因高技術產業占工業產值比重的不同而發生非線性變化，因此，提高產業結構的高端化水平是實現碳減排的有效途徑。

由此可見，學者們一致認為，工業發展是導致碳排放增加的主要因素，要減排就需要調整產業結構，而調整產業結構的關鍵就是減少工業比重、增加服務業比重。也有少數學者意識到，並不能對工業行業一概而論，工業行業中也包含了一些碳排放較少的子行業，工業比重的降低更重要的應該是降低工業中高碳排放的子行業的占比。

[①] 楊國銳.低碳城市發展路徑與制度創新［J］.城市問題，2010（7）：44-48.
[②] 虞義華，鄭新業，張莉.經濟發展水平、產業結構與碳排放強度［J］.經濟理論與經濟管理，2011（3）：72-81.
[③] 張麗峰.我國產業結構、能源結構和碳排放關係研究［J］.干旱區資源與環境，2011，5（5）.
[④] 李健，周惠.中國碳排放強度與產業結構的關聯分析［J］.中國人口·資源與環境，2012，22（1）：7-14.
[⑤] 李科.中國產業結構與碳排放量關係的實證檢驗——基於動態面板平滑轉換模型的分析［J］.數理統計與管理，2014，33（3）：381-392.

3.1.2 人口因素與碳排放

3.1.2.1 人口規模與碳排放

Enrlich，Holden 於 1971 年首次提出建立 IPAT 模型來反應人口對環境壓力的影響。其中，I 表示環境所受的影響程度，P 表示人口規模，A 表示經濟發展水平，T 表示技術進步。此模型最早說明了人口會給環境質量帶來一定程度的負面影響。此后也有不少學者在此基礎上研究了人口規模對碳排放的影響。雖然大家一致認為人口規模確實會對碳排放產生影響，但影響的方向和影響的程度不同。

部分學者就對人類知識緩和全球變暖寄予了很大的希望，認為知識可以通過三種途徑影響溫室氣體排放：一是人類可以通過調節自身行為，減少對能源的消費；二是人類可以通過新技術的應用提高能源利用效率，增加對可再生非化石能源的利用；三是隨著人類對知識的掌握，經濟發展將會減少依賴能源為物質要素投入的方式，向以知識為要素投入的方式轉變。這種觀點的支持者包括 Boseur Pina（1981），他認為人口增長促進了技術改革，從而給環境帶來正面影響。隨後，Knapp 提出了反駁，他認為人口是全球二氧化碳排放量增長的主要原因。

部分學者還從人口規模對碳排放影響的機制出發進行探討。Bidrasn（1992）認為人口因素會從兩個方面引起溫室氣體的增加。一方面是人口規模增長會導致能源消耗量的增長，進而帶來溫室氣體排放的增加；另一方面是人口增長帶來的居住需求等會引起大規模的森林減少，從而造成碳匯的減少，使溫室氣體大量增加。

3.1.2.2 人口結構與碳排放

對於人口與碳排放的關係，學者們更多的是從人口結構的

角度進行考慮。彭希哲、朱勤（2010）[①] 應用 STIRPAT 擴展模型研究發現，人口結構變化對我國碳排放的影響已超過人口規模的影響力，其中，人口年齡結構對碳排放影響的主要途徑是生產領域勞動力的豐富供應，並且人口城鎮化率的提高通過對化石能源消費、水泥製造及土地利用變化等的影響導致碳排放的增長；李楠、邵凱、王前進（2011）[②] 也認為人口結構對碳排放的影響遠遠超過了人口規模，尤其是城鎮化率，中國的碳排放與城市化進程存在著密切的聯繫，城鎮化進程的不斷加快是造成碳排放增加的重要原因；王芳、周興（2012）[③] 表明中國的人口城鎮化率與碳排放之間呈倒 U 型曲線關係，在人口城鎮化的早期會促進二氧化碳的排放，但隨著城鎮化的進一步擴大則會抑制碳排放，這種觀點與 EKC 理論相吻合，認為城鎮化率在一定程度上反應了經濟發展水平，隨著經濟發展、技術進步和人口素質的提高，碳排放反而會下降；朱勤、魏濤遠（2013）[④] 通過 LMDI 分解法得到結論：人口城鎮化對碳排放增長的驅動力已經持續超過人口規模的影響；陳迅、吳兵（2014）[⑤] 選擇中美兩國進行對比，認為中美經濟增長、城鎮化與碳排放之間存在直接和間接的因果關係，但是在因果方向上

[①] 彭希哲, 朱勤. 我國人口態勢與消費模式對碳排放的影響分析 [J]. 人口研究, 2010, 34 (1): 48-58.

[②] 李楠, 邵凱, 王前進. 中國人口結構對碳排放量影響研究 [J]. 中國人口·資源與環境, 2011, 21 (6): 19-23.

[③] 王芳, 周興. 人口結構城鎮化與碳排放基於跨國面板數據的實證研究 [J]. 中國人口科學, 2012 (2): 47-56.

[④] 朱勤, 魏濤遠. 居民消費視角下人口城鎮化對碳排放的影響 [J]. 中國人口·資源與環境, 2013, 23 (11): 21-29.

[⑤] 陳迅, 吳兵. 經濟增長、城鎮化與碳排放關係實證研究 [J]. 經濟問題探索, 2014 (7): 112-117.

存在差異；劉希雅等（2015）①研究發現，城鎮化過程中的工業高碳排放、建築面積擴張與其使用效率的背離、交通出行需求量的持續上升、居民生活水平提高帶來的消費力增加，城市低密度擴張以及其背后地方政府官員考核機制與地方財稅制度的弊端，是我國目前城鎮化呈現高碳排放發展狀態的主要原因。

除此以外，也有部分學者專門研究了人口消費結構對碳排放的影響，以智靜、高吉喜（2009）②為代表，在他們的研究中以1978—2006年的數據為基礎，通過對中國城鄉居民食品消費結構差異以及食品消費週期中的能源、化學品等物質投入進行分析，從直接和間接兩個方面研究城鄉居民食品消費對碳排放產生的影響，認為城鎮居民人均食品消費碳排放量和單位食品消費碳排放量強度均高於農村居民，也從一定程度上說明城鎮化進程的加快會帶來人口消費結構的變化，使人均碳需求更多。

3.1.3 能源因素與碳排放

能源因素包括能源消費結構和能源使用效率。張雷（2003）③認為經濟結構的多元化發展和能源消費結構的多元化可以使國家的經濟增長方式從高碳排放向低碳排放轉變；徐國泉等人（2006）④利用對數平均權重分解法建立了中國人均碳排放的因素分解模型，認為能源效率和能源結構對抑制中國人均碳排放的貢獻率都呈倒U型曲線關係，這說明能源效率對抑

---

① 劉希雅，王宇飛，等.城鎮化過程中的碳排放來源[J].中國人口·資源與環境，2015，25（1）：61-66.
② 智靜，高吉喜.中國城鄉居民食品消費碳排放對比分析[J].地理科學進展，2009，28（3）：429-434.
③ 張雷.經濟發展對碳排放的影響[J].地理學報，2003，58（4）：629-637.
④ 徐國泉，劉則淵，姜照華.中國碳排放的因素分解模型及實證分析：1995—2004[J].中國人口·資源與環境，2006，16（6）：158-161.

制中國碳排放的作用在減弱，以煤為主的能源結構未發生根本性變化，能源效率和能源結構的抑製作用難以抵消由經濟發展拉動的中國碳排放量增長；劉紅光、劉衛東（2009）[1] 認為導致我國碳排放大量增加的主要原因就是能源利用效率比較低和以煤炭為主的能源消費結構短期內難以改變；王倩倩等人（2009）[2] 認為能源技術進步在長期中對人均碳排放增長的貢獻程度在減弱，而能源結構對人均碳排放的影響並不顯著；楊子暉（2011）[3] 認為能源消費和經濟增長是正相關的，要通過限制能源消費來減少碳排放必然會阻礙經濟發展；鄭幕強（2012）[4] 研究了東盟五國能源消費量與碳排放間的關係，發現菲律賓能源消費和碳排放的經濟結構效應一直在下降，印尼的效應則從低點一直往上走，印尼能源消費和碳排放強度效應出現反向關係，而其他四國則保持幾乎一致的變化軌跡。

3.1.4　技術進步與碳排放

根據內生增長理論，技術進步一方面會提高資源利用率；另一方面會帶來更加清潔的能源資源和更好的污染處理能力，使資源得以大量節約和循環利用，進而減少污染排放。IPCC 在 2000 年的《IPCC 排放情景特別報告》和《2001 氣候變化：IPCC 第三次評估報告》中表明，解決溫室氣體排放和氣候變化最重要的途徑就是技術進步。技術進步可以通過提高能源利用

---

[1] 劉紅光，劉衛東. 中國工業燃燒能源導致碳排放的因素分解 [J]. 地理科學進展，2009（2）：286-292.

[2] 王倩倩，黃賢金，陳志剛，等. 我國一次能源消費的人均碳排放重心移動及原因分析 [J]. 自然資源學報，2009，24（5）：833-841.

[3] 楊子暉. 經濟增長、能源消費與二氧化碳排放的動態關係研究 [J]. 世界經濟，2011（6）：100-125.

[4] 鄭幕強. 東盟五國能源消費與碳排放因素分解分析 [J]. 經濟問題探索，2012（2）：145-150.

效率、提高二氧化碳捕獲與封存技術，以及開發出再生能源的方式來達到減排。鄒秀萍利用1995—2005年中國30個省、市、區的面板數據定量分析了各地區碳排放與經濟發展水平、產業結構、能源效率之間的關係，認為中國各地區碳排放與能源消耗強度呈U型曲線關係；楊國銳（2010）[1]認為行業技術效應對碳排放的抑製作用比較明顯；王群偉等人（2010）[2]利用含有非期望產出的DEA模型構建了可用於研究二氧化碳排放績效動態變化的Malmquist指數，以此為基礎，測度了1996—2007年我國28個省、市、區二氧化碳的排放績效，並借助收斂理論和面板數據迴歸模型分析區域差異及其影響因素，認為技術進步可以提高我國二氧化碳的排放績效，東部最高，東北和中部稍低，西部較為落後；李凱杰等人（2012）[3]利用數據包絡分析法測算了中國的技術進步程度，並驗證了技術進步對碳排放的影響。他發現技術進步可以減少碳排放，但有一定時滯，並且技術進步對碳排放的影響存在區域差異；劉建翠（2013）[4]認為利用技術進步是降低碳強度的有效途徑；張兵兵等人（2014）[5]也認為技術進步是降低碳強度的有效手段，且這種影響存在明顯的區域差異，東西部地區的技術進步與二氧化碳排放強度顯著負相關，中部地區則顯著正相關。

---

[1] 楊國銳.低碳城市發展路徑與制度創新［J］.城市問題，2010（7）：44-48.

[2] 王群偉，周鵬，周德群.我國二氧化碳排放績效的動態變化、區域差異及影響因素［J］.中國工業經濟，2010，1（1）：45-54.

[3] 李凱杰.技術進步對碳排放的影響——基於省際動態面板的經驗研究［J］.北京師範大學學報：社會科學版，2012，233（5）：130-139.

[4] 劉建翠.產業結構變動、技術進步與碳排放［J］.首都經貿大學學報，2013（5）：15-20.

[5] 張兵兵，等.技術進步對二氧化碳排放強度的影響研究［J］.資源科學，2014，36（3）：567-576.

3.1.5 碳排放影響因素研究的評述

有關碳排放影響因素的研究主要有以下幾個方面的特點：

（1）學者們均認為經濟因素、人口因素、能源因素和技術進步因素會對碳排放產生影響。經濟因素包括經濟發展水平、產業結構，人口因素包括人口規模和人口結構，能源因素包括能源利用效率和能耗結構。

（2）各個因素對碳排放產生影響的方向、方式和程度會因不同的國家，以及不同國家的不同發展階段產生差異，甚至在一個國家的各個地區間也存在差異。

（3）以前文獻中的產業結構主要指的是工業占比。這種產業結構的劃分比較籠統，無法深入地體現產業結構對碳排放的影響，實際上工業對碳排放的影響更多地體現在工業內部的產業結構上，所以很有必要根據碳排放對產業結構進行重新劃分。

（4）大部分文獻研究能源利用效率對碳排放影響時都選取能源強度。能源強度表示單位 GDP 的能源消耗量，衡量了經濟對能源的依賴程度。其倒數表示的是單位能源消耗帶來的 GDP，稱為能源生產力，能更直接地反應能源利用效率。

（5）大部分研究對技術進步的衡量指標都選取能源強度。實際上，學術界公認的最全面衡量社會技術進步的指標是全要素生產率，所以非常有必要分析一下全要素生產率和碳排放之間的關係。

3.2 碳排放相關因素的測算

3.2.1 高碳排放行業的界定

各個行業由於生產工藝和技術水平有區別，對能源的消耗

和能源碳排放的數量有很大差異。所以，行業碳排放水平及行業的結構是與碳排放密切相關的因素，調整各產業內部的行業結構是減少碳排放總量的重要方面。為此，需要對各個行業的能源碳排放加以分析和測算，以明確高碳排放行業和低碳排放行業。

3.2.1.1　高碳排放行業界定的依據

從碳排放演進的歷史經驗來看，隨著國家工業化進程的加快，碳排放也會急遽上升，所以工業較其他產業對碳排放的影響更為顯著是大家的共識。因此，大多數學者在研究產業結構對能源二氧化碳影響的時候，都是直接用的工業增加值占比，但這僅是對產業結構進行的較為粗略的研究。因為工業內部各個子行業間的碳排放還存在較大的差異，實際上工業對能源二氧化碳排放的影響更多地體現在工業內部的高碳排放行業上，所以很有必要依據行業碳強度對工業內部的高碳排放行業進行界定。根據本書前文的研究，行業的碳強度包括直接碳強度和完全碳強度。前者考慮的僅僅是行業直接消耗能源的強度，后者考慮的是行業直接消耗能源和通過中間投入品間接消耗能源的綜合強度，結合這兩種強度來界定工業內部的高碳排放行業。

3.2.1.2　行業直接碳強度的測算

行業直接碳強度為行業能源二氧化碳排放總量除以行業總產出，這裡的總產出包括行業的中間使用和最終使用兩部分，在測算時利用最近一年 2010 年的投入產出表計算工業子行業的兩種碳強度（詳見表 3.1）。

表 3.1　　　　　　2010 年行業碳強度結果表　　單位：噸/萬元

行業	直接碳強度	完全碳強度
農、林、牧、漁業	0.130,0	0.312,0
煤炭開採和洗選業	1.726,6	1.971,0

表3.1(續)

行業	直接碳強度	完全碳強度
石油和天然氣開採業	0.583,6	1.468,5
金屬礦採選業	0.118,3	0.465,5
非金屬礦和其他礦採選	0.257,4	0.358,6
食品製造及菸草加工業	0.097,4	0.193,1
紡織業	0.131,9	0.234,1
紡織服裝和皮革製造業	0.035,8	0.068,6
木材和家具製造	0.062,1	0.135,7
造紙印刷和文教體育用品	0.331,5	0.438,1
石油加工、煉焦及核燃料加工業	7.244,1	9.050,0
化學工業	0.516,9	0.644,1
非金屬礦物製品業	0.871,6	0.905,8
金屬冶煉及壓延加工業	1.707,7	2.667,4
金屬製品業	0.049,9	0.376,2
通用專用設備製造業	0.074,5	0.245,4
交通運輸設備製造業	0.044,9	0.137,9
電氣機械及器材製造業	0.021,9	0.124,9
通信設備、計算機及其他電子設備製造業	0.013,9	0.056,6
儀器儀表及文化、辦公用機械製造業	0.022,4	0.176,9
其他製造業	0.065,6	0.150,0
電力、熱力的生產和供應業	5.115,2	7.282,6
燃氣生產和供應業	0.930,4	1.969,5

表3.1(續)

行業	直接碳強度	完全碳強度
水的生產和供應業	0.081,2	0.466,6
建築業	0.046,9	0.298,2

從3.1可以看出，行業間的直接碳強度和完全碳強度都存在較大差異。其中：石油加工、煉焦及核燃料加工業無論是直接強度還是完全強度都居所有行業第一位；2010年的完全碳強度高達9.05噸/萬元，遠遠高出其他行業；排名第二的是電力、熱力的生產和供應業，完全碳強度為7.282,6噸/萬元。而紡織服裝和皮革製造業，以及通信設備、計算機及其他電子設備製造業的兩種碳強度都較低，前者分別為0.035,8噸/萬元、0.068,6噸/萬元，后者分別為0.013,9噸/萬元和0.056,6噸/萬元。

3.2.1.3 高碳排放行業界定方法

依據上面行業碳強度的計算結果，本書把行業碳強度高於1噸/萬元的行業作為高碳排放行業，總共有石油加工、煉焦及核燃料加工業，電力、熱力的生產和供應業，煤炭開採和洗選業，燃氣生產和供應業，金屬冶煉及壓延加工業，石油和天然氣開採業6個行業，以這六個行業增加值占工業行業增加值的比重衡量產業結構具有更好的代表性。

3.2.2 技術進步指標的測算

隨著社會經濟的發展，經濟活動的規模總是不斷擴大的，所以對碳排放的控制很大程度上還需要依靠技術水平的進步，技術進步也是與能源碳排放密切相關的重要因素。過去研究技術進步對碳排放影響時選擇的技術進步指標均為能耗強度，能耗強度在一定程度上反應了能源利用效率，而實際上影響碳排放的技術進步因素不只包括能源利用效率，還包括其他非能源

產品的中間投入利用效率，所以需要尋求一個衡量社會全面技術進步的指標。

3.2.2.1 技術進步的含義

早期的技術經濟學理論認為，技術進步是指技術在實現一定的目標方面所取得的進化與革命，目標是指人們對技術應用所期望達到的目的的實現程度。若是對原有技術進行改造革新或研究，開放出新的技術來替代舊的技術，使結果與目標更為接近，則就形成了技術進步。

技術進步有廣義和狹義之分。狹義的技術進步是指在生產中工藝的進步，投入各種要素使用效率的提高等，具體表現為改造舊的設備，採用新設備，或者採用新工業來提高生產效率。《經濟大辭典》中將技術進步定義為「在生產中使用效率更高的勞動手段和先進的工藝方法，以推動社會生產力不斷發展的運動過程」。廣義的技術進步是指各種形式的知識累積和改進。古典經濟增長理論所涵蓋的技術進步把技術進步的範圍擴大化了，認為只要是導致產量增加或者是成本減少的經濟活動都可以看成技術進步。引起經濟增長的因素包括資本投入、勞動力投入和除這兩者以外的其他投入三個主要部分，凡是影響到生產函數和經濟增長，但不能以資本和勞動等投入要素來解釋的其他部分，都可以說成是技術進步引起的，也就是全要素生產率。在馬克思看來，「技術進步過程不僅是一個客觀的技術發展問題，而且還是社會生產關係的表現，意味著人類改造主客觀世界手段的提升，物性技術和智力技術的相互作用促成了技術不斷進步的趨勢。」[1] 也有部分學者對技術進步提出看法，如羅森博格，他把技術進步定義為「某種知識，在一給定資源量上，它能使產量增加並提高產品質量」。

---

[1] 武文風. 馬克思技術進步理論研究 [D]. 天津：南開大學，2013.

除此以外，技術進步還可分為：漸進式技術進步和飛躍式技術進步、勞動節約型技術進步和資本節約型技術進步、生產過程技術進步和產品技術進步。但無論哪種形式的技術進步，都具有累積性、不確定性、加速性和無止境性。

3.2.2.2 全要素生產率的測算

（1）索洛模型中全要素生產率的測度思想

由於古典經濟增長理論的技術進步測度更具有可操作性，本書依據此理論測度的全要素生產率來全面衡量社會技術進步。索洛剩余（Solow Residual）是諾貝爾經濟學獎得主、麻省理工學院的羅伯特·索洛（Robert Solow）的早期著名研究，使用的是1909—1949年美國的情況。在新古典經濟增長的索洛模型中，把資本增長和勞動增長對經濟增長的貢獻剝離之后，剩余的部分就稱為全要素生產率，也稱為索洛剩余。索洛模型的生產函數如下：

$$Y = A(t) F(K, L) \tag{3.1}$$

其中，Y為產出，K為資本投入，L為勞動投入，$A(t)$為一段時間內技術變化的累計效應。

由上式可知，資本和勞動的產出彈性分別為：

$$\alpha = \frac{\partial y}{\partial k} \frac{k}{y} \tag{3.2}$$

$$\beta = \frac{\partial y}{\partial l} \frac{l}{y} \tag{3.3}$$

對索洛模型的生產函數求全微分，並在兩端同時除以Y，可以得到下面式子：

$$\frac{dy}{y} = \frac{dA}{A} - \alpha \frac{dk}{k} - \beta \frac{dl}{l} \tag{3.4}$$

用差分近似的替代微分，並把索洛剩余放在等式左邊，則上面的式子可以變換成：

$$\frac{\Delta A}{A} = \frac{\Delta y}{y} - \alpha \frac{\Delta k}{k} - \beta \frac{\Delta l}{l} \tag{3.5}$$

式（3.5）中的等號左邊的$\frac{\Delta A}{A}$稱為全要素生產率的增長率。可見，只要知道了經濟產出的增長率、資本投入的增長率和勞動力投入的增長率，就可以算出全要素生產率的增長率。

由資本投入和勞動力投入增加所引起的產出增加相當於粗放型經濟增長，而由全要素生產率提高引起的產出增加相當於集約型經濟增長。在粗放型經濟增長時期，認為資本投入和勞動力投入可以無限進行下去，可以從投入的量上增加來提高產出。結合我國實際情況，在過去我國人口紅利明顯，且人口投入的成本低，這給經濟增長帶來了巨大的潛力。但是隨著我國人口老齡化程度越來越嚴重，人口紅利消失，我們又以國家投資來帶動經濟發展，這又帶來了部分行業產能過剩的矛盾。所以，過去那種粗放式的增長方式已經無法維持下去，更多應該依靠投入要素利用效率的提高來發展集約型經濟增長。

利用全要素生產率表示技術進步雖然也受到部分學者的質疑，認為影響經濟的因素中除了資本和勞動力投入外，國家政策制度等其他因素也會給經濟增長帶來巨大影響，但是利用全要素生產率表示技術進步仍具有其他方法不可替代的優點。一是所需的數據資料少，可行性和操作性強；二是從總量上評價了投入與產出的關係，合理地計算出了資金、勞動對產出增長速度的貢獻，體現了速度與效益相結合的原則。正是因為全要素生產率衡量了除資本和技術以外一切影響經濟增長的因素，而建立在化石能源消耗基礎上的經濟增長又直接影響到碳排放，所以全要素生產率也會對碳排放產生間接影響。最典型的就是採用了新的二氧化碳回收設備、新的生產製造工藝等，在提高生產效率的同時，也減少了碳排放。

（2）全要素生產率測度中生產函數的選擇

本書在測量全要素生產率時使用的是柯布道格拉斯生產函數：

$$Y = A(t) K^{\alpha} L^{\beta} \mu \tag{3.6}$$

在這個模型中有如下結論：如果 $\alpha+\beta>1$，稱為遞增報酬型，表明按技術用擴大生產規模來增加產出是有利的；如果 $\alpha+\beta<1$，稱為遞減報酬型，表明按技術用擴大生產規模來增加產出是得不償失的；如果 $\alpha+\beta=1$，稱為不變報酬型，表明生產效率並不會隨著生產規模的擴大而提高，只有提高技術水平，才會提高經濟效益。本書採用美國經濟學家斯諾提出的中性技術模式，即 $\mu=1$，則生產函數可以簡化為：

$$Y = A(t) K^{\alpha} L^{\beta} \tag{3.7}$$

本書選擇柯布道格拉斯生產函數來測算全要素生產率主要是因為此生產函數可以線性化，處理起來比其他生產函數簡單。而本書的目的不是研究技術進步的測定，所以允許技術進步的測算結果存在一定程度的偏差。

（3）全要素生產率測度中資本投入和勞動投入的測量

資本用 K 表示，K 值的計算方法採用 Goldsmith 1951 年開創的永續盤存法。其計算公式如下：

$$K_T = K_{T-1}(1-\delta_T) + \frac{I_T}{P_T} \tag{3.8}$$

其中，K 是資本存量，I 是全社會固定資產投資，P 是固定資產價格指數，δ_T 是折舊率。式（3.8）表明 T 期的資本存量受到上一期所累積下來的資本存量、全社會固定資產投資、資本折舊情況和資產價格的影響，所以要估計資本存量需要已知全社會固定資產投資、折舊率、初始資本存量和固定資產價格指數。

根據王小魯和樊綱的假定，固定資產平均折舊率為 5%，固

定資產價格指數和初始的資本存量都使用了郭慶旺和賈俊雪[1]的研究成果，而歷年全社會固定資產投資數據來自中國統計年鑒。其計算結果見表 3.2。

表 3.2　　　　　　　　資本存量表　　　　　　單位：億元

固定資本存量	北京	天津	河北	山西	內蒙古	遼寧	吉林	黑龍江	上海	江蘇
2003	2,157.7	1,047.0	2,515.7	1,116.6	1,209.8	2,083.3	969.3	1,191.0	2,452.8	5,337.3
2004	2,656.9	1,296.9	3,170.5	1,415.6	1,583.6	2,699.4	1,202.1	1,483.2	3,070.8	6,709.7
2005	3,192.1	1,590.5	4,006.9	1,784.2	2,139.6	3,565.1	1,568.0	1,818.3	3,754.4	8,439.5
2006	3,817.5	1,941.7	5,087.4	2,235.5	2,825.7	4,711.5	2,142.5	1,782.3	4,480.6	10,362.4
2007	4,515.5	2,379.9	6,375.6	2,779.7	3,671.5	6,142.1	2,932.4	2,335.0	5,255.7	12,593.5
2008	5,081.7	2,961.4	7,881.3	3,388.7	4,641.2	7,896.7	3,939.8	2,970.6	5,986.7	15,062.9
2009	5,851.9	3,868.8	10,083.0	4,280.5	5,997.9	10,093.6	5,273.4	3,882.3	6,799.1	18,305.1
2010	6,677.3	5,000.5	12,648.5	5,359.2	7,523.8	9,592.3	6,967.9	5,072.5	7,541.4	22,108.1
2011	7,135.6	4,926.1	12,814.2	5,440.4	7,696.6	11,417.3	6,887.9	4,879.8	8,224.9	22,943.8
2012	7,778.2	5,462.8	14,223.7	6,028.3	8,585.0	12,654.9	7,724.3	5,393.8	8,959.8	25,294.7
2013	8,420.8	5,999.6	15,633.3	6,616.2	9,473.3	13,892.5	8,560.6	5,907.8	9,694.7	27,645.5

固定資本存量	浙江	安徽	福建	江西	山東	河南	湖北	湖南	廣東	廣西
2003	4,995.4	1,478.1	1,508.3	1,380.4	5,329.9	2,311.1	1,884.1	1,557.4	5,032.1	987.3
2004	6,200.6	1,863.8	1,888.9	1,748.3	6,895.1	2,939.8	2,355.7	1,955.3	6,227.2	1,241.3
2005	7,473.0	2,366.4	2,348.5	2,173.4	9,041.6	3,827.6	2,907.8	2,463.4	7,608.9	1,597.3
2006	8,867.5	3,073.4	2,956.4	2,689.7	11,182.5	5,011.7	3,594.3	3,095.2	9,121.9	2,040.5
2007	10,310.9	4,061.2	3,777.0	3,295.2	13,432.7	6,556.1	4,430.6	3,902.8	10,816.4	2,604.0
2008	11,713.9	5,257.4	4,679.1	4,106.9	15,937.4	8,387.1	5,402.3	4,870.2	12,573.1	3,252.3
2009	13,393.0	6,947.5	5,786.5	5,302.1	19,153.0	10,857.2	6,863.5	6,249.2	14,759.6	4,292.9
2010	15,242.0	9,011.6	7,180.9	6,822.2	22,932.4	13,689.7	8,718.8	7,935.4	17,301.0	5,677.6
2011	16,302.3	8,961.7	7,355.4	6,775.5	24,101.3	13,900.8	8,735.8	7,975.6	18,205.5	5,584.1
2012	17,753.1	10,007.1	8,153.2	7,516.8	26,570.8	15,501.5	9,672.5	8,858.5	19,932.8	6,222.2
2013	19,203.7	11,052.5	8,950.9	8,258.1	29,040.3	17,102.2	10,609.7	9,740.9	21,660.5	6,860.7

---

① 郭慶旺，賈俊雪. 中國潛在產出與產出缺口的估算［J］. 經濟研究，2004（5）：31-39.

表3.2(續)

固定資本存量	海南	重慶	四川	貴州	雲南	陝西	甘肅	青海	寧夏	新疆
2003	276.4	1,269.7	2,158.6	754.2	1,023.3	1,279.1	655.2	285.1	318.3	1,002.4
2004	340.7	1,595.7	2,686.5	925.1	1,291.7	1,585.9	803.9	347.2	393.9	1,231.1
2005	413.3	1,990.0	3,373.8	1,119.5	1,639.0	1,975.0	971.0	416.5	479.3	1,489.2
2006	491.9	2,461.4	4,257.8	1,342.4	2,074.0	2,483.9	1,160.9	493.4	575.3	1,779.6
2007	581.4	3,046.8	5,356.9	1,608.9	2,597.3	3,175.8	1,396.4	578.0	685.9	2,105.4
2008	698.2	3,726.9	6,653.4	1,912.5	3,193.0	4,015.3	1,683.6	669.0	828.3	2,465.2
2009	874.6	4,661.8	8,854.3	2,333.2	3,987.8	5,196.2	2,122.3	804.4	1,022.8	2,937.9
2010	1,101.9	5,840.0	11,175.7	2,865.0	4,913.4	6,678.7	2,703.6	981.6	1,269.8	3,511.5
2011	1,100.5	5,919.7	11,184.1	2,917.5	5,048.7	6,655.6	2,685.5	1,000.7	1,284.5	3,637.7
2012	1,212.3	6,552.0	12,432.9	3,209.1	5,595.1	7,401.6	2,963.0	1,095.9	1,414.5	3,987.1
2013	1,324.1	7,184.4	13,681.6	3,500.3	6,141.5	8,147.5	3,240.4	1,191.8	1,545.0	4,336.5

　　總體來看，除西藏以外的30個省、市、區的資本存量都是逐年遞增的。其中，河北、遼寧、江蘇、浙江、安徽、山東、河南、廣東和四川九個經濟大省資本存量近幾年都突破萬億元，海南、貴州、甘肅、青海、寧夏等落後地區資本存量累積嚴重不足，2013年資本存量最高的甘肅省也才3,240.4億元。

　　勞動力投入量應當是一定時期內實際投入的勞動量，最準確的是以標準勞動強度的勞動時間來衡量。由於統計資料的局限，本書選取歷年的從業人員人數來替代，這種替代的假設是無論從事什麼行業的人，無論專業素質和能力如何，我們都認為每個從業人員帶來的經濟產出差異不大。實際上，個人能力帶來的增值效應顯然存在明顯的區別，這也是為什麼企業都喜歡招聘能力強的員工。

　　（4）全要素生產率測度中資本投入彈性和勞動投入彈性的計算

　　資本投入彈性為生產函數中的 α，勞動投入彈性為生產函數中的 β。採用學者們慣用的方式，利用迴歸法估計 α 和 β。迴

歸方程為：

$$\ln Y = \ln A + \alpha \ln K + \beta \ln L \tag{3.9}$$

式中：Y 表示經濟產出，用地區生產總值來表示；K 表示資本投入，用前文測量的各地區資本存量水平代替；L 為勞動投入，用各地區歷年從業人數代替。其迴歸結果見表 3.3。

表 3.3　　　　　　　　　迴歸系數估計結果表

	北京	天津	河北	山西	內蒙古	遼寧	吉林	黑龍江	上海	江蘇
α	0.96	0.77	0.65	0.76	0.9	0.6	0.56	0.58	0.83	0.85
β	0.08	0.23	0.35	0.25	0.1	0.4	0.45	0.42	0.17	0.15
	浙江	安徽	福建	江西	山東	河南	湖北	湖南	廣東	廣西
α	0.97	0.56	0.6	0.73	0.85	0.67	0.76	0.75	0.9	0.66
β	0.03	0.44	0.43	0.27	0.17	0.43	0.24	0.28	0.1	0.34
	海南	重慶	四川	貴州	雲南	陝西	甘肅	青海	寧夏	新疆
α	0.71	0.82	0.69	0.7	0.62	0.81	0.75	0.64	0.96	0.81
β	0.29	0.18	0.41	0.31	0.38	0.19	0.28	0.36	0.06	0.22

從表 3.3 可以看出，資本投入彈性都遠遠大於勞動力投入彈性，這說明我國經濟的增長更多依靠的是資本的投入，投資是多年以來經濟增長最主要的動力。其中，發達地區，如北京、上海等和欠發達但人口稀少的地區，如寧夏，其資本投入彈性與勞動投入彈性比重較突出。並且我國各地區資本投入彈性和勞動力投入彈性都存在顯著差異，發達地區的資本投入彈性比欠發達地區高，人口大省河南、四川、安徽等地勞動力投入彈性相對較高。

（5）全要素生產率的測度結果及分析

全要素生產率的計算公式為：

$$A = \frac{Y}{K^\alpha L^\beta} \tag{3.10}$$

迴歸結果見 3.4。

表 3.4　　　　　　　　　全要素生產率

全要素生產率	北京	天津	河北	山西	內蒙古	遼寧	吉林	黑龍江	上海	江蘇
2003	2.146,6	2.423,8	2.137,6	1.944,0	1.634,4	2.653,6	2.204,1	2.686,6	2.824,0	2.038,8
2004	2.024,1	2.445,3	2.105,4	1.996,7	1.575,1	2.460,0	2.198,6	2.595,4	2.719,6	1.966,5
2005	2.051,4	2.505,5	2.203,4	2.090,4	1.527,5	2.304,0	2.209,3	2.655,7	2.760,8	1.948,5
2006	1.964,8	2.532,7	2.237,9	2.045,2	1.521,9	2.336,1	2.141,8	3.091,0	2.691,7	1.993,5
2007	1.975,0	2.561,8	2.183,5	2.016,5	1.521,8	2.292,6	2.109,7	2.948,6	2.710,8	2.002,9
2008	2.138,2	2.516,7	2.244,3	2.140,0	1.597,8	2.358,0	2.199,0	2.916,1	2.804,3	2.057,0
2009	2.112,0	2.593,2	2.236,2	2.175,5	1.672,1	2.456,7	2.258,8	2.906,0	2.836,2	2.073,7
2010	2.035,9	2.343,1	2.063,5	1.833,6	1.557,5	2.799,5	2.178,6	2.539,2	2.771,6	1.962,6
2011	2.711,3	2.255,0	2.695,9	2.331,5	2.028,2	2.435,2	2.753,9	2.555,1	2.058,2	2.494,5
2012	2.877,4	2.668,4	2.891,1	2.495,0	2.233,3	2.802,9	2.092,1	2.828,3	2.209,8	2.745,7

全要素生產率	浙江	安徽	福建	江西	山東	河南	湖北	湖南	廣東	廣西
2003	1.628,3	1.605,4	2.786,7	1.571,5	1.912,6	1.957,5	1.930,3	2.093,0	2.719,8	1.825,3
2004	1.599,8	1.567,0	2.681,5	1.506,6	1.801,1	1.890,1	1.835,6	1.986,5	2.618,0	1.749,3
2005	1.600,4	1.658,3	2.689,1	1.570,6	1.774,0	1.963,9	1.848,3	2.028,4	2.584,4	1.797,5
2006	1.562,9	1.604,5	2.624,6	1.569,5	1.819,8	2.022,5	1.817,7	1.980,2	2.591,2	1.810,2
2007	1.576,0	1.546,6	2.581,4	1.599,1	1.836,2	1.966,5	1.809,0	1.972,9	2.634,8	1.789,6
2008	1.660,3	1.593,9	2.733,8	1.631,9	1.864,5	2.017,6	1.903,6	2.061,2	2.742,5	1.884,3
2009	1.667,1	1.626,5	2.769,5	1.620,3	1.908,5	2.024,1	1.924,3	2.104,5	2.744,2	1.879,7
2010	1.574,6	1.587,6	2.714,7	1.471,6	1.789,5	1.863,9	1.832,7	1.996,2	2.547,8	1.716,7
2011	1.908,6	1.259,1	2.751,9	2.088,4	1.769,8	0.981,8	2.560,8	2.111,3	2.012,0	1.431,7
2012	2.046,8	1.518,4	2.730,5	2.305,1	1.947,7	1.072,4	2.899,5	2.375,7	2.230,1	1.759,1

全要素生產率	海南	重慶	四川	貴州	雲南	陝西	甘肅	青海	寧夏	新疆
2003	2.083,6	1.520,9	1.721,7	1.965,8	1.667,4	1.632,5	1.562,9	1.189,1	1.189,2	1.718,4
2004	1.990,1	1.445,4	1.670,1	1.901,0	1.571,7	1.570,3	1.520,7	1.199,1	1.143,5	1.694,6
2005	1.981,2	1.431,4	1.706,0	1.924,0	1.611,2	1.607,8	1.589,5	1.273,2	1.142,1	1.683,5
2006	1.946,8	1.371,4	1.680,5	1.923,1	1.559,1	1.544,0	1.589,6	1.326,8	1.080,2	1.712,4
2007	2.006,9	1.462,5	1.685,9	1.925,9	1.547,3	1.628,8	1.625,3	1.424,2	1.092,7	1.742,4
2008	2.098,6	1.479,5	1.763,5	1.994,4	1.618,6	1.630,9	1.667,4	1.588,8	1.155,2	1.769,6
2009	2.119,2	1.521,8	1.725,6	2.027,1	1.671,2	1.678,2	1.630,7	1.799,7	1.231,8	1.817,9
2010	1.959,7	1.421,4	1.648,5	1.902,8	1.581,3	1.527,6	1.462,6	1.673,8	1.125,4	1.601,3
2011	2.757,5	1.972,7	0.974,4	1.963,1	2.051,9	2.155,7	1.612,9	2.403,8	1.400,4	1.771,1
2012	2.074,3	2.236,1	1.105,1	2.345,9	2.370,9	2.489,7	1.818,7	2.719,5	1.558,3	1.985,4

從表 3.4 可以看出，東部發達地區的全要素生產率雖然較高，但近幾年的變動不大，甚至部分省市有下降趨勢；而中西部大部分欠發達地區的全要素生產率雖然不高，近幾年卻呈現出上升趨勢。可以這樣來理解這種結果，發達地區的技術較為先進，在這種先進的技術水平上想要進一步發展顯然會比較困難。但對於落後地區來說，建立在技術水平本就落後的基礎上，可以通過借鑑東部的先進經驗和技術溢出效應，使自身的技術發展得到更快的進步。

3.3 因素分配分析法的原理

影響能源二氧化碳的因素包括經濟規模、產業結構、人口規模、人口結構、能耗結構、能耗強度和技術進步衡量指標。這幾方面的影響因素都可以與投入產出表相聯繫。經濟總量和產業結構會受到最終需求總量與最終需求結構的影響，需求是供給的主要來源，最終需求規模的增加會引起產出規模的增加，最終需求結構的變動會引起產業結構的調整升級，所以最終需求規模和最終需求結構會通過影響經濟規模和產業結構影響到能源二氧化碳排放；人口因素會影響到最終需求，由於衣、食、住行等必需品的消費，人口規模的擴大會引起最終需求規模的擴大，而城鎮人口占比的變化會引起產品最終需求的差異，引起最終需求結構的變動，所以人口規模和人口結構會通過影響最終需求規模和最終需求結構影響到能源二氧化碳；能耗結構受資源稟賦和最終需求的影響，能耗強度反應了與能源利用效率直接相關的技術進步，投入產出表中的直接消耗系數可以用來衡量生產技術水平，表示能源部門、非能源部門間投入與產出的關係，也衡量了社會的技術進步。正是因為能源二氧化碳

的各個影響因素都可以與投入產出表中的元素相聯繫,所以本章把投入產出法與因素分配分析法相結合,分析各個影響因素對能源二氧化碳變動的貢獻程度。

因素分配分析法是指數分析法的一種,是對傳統的統計指數分析法的一種改進方法。在對多因素影響的統計分析中,除了各種因素直接的影響外,還存在各種因素的交互影響。為了把這種交互影響合理地分配到各種因素中,解決因素分解分析中交互影響值的歸宿問題,統計學者們曾提出了很多種分解方式。這些分解方式都是在一定假設條件下去對交互項做分解,是一些較為粗略的分解,都存在一定缺陷。在總結和對比各種分解方法后,基於分解的直觀性、易理解性和簡便性,選擇了因素分配分析法去分析各個影響因素對能源二氧化碳變動的影響程度。

因素分配分析法不僅可以分析由兩個因素構成的簡單現象,也可以分析由多個因素構成的複雜現象。其基本原理如下:

經濟變量 Z 可以表示成因素 A、因素 B 和因素 C 的乘積,即:

$$Z = ABC \tag{3.11}$$

經濟變量 Z 的增長率為 K_Z,表示成:

$$K_Z = \frac{A_1 B_1 C_1}{A_0 B_0 C_0} - 1 \tag{3.12}$$

Z 的增長額 N_Z 可表示成:

$$N_Z = A_1 B_1 C_1 - A_0 B_0 C_0 \tag{3.13}$$

因素 A 對經濟變量 Z 的單純影響率 K_A 和影響值 N_A 分別為:

$$K_A = \frac{A_1 - A_0}{A_0} \tag{3.14}$$

$$N_A = (A_1 - A_0) B_0 C_0 \tag{3.15}$$

因素 B 對經濟變量 Z 的單純影響率 K_B 和影響值 N_B 分別為:

$$K_B = \frac{B_1 - B_0}{B_0} \quad (3.16)$$

$$N_B = A_0 (B_1 - B_0) C_0 \quad (3.17)$$

因素 C 對經濟變量 Z 的單純影響率 K_C 和影響值 N_C 分別為：

$$K_C = \frac{C_1 - C_0}{C_0} \quad (3.18)$$

$$N_C = A_0 B_0 (C_1 - C_0) \quad (3.19)$$

各個因素的交互影響率 $e\%$ 和影響值 N 分別為：

$$e\% = K_Z - K_A - K_B - K_C \quad (3.20)$$

$$N = N_Z - N_A - N_B - N_C \quad (3.21)$$

分配給因素 A 變動對經濟變量 Z 的交互影響率 d_A 和影響值 D_A 分別為：

$$d_A = e\% \frac{|K_A|}{\sum_{i=A}^{C} |K_i|} \quad (3.22)$$

$$D_A = N \frac{|K_A|}{\sum_{i=A}^{C} |K_i|} \quad (3.23)$$

分配給因素 B 變動對經濟變量 Z 的交互影響率 d_B 和影響值 D_B 分別為：

$$d_B = e\% \frac{|K_B|}{\sum_{i=A}^{C} |K_i|} \quad (3.24)$$

$$D_B = N \frac{|K_B|}{\sum_{i=A}^{C} |K_i|} \quad (3.25)$$

分配給因素 C 變動對經濟變量 Z 的交互影響率 d_C 和影響值 D_C 分別為：

$$d_C = e\% \frac{|K_C|}{\sum_{i=A}^{C} |K_i|} \tag{3.26}$$

$$D_C = N \frac{|K_C|}{\sum_{i=A}^{C} |K_i|} \tag{3.27}$$

因素 A 對經濟變量 Y 的總體影響率 $K_{A總}$ 和影響值 $N_{A總}$ 分別為：

$$K_{A總} = K_A + d_A \tag{3.28}$$

$$N_{A總} = N_A + D_A \tag{3.29}$$

因素 B 對經濟變量 Z 的總體影響率 $K_{B總}$ 和影響值 $N_{B總}$ 分別為：

$$K_{B總} = K_B + d_B \tag{3.30}$$

$$N_{B總} = N_B + D_B \tag{3.31}$$

因素 C 對經濟變量 Z 的總體影響率 $K_{C總}$ 和影響值 $N_{C總}$ 分別為：

$$K_{C總} = K_C + d_C \tag{3.32}$$

$$N_{C總} = N_C + D_C \tag{3.33}$$

可見，因素分配分析法實質上巧妙地把經濟變量的總體變動程度與各個影響因素對其的單純影響程度之差作為交互影響，並按照各個影響因素對經濟變量單純影響在所有因素單純影響中的占比作為交互影響的分配比率，得到了各個因素對經濟變量的總體影響，這種對各因素交互影響程度的分配方式簡單且易理解。

3.4 與投入產出法相結合的碳排放因素分配分析法

在前文介紹因素分配分析法的基礎上，將其應用到能源二氧化碳總量的因素分解中來。能源二氧化碳總量的計算公式為：

$$coe = EX = E(I-A)^{-1}Y = EBy_sG \tag{3.34}$$

其中：coe 為能源二氧化碳排放總量列向量；E 為行業直接碳強度行向量；X 為行業總產出列向量；$(I-A)^{-1}$ 為列昂惕夫逆矩陣，即完全需求系數矩陣，也可用 B 表示；y_s 為最終使用結構列向量；G 為最終使用規模；E 和 B 的乘積可以看成行業的完全碳排放系數 $\bar{E}$。於是，能源二氧化碳總量的計算公式也可以表示為：

$$coe = \bar{E}y_sG \tag{3.35}$$

式（3.35）表示碳排放總量受到行業的完全碳排放系數、產業結構和最終產出規模的影響。其中，最終產出又由最終消費、投資和淨出口三部分組成。所以，能源二氧化碳總量的計算公式又可以表示為：

$$coe = \bar{E}y_{sC}C + \bar{E}y_{sI}I + \bar{E}y_{sM}M \tag{3.36}$$

其中，C，I 和 M 分別表示最終消費規模、投資規模和淨出口規模，y_{sC}，y_{sI} 和 y_{sM} 分別表示最終消費結構列向量、投資結構列向量和淨出口結構列向量。

全國的碳排放總量由各個行業碳排放總量組成。行業 i 的能源二氧化碳總量可以表示為：

$$coe_i = \bar{E}_iy_{s,i}G = \bar{E}_iy_{sC,i}C + \bar{E}_iy_{sI,i}I + \bar{E}_iy_{sM,i}M \tag{3.37}$$

其中，$\bar{E}_i$ 表示行向量 $\bar{E}$ 中的第 i 個元素，$y_{s,i}$ 表示列向量 y_s 的第 i 個元素，$y_{sC,i}$ 表示列向量 y_{sC} 中的第 i 個元素，$y_{sI,i}$ 表示列向

量 y_{sI} 中的第 i 個元素，$y_{sM,i}$ 表示列向量 y_{sM} 中的第 i 個元素，則行業 i 的能源二氧化碳總量可以表示為最終消費帶來的能源二氧化碳、投資帶來的能源二氧化碳和淨出口帶來的能源二氧化碳之和。

全國能源二氧化碳總量的變動額等於各個行業能源二氧化碳變動額之和。行業 i 能源二氧化碳總量增長額 N_i 可以表示為：

$$N_i = \bar{E}_{1,i} y_{s1,i} G_1 - \bar{E}_{0,i} y_{s0,i} G_0 \tag{3.38}$$

下面分別就行業最終消費能源二氧化碳、投資能源二氧化碳和淨出口能源二氧化碳進行分解。

3.4.1 行業 i 最終消費能源二氧化碳的分解

行業 i 最終消費引起的能源二氧化碳總量（$coe_{C,i}$）的計算公式為：

$$coe_{C,i} = \bar{E}_i y_{sC,i} C \tag{3.39}$$

式（3.39）表明行業最終消費引起的碳排放由行業完全碳排放係數、消費占比和消費規模決定。其中，行業的完全碳排放係數可以反應行業對各種能源類和非能源類中間投入品的利用效率。利用上文所述的因素分配分析法進行分解。

行業 i 最終消費引起的能源二氧化碳總量變動率 $K_{C,i}$ 和變動額 $N_{C,i}$ 分別為：

$$K_{C,i} = \frac{\bar{E}_{1,i} y_{sC1,i} C_1}{\bar{E}_{0,i} y_{sC0,i} C_0} \tag{3.40}$$

$$N_{C,i} = \bar{E}_{1,i} y_{sC1,i} C_1 - \bar{E}_{0,i} y_{sC0,i} C_0 \tag{3.41}$$

其中，$\bar{E}_{1,i}$ 分別表示行業 i 在基期和當期的完全碳排放係數，$y_{sC0,i}$ 和 $y_{sC1,i}$ 分別表示行業 i 在基期和當期的最終消費占比，C_0 和 C_1 分別表示基期和當期的消費規模。

行業 i 的完全碳排放係數對 $coe_{C,i}$ 的單純影響率 $K_{EC,i}$ 和影響

值 $N_{EC,i}$ 分別為：

$$K_{EC,i} = \frac{\bar{E}_{1,i} - \bar{E}_{0,i}}{\bar{E}_{0,i}} \qquad (3.42)$$

$$N_{EC,i} = (\bar{E}_{1,i} - \bar{E}_{0,i}) y_{sC0,i} C_0 \qquad (3.43)$$

其中，$\bar{E}_{0,i}$ 和 $\bar{E}_{1,i}$ 分別表示行業 i 在基期和當期的完全碳排放係數，$y_{sC0,i}$ 表示行業 i 在基期的最終消費占比，C_0 表示基期的消費規模。

行業 i 的最終消費結構對 $coe_{C,i}$ 的單純影響率 $K_{y_{sC},C,i}$ 和影響值 $N_{y_{sC},C,i}$ 分別為：

$$K_{y_{sC},C,i} = \frac{y_{sC1,i} - y_{sC0,i}}{y_{sC0,i}} \qquad (3.44)$$

$$N_{y_{sC},C,i} = \bar{E}_{0,i} (y_{sC1,i} - y_{sC0,i}) C_0 \qquad (3.45)$$

其中，$\bar{E}_{0,i}$ 和 $\bar{E}_{1,i}$ 分別表示行業 i 在基期和當期的完全碳排放係數，$y_{sC0,i}$ 和 $y_{sC1,i}$ 分別表示行業 i 在基期和當期的最終消費占比，C_0 表示基期的消費規模。

行業 i 的最終消費規模對 $coe_{C,i}$ 的單純影響率 $K_{cC,i}$ 和影響值 $N_{cC,i}$ 分別為：

$$K_{cC,i} = \frac{C_1 - C_0}{C_0} \qquad (3.46)$$

$$N_{cC,i} = \bar{E}_{0,i} y_{sC0,i} (C_1 - C_0) \qquad (3.47)$$

其中，$\bar{E}_{0,i}$ 表示行業 i 在基期的完全碳排放係數，$y_{sC0,i}$ 表示行業 i 在基期的最終消費占比，C_0 和 C_1 分別表示基期和當期的消費規模。

行業 i 的完全碳排放係數、最終消費占比和最終消費規模對行業能源二氧化碳的交互影響率 $e\%_{c,i}$ 和影響值 $n_{c,i}$ 分別為：

$$e\%_{c,i} = K_{C,i} - K_{EC,i} - K_{y_{sC},C,i} - K_{cC,i} \qquad (3.48)$$

$$n_{c,i} = N_{C,i} - N_{EC,i} - N_{y_{sC},C,i} - N_{cC,i} \qquad (3.49)$$

分配給行業完全碳排放系數變動對行業能源二氧化碳的交互影響值 $D_{Ec,i}$ 為：

$$D_{Ec,i} = n_c \frac{|K_{EC,i}|}{|K_{EC,i}+K_{y_sc,C,i}+K_{cC,i}|} \quad (3.50)$$

分配給行業最終消費占比變動對行業能源二氧化碳的交互影響值 $D_{y_sc,i}$ 為：

$$D_{y_sc,i} = n_c \frac{|K_{y_sC,i}|}{|K_{EC,i}+K_{y_sc,C,i}+K_{cC,i}|} \quad (3.51)$$

分配給最終消費規模變動對行業能源二氧化碳的交互影響值 $D_{cc,i}$ 為：

$$D_{cc,i} = n_c \frac{|K_{cC,i}|}{|K_{EC,i}+K_{y_sc,C,i}+K_{cC,i}|} \quad (3.52)$$

行業完全碳排放系數對能源二氧化碳的總體影響值 $N_{EC總}$ 為：

$$N_{EC總} = N_{EC,i} + D_{EC,i} \quad (3.53)$$

行業最終消費占比對能源二氧化碳的總體影響值 $N_{y_sc,C總}$ 為：

$$N_{y_sc,C總} = N_{y_sc,C,i} + D_{y_sc,i} \quad (3.54)$$

最終消費規模對能源二氧化碳的總體影響值 $N_{cC總}$ 為：

$$N_{cC總} = N_{cC,i} + D_{cc,i} \quad (3.55)$$

3.4.2 行業 i 投資能源二氧化碳的分解

行業 i 投資引起的能源二氧化碳總量（$coe_{I,i}$）的計算公式為：

$$coe_{I,i} = \bar{E}_i y_{sI,i} I \quad (3.56)$$

式（3.56）表明行業投資引起的碳排放由行業完全碳排放系數、投資占比和投資規模決定。利用上文所述的因素分配分析法進行分解。

行業 i 投資引起的能源二氧化碳總量變動率 $K_{I,i}$ 和變動額 $N_{I,i}$ 分別為：

$$K_{I,i} = \frac{\bar{E}_{1,i} y_{sI1,i} I_1}{\bar{E}_{0,i} y_{sI0,i} I_0} \quad (3.57)$$

$$N_{I,i} = \bar{E}_{1,i} y_{sI1,i} I_1 - \bar{E}_{0,i} y_{sI0,i} I_0 \quad (3.58)$$

其中，$\bar{E}_{0,i}$ 和 $\bar{E}_{1,i}$ 分別表示行業 i 在基期和當期的完全碳排放係數，$y_{sI0,i}$ 和 $y_{sI1,i}$ 分別表示行業 i 在基期和當期的投資佔比，I_0 和 I_1 分別表示基期和當期的投資規模。

行業 i 的完全碳排放係數對 $coe_{I,i}$ 的單純影響率 $K_{EI,i}$ 和影響值 $N_{EI,i}$ 分別為：

$$K_{EI,i} = \frac{\bar{E}_{1,i} - \bar{E}_{0,i}}{\bar{E}_{0,i}} \quad (3.59)$$

$$N_{EI,i} = (\bar{E}_{1,i} - \bar{E}_{0,i}) y_{sI0,i} I_0 \quad (3.60)$$

其中，$\bar{E}_{0,i}$ 和 $\bar{E}_{1,i}$ 分別表示行業 i 在基期和當期的完全碳排放係數，$y_{sI0,i}$ 表示行業 i 在基期的投資佔比，I_0 表示基期的投資規模。

行業 i 的投資結構對 $coe_{I,i}$ 的單純影響率 $K_{y,I,i}$ 和影響值 $N_{y,I,i}$ 分別為：

$$K_{y,I,i} = \frac{y_{sI1,i} - y_{sI0,i}}{y_{sI0,i}} \quad (3.61)$$

$$N_{y,I,i} = \bar{E}_{0,i} (y_{sI1,i} - y_{sI0,i}) I_0 \quad (3.62)$$

其中，$\bar{E}_{0,i}$ 表示行業 i 在基期的完全碳排放係數，$y_{sI0,i}$ 和 $y_{sI1,i}$ 分別表示行業 i 在基期和當期的投資佔比，I_0 表示基期的投資規模。

行業 i 的投資規模對 $coe_{I,i}$ 的單純影響率 $K_{i,I,i}$ 和影響值 $N_{iI,i}$ 分別為：

$$K_{iI,i} = \frac{I_1 - I_0}{I_0} \quad (3.63)$$

$$N_{iI,i} = \bar{E}_{0,i} y_{sI0,i} (I_1 - I_0) \quad (3.64)$$

其中，$\bar{E}_{0,i}$ 表示行業 i 在基期的完全碳排放系數，$y_{sl0,i}$ 表示行業 i 在基期的投資占比，I_0 和 I_1 分別表示基期和當期的投資規模。

行業 i 的完全碳排放系數、投資占比和投資規模對行業能源二氧化碳的交互影響率 $e\%_I$ 和影響值 n_I 分別為：

$$e\%I = K_{I,i} - K_{EI,i} - K_{y,I,i} - K_{iI,i} \tag{3.65}$$

$$n_I = N_{I,i} - N_{EI,i} - N_{y,I,i} - N_{iI,i} \tag{3.66}$$

分配給行業完全碳排放系數變動對行業能源二氧化碳的交互影響值 $D_{EI,i}$ 為：

$$D_{EI,i} = n_I \frac{|K_{EI,i}|}{|K_{EI,i} + K_{y,I,i} + K_{iI,i}|} \tag{3.67}$$

分配給行業投資占比變動對行業能源二氧化碳的交互影響值 $D_{y,I,i}$ 為：

$$D_{y,I,i} = n_I \frac{|K_{y,I,i}|}{|K_{EI,i} + K_{y,I,i} + K_{iI,i}|} \tag{3.68}$$

分配給投資規模變動對行業能源二氧化碳的交互影響值 $D_{iI,i}$ 為：

$$D_{iI,i} = n_I \frac{|K_{iI,i}|}{|K_{EI,i} + K_{y,I,i} + K_{iI,i}|} \tag{3.69}$$

行業完全碳排放系數對能源二氧化碳的總體影響值 $N_{EI總}$ 為：

$$N_{EI總} = N_{EI,i} + D_{EI,i} \tag{3.70}$$

行業投資占比對能源二氧化碳的總體影響值 $N_{y,I,i總}$ 為：

$$N_{y,i,i總} = N_{y,I,i} + D_{y,I,i} \tag{3.71}$$

投資規模對能源二氧化碳的總體影響值 $N_{cI總}$ 為：

$$N_{cI總} = N_{cI,i} + D_{cI,i} \tag{3.72}$$

3.4.3 行業 i 淨出口能源二氧化碳的分解

行業 i 淨出口引起的能源二氧化碳總量（$coe_{M,i}$）的計算公

式為：

$$coe_{M,i} = \bar{E}_i y_{sM,i} M \tag{3.73}$$

可見，行業淨出口碳排放受到行業完全碳排放系數、行業出口占比和行業出口規模的影響。

行業 i 淨出口引起的能源二氧化碳總量變動率 $K_{M,i}$ 和變動額 $N_{M,i}$ 分別為：

$$K_{M,i} = \frac{\bar{E}_{1,i} y_{sM1,i} M_1}{\bar{E}_{0,i} y_{sM0,i} M_0} \tag{3.74}$$

$$N_{M,i} = \bar{E}_{1,i} y_{sM1,i} M_1 - \bar{E}_{0,i} y_{sM0,i} M_0 \tag{3.75}$$

其中，$\bar{E}_{0,i}$ 和 $\bar{E}_{1,i}$ 分別表示行業 i 在基期和當期的完全碳排放系數，$y_{sM0,i}$ 和 $y_{sM1,i}$ 分別表示行業 i 在基期和當期的淨出口占比，M_0 和 M_1 分別表示基期和當期的淨出口規模。

行業 i 的完全碳排放系數對 $coe_{M,i}$ 的單純影響率 $K_{EM,i}$ 和影響值 $N_{EM,i}$ 分別為：

$$K_{EM,i} = \frac{\bar{E}_{1,i} - \bar{E}_{0,i}}{\bar{E}_{0,i}} \tag{3.76}$$

$$N_{EM,i} = (\bar{E}_{1,i} - \bar{E}_{0,i}) y_{sM0,i} M_0 \tag{3.77}$$

其中，$\bar{E}_{0,i}$ 和 $\bar{E}_{1,i}$ 分別表示行業 i 在基期和當期的完全碳排放系數，$y_{sM0,i}$ 表示行業 i 在基期的淨出口占比，M_0 表示基期的淨出口規模。

行業 i 的淨出口結構對 $coe_{M,i}$ 的單純影響率 $K_{y_{sM},i}$ 和影響值 $N_{y_{sM},i}$ 分別為：

$$K_{y_{sM},i} = \frac{y_{sM1,i} - y_{sM0,i}}{y_{sM0,i}} \tag{3.78}$$

$$N_{y_{sM},i} = \bar{E}_{0,i} (y_{sM1,i} - y_{sM0,i}) M_0 \tag{3.79}$$

其中，$\bar{E}_{0,i}$ 表示行業 i 在基期的完全碳排放系數，$y_{sM0,i}$ 和 $y_{sM1,i}$ 分別表示行業 i 在基期和當期的淨出口占比，M_0 表示基期

的淨出口規模。

行業 i 的淨出口規模對 $coe_{M,i}$ 的單純影響率 $K_{m,M,i}$ 和影響值 $N_{mM,i}$ 分別為：

$$K_{m,M,i} = \frac{M_1 - M_0}{M_0} \tag{3.80}$$

$$N_{m,M,i} = \bar{E}_{0,i} y_{sm0,i} (M_1 - M_0) \tag{3.81}$$

式中，$\bar{E}_{0,i}$ 表示行業 i 在基期的完全碳排放系數，$y_{sM0,i}$ 表示行業 i 在基期的淨出口占比，M_0 和 M_1 分別表示基期和當期的淨出口規模。

行業 i 的完全碳排放系數、淨出口占比和淨出口規模對行業能源二氧化碳的交互影響率 $e\%_M$ 和影響值 n_M 分別為：

$$e\%_M = K_{M,i} - K_{EM,i} - K_{y_sM,i} - K_{mM,i} \tag{3.82}$$

$$n_M = N_{M,i} - N_{EM,i} - N_{y_sM,i} - N_{mM,i} \tag{3.83}$$

分配給行業完全碳排放系數變動對行業能源二氧化碳的交互影響值 $D_{EM,i}$ 為：

$$D_{EM,i} = n_M \frac{|K_{EM,i}|}{|K_{EM,i} + K_{y_sM,i} + K_{mM,i}|} \tag{3.84}$$

分配給行業淨出口占比變動對行業能源二氧化碳的交互影響值 $D_{y_sM,i}$ 為：

$$D_{y_sM,i} = \frac{|K_{y_sM,i}|}{|K_{EM,i} + K_{y_sM,i} + K_{mM,i}|} \tag{3.85}$$

分配給淨出口規模變動對行業能源二氧化碳的交互影響值 $D_{mM,I}$ 為：

$$D_{mM,I} = \frac{|K_{mM,i}|}{|K_{EM,i} + K_{y_sM,i} + K_{mM,i}|} \tag{3.86}$$

行業完全碳排放系數對能源二氧化碳的總體影響值 $N_{EM總,i}$ 為：

$$N_{EM總,i} = N_{EM,i} + D_{EM,i} \tag{3.87}$$

行業淨出口占比對能源二氧化碳的總體影響值 $N_{y_sM總,i}$ 為：

$$N_{y_sM總,i} = N_{y_sM,i} + D_{y_sM,i} \qquad (3.88)$$

淨出口規模對能源二氧化碳的總體影響值 $N_{mM總,i}$ 為：

$$N_{mM總,i} = N_{mM,i} + D_{mM,i} \qquad (3.89)$$

3.4.4 全國能源二氧化碳總量分解

能源二氧化碳總量的變動額等於各個行業能源二氧化碳變動額之和。結合上文行業能源二氧化碳的分解，全國能源二氧化碳總量變動額的計算公式也可以寫為：

$$N_Z = \bar{E}_1 y_{s1} Z_1 - \bar{E}_0 y_{s0} Z_0 = \sum_{i=1}^{m} \{ (N_{EC總,i} + N_{EM總,i}) + (N_{y_sC總,i} + N_{y_sI總,i} + N_{y_sM總,i}) + (N_{cC總,i} + N_{i,I總,i} + N_{mM總,i}) \} \qquad (3.90)$$

式中：$N_{EC總,i}$，$N_{EI總,i}$ 和 $N_{EM總,i}$ 分別表示行業 i 的完全碳排放係數對於行業 i 最終消費能源二氧化碳、投資能源二氧化碳與淨出口能源二氧化碳的總體影響值，可以合併為行業 i 的完全碳排放係數對能源二氧化碳的總體影響值；$N_{y_sC總,i}$、$N_{y_sI總,i}$ 和 $N_{y_sM總,i}$ 分別表示行業 i 的最終消費占比、投資占比和淨出口占比對其最終消費能源二氧化碳、投資能源二氧化碳和淨出口能源二氧化碳的總體影響值，也可以看成行業 i 的最終消費占比、投資占比和淨出口占比分別對能源二氧化碳的總體影響值，表示結構變動對能源二氧化碳的影響；$N_{cC總,i}$、$N_{i,I總,i}$ 和 $N_{mM總,i}$ 分別表示行業 i 的最終消費規模、投資規模和淨出口規模對其能源二氧化碳的總體影響值，也可以看成行業 i 的最終消費規模、投資規模和淨出口規模對能源二氧化碳的總體影響值，表示規模變動對能源二氧化碳的影響。

於是，可以把全國的能源二氧化碳總量變動分解成七個因素變動的結果：行業完全碳排放係數，表示技術進步；規模因素，包括最終消費規模、投資規模和淨出口規模；結構因素，

包括最終消費結構、投資結構和淨出口結構。

分別把這七個因素對全國能源二氧化碳總量的影響程度用百分比表示如下：

$$h_{e,i} = \frac{N_{EC總,i} + N_{EI總,i} + N_{EM總,i}}{N_Z} \qquad (3.90)$$

$$h_{c,i} = \frac{N_{cC總,i}}{N_Z} \qquad (3.91)$$

$$h_{i,i} = \frac{N_{iI總,i}}{N_Z} \qquad (3.92)$$

$$h_{m,i} = \frac{N_{mM總,i}}{N_Z} \qquad (3.93)$$

$$h_{y_{sc},i} = \frac{N_{y_{sc}C總,i}}{N_Z} \qquad (3.94)$$

$$h_{y_{si},i} = \frac{N_{y_{si}I總,i}}{N_Z} \qquad (3.95)$$

$$h_{y_{sm},i} = \frac{N_{y_{sm}M總,i}}{N_Z} \qquad (3.96)$$

式中，$h_{e,i}$、$h_{c,i}$、$h_{i,i}$、$h_{m,i}$、$h_{y_{sc},i}$、$h_{y_{si},i}$和$h_{y_{sm},i}$分別表示行業i的完全碳排放系數對能源二氧化碳總量影響的百分比，行業i的最終消費規模對能源二氧化碳總量影響的百分比，行業i的投資規模對能源二氧化碳總量影響的百分比，行業i的淨出口規模對能源二氧化碳總量影響的百分比，行業i的最終消費占比對能源二氧化碳總量影響的百分比，行業i的投資占比對能源二氧化碳總量影響的百分比，行業i的淨出口占比對能源二氧化碳總量影響的百分比。

$\sum_{i=1}^{l} h_{e,i}$、$\sum_{i=1}^{l} h_{c,i}$、$\sum_{i=1}^{l} h_{i,i}$、$\sum_{i=1}^{l} h_{y_{sc},i}$、$\sum_{i=1}^{l} h_{y_{si},i}$和$\sum_{i=1}^{l} h_{y_{sm},i}$分別表示行業完全碳排放系數對能源二氧化碳總量影響的百分比，

最終消費規模對能源二氧化碳總量影響的百分比，投資規模對能源二氧化碳總量影響的百分比，淨出口規模對能源二氧化碳總量影響的百分比，最終消費結構對能源二氧化碳總量影響的百分比，投資結構對能源二氧化碳總量影響的百分比，淨出口結構對能源二氧化碳總量影響的百分比。

$h_{e,i}+h_{c,i}+h_{i,i}+h_{m,i}+h_{y_c,i}+h_{y_m,i}$ 表示行 i 對能源二氧化碳總量影響的百分比。

3.5　碳排放影響因素實證分析

3.5.1　數據整理

本章的目的是得到各個影響因素對能源二氧化碳排放的影響程度，為未來的碳減排提供歷史經驗，所以使用最近兩年（2007，2010）的投入產出表進行影響因素的貢獻率分析。詳細數據來源如下：

（1）行業完全碳排放系數：由行業直接碳強度和列昂剔夫逆矩陣計算得到，行業直接碳強度由行業能源二氧化碳排放總量除以行業總產出得到，行業能源二氧化碳排放總量根據各行業能源消耗量和能源二氧化碳排放因子得到，行業能源消耗來自中國能源統計年鑒，行業總產出來自中國投入產出表，列昂剔夫逆矩陣通過中國投入產出表的直接消耗系數矩陣計算得到。

（2）最終消費產品結構：由中國投入產出表的最終消費列計算得到。

（3）資本形成行業結構：由中國投入產出表的資本形成總額列計算得到。

（4）淨出口產品結構：由中國投入產出表的出口和進口列

計算得到。

（5）行業最終消費規模：來自中國投入產出表的最終需求列。

（6）行業資本形成總額：來自中國投入產出表的資本形成總額列。

（7）行業淨出口：來自中國投入產出表的進口、出口列。

3.5.2 能源二氧化碳總量分解的分析

3.5.2.1 全國碳排放的影響性分析

從表3.5可以看出，僅第一產業和採掘業是抑制全國碳排放的，其余行業都在不同程度上引起全國碳排放的增加。其中裝備製造業、建築業和第三產業發展對全國碳排放的促進作用

表3.5　　　　　行業總體影響率結果表

行業	行業總體影響率（%）
第一產業	−2.06
採掘業	−8.1
食品製造及菸草加工業	3.63
紡織服裝製造業	7.04
石化業	1.9
金屬冶煉業	6.32
裝備製造業	33.65
電力、熱力、燃氣的生產和供應業	2.82
建築業	30.59
第三產業	16.45

註：根據《中國統計年鑒》、「中國投入產出表」中的有關資料計算得到，並將行業進行適當合併，這裡僅列出主要行業。

最為明顯，影響率分別為 33.65%、30.59% 和 16.45%。雖然這三大產業的直接碳強度和完全碳強度並不突出，但是從我國經濟發展的需要和趨勢來看，大產業需求旺盛，房地產投資對我國經濟的推動力不容忽視，而建築業作為房地產業的上游產業，必然也會大力發展。裝備製造業的繁榮說明我國已經進入了重工業化階段，這是所有國家在經濟由落后向發達邁進的必經之路，並且隨著我國經濟發展和人民生活水平的提高，消費結構逐步由基本消費需求向精神消費需求過渡，服務業比重的提高就是最好的說明。所以，正是由於這三大產業的繁榮發展和占比的提高使其成為推動我國碳排放的主要力量。從另一個角度來看，採掘業這一高碳排放行業卻在一定程度上抑制了我國的碳排放。

從表 3.6 可以看出，技術進步作為碳減排的重要途徑，其作用力已經顯現出來；規模因素是我國碳排放增加的主力，其中，投資規模的影響程度最大，淨出口規模反而有所降低而在一定程度上抑制了碳排放；結構因素對碳排放的抑製作用還未顯現出來，其中，我國以高碳排放行業出口為主導的出口模型

表 3.6　　　　各因素對全國碳排放影響程度表

影響因素	影響程度（%）
技術進步（行業完全碳排放係數）	−23.14
消費規模	47.41
投資規模	63.79
淨出口規模	−3.04
消費結構	−1.72
投資結構	−2.3
淨出口結構	19

在很大程度上使我國承擔了國際上過多的碳排放，這也說明我國通過調整進出口結構來達到碳減排的目的潛力非常巨大。

3.5.2.2 行業碳排放的影響性分析

（1）行業的規模影響率分析

從表3.7可以看出，採掘業、石化業和金屬冶煉業這三大高碳強度行業的規模影響率都為負，說明其規模的縮減引起了行業碳排放的減少，其中又以石化業最為顯著。

表3.7　　　　　　　規模影響率結果表　　　　　單位:%

行業	消費規模影響率	投資規模影響率	淨出口規模影響率	規模影響率
第一產業	255	35	−27	263
採掘業	16	12	−54	−25
食品製造及菸草加工業	103	7	29	139
紡織服裝製造業	32	1	143	176
石化業	135	14	−757	−608
金屬冶煉業	1	5	−111	−105
裝備製造業	13	88	−42	59
電力、熱力、燃氣的生產和供應業	349	40	14	402
建築業	1	142	1	143
第三產業	109	19	136	264

註：根據《中國統計年鑒》、「中國投入產出表」中的有關資料計算得到，並將行業進行適當合併，這裡僅列出主要行業。

各行業消費規模影響率均為正，較大的行業主要是第一產業和電力、熱力、燃氣的生產和供應業，其消費規模影響率分別高達255%和349%。這兩大行業均與生產生活密切相關，是基本性需求。隨著人口的增長和社會經濟的發展，這些行業的

消費規模必然增長，引起行業碳排放顯著增加。

各行業投資規模影響率均為正，投資規模影響率相對較大的行業主要是建築業和裝備製造業，投資規模影響率分別為142%和88%。建築業作為重要的下游產業，其蓬勃發展帶動了大量的上游產業發展，對我國經濟增長的貢獻率比較大，因此國家仍在加大投資，從而使行業碳排放顯著增加。而裝備製造業作為我國工業發展的基礎和我國製造業的核心組成部分，其發展為我國國民經濟和國防建設提供了強有力的支撐，所以國家對其投資力度加大，從而引起行業碳排放明顯上升。

各行業淨出口規模影響率有正有負，負向較大的為石化業和金屬冶煉業這兩大高碳強度行業，淨出口規模影響率分別為-757%和-111%，說明這兩大行業的淨出口規模有所縮減，引起行業碳排放減少。紡織服裝業和第三產業的淨出口影響率分別為143%和136%，紡織服裝製造業行業附加值較低，淨出口規模仍在增加，引起行業碳排放量明顯上升。而第三產業作為生產與消費不可分離的行業，其淨出口影響率為正，說明隨著我國對外開放程度的加大，有更多的外國人來到我國，對第三產業產生大量需求，引起其行業碳排放明顯上升。從這個角度來看，我國紡織服裝製造業和第三產業的生產大量用於滿足國外需求，承擔了過多的國際碳排放。

（2）行業的結構影響率分析

從表3.8可以看出，第一產業、第三產業、採掘業、紡織服裝製造業和建築業的結構影響率為負，說明這些行業在我國產業結構中的比重有所降低，引起行業碳排放減少。因此，在我國工業化進程加快的大背景下，工業的總體比重仍在增加，工業仍是我國碳排放增加的主要因素，工業內部的結構調整也成為碳減排的重要途徑。

表 3.8　　　　　　　　結構影響率結果表　　　　　單位:%

行業	消費結構影響率	投資結構影響率	淨出口結構影響率	結構影響率
第一行業	-191	-12	-3	-206
採掘業	-23	-20	-38	-81
食品製造及菸草加工業	34	2	-24	13
紡織服裝製造業	-1	1	-46	-46
石化業	52	3	506	561
金屬冶煉業	-1	14	151	164
裝備製造業	2	20	30	52
電力、熱力、燃氣的生產和供應業	51	-30	-11	11
建築業	3	-18	0	-15
第三產業	11	-5	-85	-79

註：根據《中國統計年鑒》、「中國投入產出表」中的有關資料計算得到，並將行業進行適當合併，這裡僅列出主要行業。

各行業消費結構的影響率有正有負，負向最大的為第一產業，消費結構影響率為-191%。隨著經濟的發展和收入水平的上升，人民的消費層次也會上漲，對第一產業的消費需求在全部消費中的比重會降低，使其行業碳排放減少，正向相對較大的為石化業與電力、熱力、燃氣的生產和供應業等基礎性行業。

各行業投資結構影響率也有正有負。其中，對於採掘業與電力、熱力、燃氣的生產和供應業這兩大高碳強度行業的投資占比有所降低，投資結構影響率分別為-20%和-30%，引起行業碳排放下降，但對石化業和金屬冶煉業這兩大高碳強度行業的投資占比仍有上升，投資結構影響率分別為3%和14%，使行

業碳排放有所增加。

各行業淨出口結構影響率也有正有負，影響率為正的集中在石化業、金屬冶煉製造業和裝備製造業三大行業上，淨出口結構影響率分別為506%、151%和30%，這三大行業都屬於高碳強度行業。從上文可知，雖然其淨出口規模有所降低，但淨出口占比仍在上升，使行業碳排放明顯增加，使我國承擔過多的國際碳排放，說明碳減排中進出口結構調整勢在必行。

（3）行業的技術影響率分析

從表3.9可以看出，石化業、金屬冶煉業和採掘業這三大高碳強度行業的技術影響率為正，分別為147%、40%和6%，說明技術進步在行業減排上還未起到作用，行業碳排放仍在上升。技術進步在促進碳減排中作用相對比較明顯的行業為第一產業、第三產業與電力、熱力、燃氣的生產和供應業，技術影響率分別為-157%、-85%和-413%，而其餘各工業行業技術進步均未起到降低碳排放的作用，說明我國工業的各個子行業仍有待提高技術水平。

表3.9　　　　　　　　技術影響率結果表

行業	技術影響率（%）
第一行業	-157
採掘業	6
食品製造及菸草加工業	-52
紡織服裝製造業	-30
石化業	147
金屬冶煉業	41
裝備製造業	-11
電力、熱力、燃氣的生產和供應業	-413

表3.9(續)

行業	技術影響率（%）
建築業	−28
第三產業	−85

註：根據《中國統計年鑒》、「中國投入產出表」中的有關資料計算得到，並將行業進行適當合併，這裡僅列出主要行業。

（4）行業碳排放增加的因素總結

根據各行業碳排放受規模、結構和技術三大因素影響程度的不同分別考察各個行業碳排放增加的原因。

從表3.10可以看出，10大行業碳排放的增加都受到規模因素較大程度的影響。隨著我國經濟的發展和人口的增長，對各類行業需求的絕對規模都會增加，從而引起各行業碳排放的明顯上升。但是從最終需求的三大組成部分消費、投資和淨出口規模來說，消費和投資是滿足國內需求的，而淨出口是滿足國外需求的，當行業的淨出口規模增加時相當於我國為國外需求進行了更大程度的環境買單，這顯然是不利於我國減排的，在滿足國內需求的規模下，應該盡量減少為國外需求承擔過多碳排放的情況出現，所以對於食品製造業和紡織服裝製造業等低附加值行業應該充分考慮其出口的環境成本，不應該為了使淨出口這架馬車充分帶動經濟而犧牲我國的環境。另外，由於我國對外開放程度的增加，大量非常住人口進入我國，擠占了我國對基本能源生產業、建築業和第三產業的需求，所以，提高我國居民收入，擴大第三產業內需仍是應繼續關注的方面。

表 3.10　　行業碳排放增加的主要影響因素表

行業	主要的規模影響因素	主要的結構影響因素	技術影響
第一產業	消費和投資規模增加	—	—
採掘業	消費和投資規模增加	—	技術進步不足
食品製造及菸草加工業	三大規模擴張	消費和投資比重增加	—
紡織服裝製造業	三大規模擴張	投資比重增加	—
石化業	消費和投資規模擴張	三大比重增加	技術進步不足
金屬冶煉業	消費和投資規模擴張	投資和淨出口比重增加	技術進步不足
裝備製造業	消費和投資規模擴張	三大比重增加	—
電力、熱力、燃氣生產供應業	三大規模擴張	消費比重增加	—
建築業	三大規模擴張	消費比重增加	—
第三產業	三大規模擴張	消費比重增加	—

　　石化業、裝備製造業和金屬冶煉業的淨出口比重增加是引起其行業碳排放上升的重要原因。雖然這三大行業的淨出口規模有所縮減，在一定程度上抑制了行業碳排放，但是其在我國淨出口總規模中的占比仍有上升，造成我國承擔了過多國外消費的碳排放，並且這些行業的直接碳強度都比較高，應該成為我國出口結構調整中的重點行業。而對於食品製造業和紡織服裝製造業，投資占比升高是引起行業碳排放增加的主要因素之一。投資是為了生產，生產是為了滿足需求，並且這兩大行業

投資帶來的產出在很大程度上是用做出口需求，所以可以縮減投資以達到減少出口的目的。

採掘業、石化業和金屬冶煉業三大高碳強度行業的技術進步並未抑制行業碳排放，說明三大行業的各種中間投入品的利用效率並未得到提升，甚至有所下降。隨著工業化進程的加快，對這三大基礎性工業行業的需求明顯增強，為了滿足大量的需求，粗放式生產更加明顯，這幾大行業仍是節能減排的重點行業。

3.5.3 實證結果總結

通過前文的分析，在我國今後的節能減排中應該吸取如下經驗：

3.5.3.1 行業完全碳排放系數的變動對全國能源二氧化碳總量具有一定的抑製作用

行業完全碳排放系數對全國能源二氧化碳的影響程度占所有因素影響程度的比為−23.14%。行業完全碳排放系數從投入產出的角度全面衡量了能源二氧化碳排放權在生產中的利用效率，表示某個行業最終需求變動一單位直接和間接變動的能源二氧化碳總量。當行業完全碳排放系數減少的時候，表示某個行業最終需求增加一單位直接和間接增加的能源二氧化碳總量減少了，表明此行業對能源二氧化碳排放權的利用效率提高了，生產技術水平得到了進步。而當行業完全碳排放系數增加的時候，表示某個行業最終需求增加一單位直接和間接增加的能源二氧化碳上升了，表明此行業對能源二氧化碳排放權的利用效率降低了，生產技術水平倒退了。

3.5.3.2 規模因素是促進全國能源二氧化碳總量增加的主力軍

規模因素包括最終消費規模、投資規模和淨出口規模，三

者對能源二氧化碳影響程度佔比的加總即為規模因素對能源二氧化碳的總體影響程度佔比（為108.16%）。其中，投資規模對全國能源二氧化碳的影響最大，影響程度佔比為63.79%；其次是最終消費規模，影響程度佔比為47.41%；淨出口規模對全國能源二氧化碳的影響非常小，影響程度佔比僅為-3.04%。經濟規模擴張特別是投資規模和最終消費規模的大幅度增加，使我國能源二氧化碳總量明顯上升，而淨出口規模有所縮小，在一定程度上抑制了能源二氧化碳的增長。

近年來，我國經濟快速增長。2005—2013年，我國國內生產總值年均實際增長14.7%，不僅遠高於同期世界經濟年均增速，而且比「十五」時期年平均增速快4.9個百分點。投資和最終消費對經濟增長的推動作用越來越大，2005年投資和最終消費對國內生產總值的貢獻率分別為38.5%和38.7%，2013年升高到47.8%和49.8%。而淨出口對經濟增長的貢獻率卻呈現逐步降低的趨勢。為了滿足我國快速增長的消費需求和投資需求，化石能源消耗總量也在不斷上升，推動了我國能源二氧化碳總量的持續攀升。早在2010年，國際能源署就發布了中國已經超過美國成為全球第一能源國的消息，受到我國國家能源局的質疑。到2014年，隨著我國經濟發展對能源消費的新一輪擴張，我國已經無可置疑地成為世界第一大能源消費國和二氧化碳排放國。

3.5.3.3　結構因素引起全國能源二氧化碳上升

結構因素包括最終消費結構、投資結構和淨出口結構。這三者對能源二氧化碳影響程度佔比的加總即為結構因素對能源二氧化碳的總體影響程度佔比（為14.98%）。其中，淨出口結構促進了全國能源二氧化碳的增長，影響程度佔比為19%。最終消費結構和投資結構均對全國能源二氧化碳具有抑製作用，但影響程度比較小，影響程度佔比分別為-1.72%和-2.3%。

這說明我國結構調整在碳減排中的作用還未體現出來,特別是淨出口結構,雖然為了減少我國承擔的國際能源二氧化碳排放而減少了淨出口規模,但是在碳減排中的作用有限。而淨出口結構未得到根本性的轉變,我國仍然是碳排放的國際淨承擔者。並且雖然國家在投資和消費方面做出了很多低碳引導的措施,但由於最終消費結構和投資結構在短期內具有一定的剛性,難以實現比較大的變動。所以,我國雖然可以通過調整最終消費結構和投資結構來達到碳減排的目的,但是這需要較長時間來實現,並需要相應的產業結構調整升級來配合,而我國急需調整淨出口結構來進行碳減排。

3.5.3.4 農業和採掘業在一定程度上抑制了我國能源二氧化碳排放的增長

在所有行業中,僅農、林、牧、漁業和採掘業的能源二氧化碳具有降低趨勢,對我國碳排放的影響率分別為-2.06%和-8.1%,而裝備製造業、建築業和第三產業卻較大程度促進了我國碳排放,影響率分別為33.65%、30.59%和16.45%。

農、林、牧、漁業能源二氧化碳排放減少是因為其行業的完全碳排放系數減少,證明了第一產業生產效率顯著提高。2014年1月22日,中央農村工作領導小組副組長、辦公室主任陳錫文,中央農村工作領導小組辦公室副主任唐仁健在國務院新聞發布會上就說道,「最近十年來是中國農業機械化發展非常快、取得效益非常明顯的一個時期。根據農業部門的統計,去年在耕地、品種和收穫三個環節上,中國農業機械化綜合利用水平達到了59%。很明顯,農業機械化的推進,第一提高了農業生產的效率,第二降低了勞動強度,由此也使整個農業效率

有了明顯的增加。」①

採掘業能源二氧化碳的減少是由於最終需求規模得到控制、最終需求結構得到調整。我國作為富煤國家，由於煤炭資源成本的低廉性，成為我國使用的主要化石能源，利用效率也很低。在國家的碳減排目標下，煤炭的開採、加工轉化效率都有了一定程度的提高，並且我國也在積極調整能耗結構，降低煤炭的使用比重，取得了一定效果。從石油、天然氣、金屬礦、非金屬礦和其他礦採選業來看，過去我國通過向國外出口大量礦物資源承擔了較多的國際能源二氧化碳排放，還使我國礦產資源含量越來越少。近年來我國開始了從以礦產資源出口換取外匯的發展方式逐步向限制礦產資源出口保護環境的發展戰略轉變，在碳減排上取得了一定成效。

3.5.3.5 裝備製造業、建築業和第三產業成為促進我國碳排放的主力行業

這三大產業不僅最終需求有了大幅上升，而且其最終需求占比也有較大幅度上升，使其成為促使我國碳排放增加的主力軍，但從這三大行業的碳強度來看，其實並不高。武漢大學經濟發展研究中心教授簡新華曾這樣評價過中國的工業化過程，「發達國家工業化歷程是先輕工業、后重工業、再發達工業，由於多方面因素的決定，中國走了一條先重工業、后輕工業、再重工業的發展道路，現在正進入一個重新重工業化的階段」。其中裝備製造業的加強就是重工業飛速發展的重要標誌之一。而建築業多年以來一直都是支撐我國經濟發展的重要行業。在未

---

① 中華人民共和國中央人民政府. 農業機械化的推進使我國農業生產效率提高、勞動強度降低 [OB/EL]. (2014-1-22) http：//www. gov. cn/wszb/zhibo607/content_ 2572610. htm.

來,「建築業行業在國民經濟中的地位依然穩固」①,其為我國創造了巨大的就業機會。而第三產業的飛速發展也是大勢所趨,「今年來的數據釋放出經濟結構變化的三大信號:服務業占據 GDP 半壁江山,經濟結構由工業主導向服務型主導轉型的趨勢更趨明顯」②。

3.5.3.6 減少紡織服裝製造業、食品製造及菸草加工業等低附加值行業的淨出口規模

紡織服裝製造業和食品製造菸草加工業都為低附加值行業,其大規模出口對我國經濟發展雖具有一定的帶動作用,但也使我國承擔了過多的國際碳排放量,造成我國的環境污染,對我們實現全國碳減排目標是不利的。所以,這兩大行業在滿足國內需求的前提下應該限制其出口。一方面可以縮減對這兩大行業的投資比重,以此抑制其大規模生產;另一方面可以將環境成本附加於出口產品的價格上,以此降低這兩大行業由於價格低廉在國際市場競爭力較高的現狀。

3.5.3.7 降低石化業、金屬冶煉加工業和裝備製造業的淨出口比重

隨著我國工業化進程的加快,石化業、金屬冶煉加工業和裝備製造業(以下簡稱三大行業)投資和消費規模有所擴大,擠占了三大行業的淨出口規模,使規模因素在一定程度上抑制了三大行業的碳排放,但作用甚微,其在我國淨出口結構中的比重仍有不斷攀升趨勢,造成行業碳排放的增加。所以,三大行業應該成為淨出口結構調整中的關鍵。不但要盡量減少其淨出口比重,為了滿足國內需求,甚至可以逐步以進口替代本國

---

① 中國人才網. 2014 年未來建築行業發展前景展望 [OB/EL]. (2015-05-27) http://www.cnrencai.com/zhichangzixun/57244.html.

② 騰訊新聞. 中國經濟輕裝出發:服務業擴大「地盤」. [OB/EL]. (2015-05-18) http://finance.qq.com/a/20150518/008845.htm.

生產，以三大行業的淨進口替代淨出口現狀。這不但有助於我國減排，也便於真正實現我國的產業升級，改變我國處於「世界加工廠」地位的現狀。

3.5.3.8 加大對採掘業、石化業和金屬冶煉業的技術改造力度

採選業、石化業和金屬冶煉業仍是節能減排的重點行業。在大多數行業的完全碳排放係數降低、生產效率提高的同時，這幾大行業的完全碳排放係數卻仍在增加。一方面由於它們是我國工業化進程中的基礎性行業，為了滿足短期內的大量需求使其粗放式生產更加突出；另一方面由於這些行業生產技術的提高需要較高的資金成本和時間成本，在實際操作中生產者不願意實施。所以，對於這類行業一方面國家應該給予一定的資金扶持，並嚴格監督其進行技術改造，降低碳排放強度；另一方面可以考慮逐漸將這類高污染行業的生產移出我國。

3.5.3.9 關注電力、熱力、燃氣的生產和供應業，建築業和第三產業等消費敏感性行業的發展

對外開放程度的加大，一方面使我國的經濟快速發展起來了，另一方面大量非常住人口的進入也使這三大行業的需求迅速增加。國外需求擠占國內需求使這三大行業承擔了國際上較多的碳排放，這對我國是不利的，應該努力將國外需求轉化為國內需求。那麼提高居民收入，擴大居民消費就勢在必行。

3.6 本章小結

本章通過投入產出法與因素分配分析法相結合，得到了影響全國能源二氧化碳總量的各個因素的影響程度。主要結論如下：

(1) 經濟規模擴張是我國能源消耗二氧化碳總量增加的主要原因。經濟規模包括投資規模、最終消費規模和淨出口規模，其總共引起能源二氧化碳總量較基期增加了 108.16%。我國 2005 年國內生產總值為 158,020.7 億元，比 2000 年增長了 0.6 倍，這期間能源消費增長了 0.62 倍，能源二氧化碳排放增長了 0.61 倍；2013 年國內生產總值為 568,845.2 億元，比 2005 年增長了 2.1 倍，能源消費增長了 0.67 倍，能源二氧化碳排放增長了 0.82 倍。可見，能源二氧化碳排放的增長是隨著建立在能源消費基礎上的經濟增長而產生的。伴隨中國經濟的快速發展，能源消費也隨之迅速增長。早在 2010 年，國際能源署就發布了中國已經超過美國成為全球第一能源消費國的消息，受到我國國家能源局的質疑。到 2014 年，隨著我國經濟發展對能源消費的新一輪擴張后，我國已經無可置疑地成為世界第一大能源消費國和二氧化碳排放國。並且對建築業的大量投資和服務業最終消費規模的大幅度擴大是引起我國能源二氧化碳總量上升的主要因素。

(2) 結構因素對我國能源二氧化碳的總體影響程度較小。結構因素包括最終消費結構、投資結構和淨出口結構，引起能源二氧化碳上升了 14.98%，這說明我國結構調整對碳減排的作用還未體現，在長期中我國仍需要通過結構調整來實現碳減排。由於最終消費結構、投資結構和淨出口結構在短期內都難以實現較大的變動，且對某些中上游基礎性行業的需求不減反增都造成結構變動難以對能源二氧化碳總量產生較大影響。但隨著我國經濟進入新常態，經濟結構調整成為主要發展方向。在未來，通過結構調整將是實現我國碳減排的重要途徑。

(3) 行業完全碳排放系數減小是抑制我國能源二氧化碳的主要原因，行業完全碳排放系數衡量了行業碳排放權的生產利用水平，行業完全碳排放系數的降低是我國實現節能減排的重

要途徑。從本章的研究可以看出，70%左右的行業都是由於技術進步而實現了減排，但採掘業、石化業和金屬冶煉加工業技術仍未起到提高生產率的作用，而且這三大行業都是高碳排放行業。在未來，應該在國家的扶持下，淘汰落后產能，提高其生產效率。

4. 地區能源二氧化碳排放差異和影響因素的建模分析

由於各個地區的經濟發展水平、產業結構和人口狀況的不同，能源二氧化碳排放對各個因素的反應也會有所不同。為了實現全國能源二氧化碳控制的目的，必須深入分析各影響因素與地區能源二氧化碳排放之間的數量規律，為差異化的碳減排措施提供依據。本章從各省市能源二氧化碳排放總量和強度的差異化分析入手，分別從經濟因素、人口因素、能源因素和技術因素四個方面尋求指標，並通過面板模型尋求地區能源二氧化碳排放差異的數量規律。

4.1 地區能源二氧化碳排放的差異性分析

4.1.1 地區能源二氧化碳總量差異分析

根據前面章節能源二氧化碳總量的測算公式，各個地區能源二氧化碳總量的計算公式如下：

$$COE_j = \sum_{i=1}^{n} q_{ji} \times d_i \times f_i \qquad (4.1)$$

其中，COE_j 為第 j 個省市的能源二氧化碳排放總量，q_{ji} 為

第 j 個省市第 i 種能源的消費量①，d_i 為第 i 種能源的折標煤系數②，f_i 為第 i 種能源的二氧化碳排放因子。測算結果見表4.1。

表 4.1　　各省市歷年能源二氧化碳排放表　　單位：萬噸

年份 地區	2006	2007	2008	2009	2010	2011	2012	2013	增速（%）
北京	12,531	13,609	14,005	14,400	14,560	15,276	15,761	16,246	3.78
天津	13,474	14,303	14,011	15,147	19,210	19,924	20,155	21,387	6.82
河北	55,813	60,026	63,377	67,085	72,675	76,030	80,108	84,187	6.05
山西	50,628	52,309	52,044	51,688	54,946	54,728	55,529	56,331	1.54
內蒙古	30,725	35,326	42,122	45,698	50,189	55,602	60,532	65,462	11.41
遼寧	56,804	61,479	63,212	64,961	71,931	73,798	77,172	80,545	5.12
吉林	18,886	20,097	20,171	20,482	22,785	22,939	23,757	24,576	3.83
黑龍江	26,116	27,788	28,474	30,571	33,031	34,180	35,841	37,503	5.31
上海	25,475	26,086	27,442	27,462	29,739	30,212	31,202	32,193	3.40
江蘇	48,504	51,982	53,053	56,104	62,885	64,371	67,659	70,948	5.58
浙江	33,975	37,382	38,282	40,151	43,310	45,052	47,196	49,340	5.47
安徽	18,557	20,586	23,248	25,439	26,965	29,460	31,627	33,794	8.94
福建	14,145	15,766	16,199	19,619	22,439	23,766	25,810	27,854	10.16
江西	12,043	12,918	13,101	13,796	16,095	16,285	17,183	18,082	5.98
山東	74,358	82,574	88,899	93,536	105,046	110,584	117,818	125,052	7.71
河南	40,652	44,956	46,317	47,282	51,382	53,254	55,632	58,011	5.21
湖北	25,141	28,028	28,173	30,163	33,415	34,589	36,457	38,326	6.21
湖南	21,915	24,141	23,716	24,879	26,476	27,183	28,169	29,155	4.16
廣東	47,783	50,275	51,316	54,707	61,283	62,502	65,646	68,789	5.34
廣西	10,490	11,965	11,868	13,158	16,237	16,550	17,818	19,087	8.93
海南	2,418	5,199	5,421	5,821	6,232	7,493	8,318	9,143	20.93
重慶	7,966	8,712	10,709	11,492	12,712	14,000	15,227	16,454	10.92
四川	19,988	22,614	25,200	28,316	29,000	32,141	34,514	36,887	9.15
貴州	17,263	18,502	17,372	18,880	19,144	19,474	19,888	20,302	2.34
雲南	17,009	17,962	18,504	19,944	21,290	22,105	23,159	24,214	5.17

---

①　q_i 來自《中國能源統計年鑒2011》中各省市能源平衡表中各種能源的消費總量。

②　d_i 來自《中國能源統計年鑒2011》中的附錄4。

4. 地區能源二氧化碳排放差異和影響因素的建模分析

表4.1(續)

年份 地區	2006	2007	2008	2009	2010	2011	2012	2013	增速(％)
陝西	20,492	22,605	25,319	27,688	32,318	34,305	37,178	40,052	10.05
甘肅	14,071	15,541	15,721	15,696	17,016	17,423	18,027	18,632	4.09
青海	2,345	2,689	3,384	3,413	3,506	3,981	4,286	4,590	10.07
寧夏	6,746	7,478	8,400	9,167	10,756	11,422	12,393	13,364	10.26
新疆	17,679	19,088	20,856	23,744	26,670	28,399	30,663	32,926	9.29
變異係數	17,645	18,988	19,912	20,686	22,886	23,789	25,108	26,447	—

從表4.1可以看出，各個省市碳排放總量差異較大。從橫向對比來看，經濟大省、人口大省和沿海地區的碳排放總量較中西部欠發達省份更高，2013年能源二氧化碳總量最高的山東省與能源二氧化碳排放最低的青海省相差27倍。除此之外，河北、山西、遼寧、江蘇、河南和廣東等經濟規模大省的能源二氧化碳排放量均在全國靠前，2013年能源二氧化碳總量分別為84,187萬噸、56,331萬噸、80,545萬噸、70,948萬噸、58,011萬噸和68,789萬噸，而海南、青海和寧夏等省區的經濟欠發達，其能源二氧化碳排放卻非常少，2013年分別為9,143萬噸、4,590萬噸和13,364萬噸。

從時間的推移來看，各地區碳排放總量均逐年上升，且碳排放的省際差異越來越明顯，2006年碳排放總量的標準差為17,645萬噸，到2013年就增加到了26,447萬噸，增加了0.5倍，這說明各個省市的能源二氧化碳排放總量的差異仍然呈現擴大趨勢。

從能源二氧化碳排放的年均增速來看，內蒙古、福建、海南、重慶、陝西、青海和寧夏的增速都達到兩位數，分別為11.41%、10.16%、20.93%、10.93%、10.05%、10.07%和10.26%。中國煤炭工業協會發布2013年全國重點煤省前百位名單，提到「內蒙古以10.3億噸位列全國十大重點產煤省份首

位，7個盟市進入全國重點產煤地（市）前50位」①，表明內蒙古作為我國資源豐富地區，其資源型工業行業的快速發展使其碳排放量增速較快，而海南、重慶、陝西、青海和寧夏作為西部的欠發達省市區近年來在國家西部大開發政策影響下得以快速發展，並且其碳排放基數不大，也使碳排放增速較快。

4.1.2 地區碳強度差異分析

為排除各省市碳排放總量受到地區經濟規模的影響，現將各地區的碳強度進行對比分析。各省市能源碳強度的計算公式如下：

$$E_i = \frac{COE_i}{gdp_i} \tag{4.2}$$

其中，E_i 為地區 i 的碳強度，gdp_i 為地區 i 的地區生產總值。其結果見表4.2。

表4.2　　　　各省市歷年能源碳強度表　　單位：噸/萬元

年份 地區	2006	2007	2008	2009	2010	2011	2012	2013
北京	1.54	1.38	1.26	1.18	1.03	0.91	0.79	0.67
天津	3.02	2.72	2.09	2.01	2.08	1.61	1.35	1.09
河北	4.53	4.41	3.96	3.89	3.56	3.33	3.09	2.84
山西	10.38	8.68	7.11	7.02	5.97	4.69	3.64	2.59
內蒙古	6.21	5.50	4.96	4.69	4.30	3.74	3.28	2.82
遼寧	6.10	5.51	4.62	4.27	3.90	3.19	2.62	2.06
吉林	4.42	3.80	3.14	2.81	2.63	1.99	1.53	1.08
黑龍江	4.20	3.91	3.42	3.56	3.19	2.95	2.71	2.47

---

① 國際煤炭網. 內蒙古位列全國十大重點產煤省份之首 [OB/EL]. (2014-10-20) http://coal.in-en.com/html/coal-2212994.shtml.

表4.2(續)

年份 地區	2006	2007	2008	2009	2010	2011	2012	2013
上海	2.41	2.09	1.95	1.83	1.73	1.52	1.35	1.19
江蘇	2.23	2.00	1.71	1.63	1.52	1.28	1.10	0.92
浙江	2.16	1.99	1.78	1.75	1.56	1.42	1.27	1.13
安徽	3.04	2.80	2.63	2.53	2.18	2.04	1.84	1.64
福建	1.87	1.70	1.50	1.60	1.52	1.40	1.32	1.24
江西	2.50	2.23	1.88	1.80	1.70	1.41	1.21	1.01
山東	3.40	3.20	2.87	2.76	2.68	2.42	2.23	2.04
河南	3.29	2.99	2.57	2.43	2.23	1.90	1.63	1.36
湖北	3.30	3.00	2.49	2.33	2.09	1.72	1.41	1.10
湖南	2.85	2.56	2.05	1.91	1.65	1.29	0.98	0.68
廣東	1.80	1.58	1.39	1.39	1.33	1.16	1.05	0.93
廣西	2.21	2.05	1.69	1.70	1.70	1.46	1.32	1.19
海南	2.31	4.15	3.61	3.52	3.02	3.56	3.64	3.72
重慶	2.04	1.86	1.85	1.76	1.60	1.53	1.43	1.33
四川	2.30	2.14	2.00	2.00	1.69	1.62	1.48	1.35
貴州	7.38	6.42	4.88	4.83	4.16	3.13	2.32	1.52
雲南	4.26	3.76	3.25	3.23	2.95	2.55	2.23	1.92
陝西	4.32	3.93	3.46	3.39	3.19	2.82	2.54	2.26
甘肅	6.18	5.75	4.96	4.63	4.13	3.56	3.04	2.52
青海	3.62	3.37	3.32	3.16	2.60	2.54	2.31	2.09
寧夏	9.29	8.14	6.98	6.77	6.37	5.35	4.63	3.91
新疆	5.81	5.42	4.99	5.55	4.90	4.83	4.66	4.49

　　從表4.2可以看出，除海南外，基本都呈現降低趨勢，但差異也較大。山西、內蒙古、遼寧、黑龍江、甘肅和新疆等能源資源或者礦產資源豐富的地區碳強度較高，山西擁有豐富的煤炭資

源，內蒙古、新疆有豐富的石油和天然氣資源，遼寧、甘肅有豐富的石油資源，黑龍江礦產儲量豐富、品種齊全，是我國的礦業大省，而北京、上海、江蘇、浙江等資源相對貧乏的發達地區碳強度較低。海南作為一個特殊的省份，是我國旅遊業最為發達，旅遊資源豐富，且極富特色的地區。根據前瞻產業研究院發布的《2014—2018 年中國旅遊行業市場前瞻與投資戰略規劃分析報告》分析，「隨著未來 10 年中國旅遊業的快速發展，海南旅遊業將迎來更多發展機會，吸引更多的投資者」[1]。旅遊業的繁榮帶動了其交通運輸業和倉儲、郵政業與批發、零售業和住宿、餐飲業的迅速發展，而這兩大行業都屬於碳強度較高的行業，其發展必然會帶動海南省整體碳強度的上升。

4.1.3 地區人均碳排放差異分析

為排除各省市碳排放總量受到地區人口規模的影響，現將各地區的人均碳排放進行對比分析。其計算公式如下：

$$RE_i = \frac{COE_i}{R_i} \qquad (4.3)$$

其中：RE_i 為地區 i 的碳強度，R_i 為地區 i 的年平均人口數。其結果見表 4.3。

表 4.3　　　　各省市歷年人均碳排放表　　　單位：噸

年份 地區	2006	2007	2008	2009	2010	2011	2012	2013
北京	7.83	8.12	7.91	7.74	7.42	7.57	7.62	7.68
天津	12.53	12.83	11.91	12.33	14.78	13.97	14.26	14.53

---

[1] 前瞻網. 海南旅遊業發展前景十分廣闊　未來旅遊行業發展趨勢分析 [OB/EL]. (2014-05-07) http：//bg. qianzhan. com/report/detail/300/140507-8c1be158. html.

表4.3(續)

年份 地區	2006	2007	2008	2009	2010	2011	2012	2013
河北	8.09	8.65	9.07	9.54	10.10	10.50	10.99	11.48
山西	15.00	15.42	15.26	15.08	15.37	15.23	15.38	15.52
內蒙古	12.72	14.54	17.23	18.59	20.30	22.40	24.31	26.21
遼寧	13.30	14.30	14.65	14.96	16.44	16.84	17.58	18.35
吉林	6.94	7.36	7.38	7.48	8.30	8.34	8.64	8.93
黑龍江	6.83	7.27	7.44	7.99	8.62	8.91	9.35	9.78
上海	12.97	12.64	12.82	12.42	12.92	12.87	13.11	13.33
江蘇	6.34	6.73	6.83	7.18	7.99	8.15	8.54	8.94
浙江	6.70	7.25	7.34	7.61	7.95	8.25	8.62	8.97
安徽	3.04	3.36	3.79	4.15	4.53	4.94	5.28	5.60
福建	3.95	4.36	4.45	5.35	6.08	6.39	6.89	7.38
江西	2.78	2.96	2.98	3.11	3.61	3.63	3.82	4.00
山東	7.99	8.82	9.44	9.88	10.96	11.47	12.17	12.85
河南	4.33	4.80	4.91	4.98	5.46	5.67	5.91	6.16
湖北	4.42	4.92	4.93	5.27	5.83	6.01	6.31	6.61
湖南	3.46	3.80	3.72	3.88	4.03	4.12	4.24	4.36
廣東	5.06	5.20	5.19	5.40	5.87	5.95	6.20	6.46
廣西	2.22	2.51	2.46	2.71	3.52	3.56	3.81	4.04
海南	2.89	6.15	6.35	6.74	7.18	8.54	9.38	10.21
重慶	2.84	3.09	3.77	4.02	4.41	4.80	5.17	5.54
四川	2.45	2.78	3.10	3.46	3.60	3.99	4.27	4.55
貴州	4.68	5.09	4.83	5.34	5.50	5.61	5.71	5.80
雲南	3.79	3.98	4.07	4.36	4.63	4.77	4.97	5.17
陝西	5.54	6.10	6.81	7.43	8.65	9.17	9.91	10.64
甘肅	5.52	6.10	6.16	6.14	6.65	6.79	6.99	7.22

表4.3(續)

年份 地區	2006	2007	2008	2009	2010	2011	2012	2013
青海	4.28	4.87	6.10	6.12	6.22	7.01	7.48	7.94
寧夏	11.17	12.25	13.60	14.66	16.99	17.86	19.15	20.43
新疆	8.62	9.11	9.79	11.00	12.21	12.86	13.73	14.54

從表4.3可以看出，各地區的人均碳排放差異也比較大，發達地區人均碳排放量大，如天津、上海，2013年分別為14.53噸/人和13.33噸/人；能源資源豐富地區人均碳排放量大，如山西、內蒙古、新疆，2013年分別為15.52噸/人、26.21噸/人和14.51噸/人。

4.2 引起我國地區能源二氧化碳排放差異的因素分析

4.2.1 我國經濟因素與地區碳排放差異

4.2.1.1 經濟規模與地區碳排放差異

經濟發展和經濟結構都會引起我國地區碳排放的差異。從經濟發展規模上來看，地區生產總值較大的河北省、江蘇省、浙江省、山東省、河南省和廣東省能源二氧化碳排放總量也處於全國靠前的水平。2013年這六大地區的地區生產總值分別為28,301.41億元、59,161.75億元、37,568.49億元、54,684.33億元、32,155.86億元和62,163.97億元，地區生產總值和能源二氧化碳總量的相關係數高達0.868，2013年這六大地區的生產總值佔全國的比重為48%，碳排放總量也佔到全國的38%。可見經濟規模是引起地區碳排放差異的重要原因之一，我國建立

在化石能源消耗基礎之上的經濟增長會顯著地帶動能源二氧化碳總量的增加。這主要是由於經濟規模會受到最終需求規模的影響。當最終需求規模大量擴張時，為了滿足需求生產規模也會大量擴張，從而造成能源二氧化碳總量的增加。學者們的研究也表明經濟規模差異與地區碳排放差異密切相關，如譚丹、黃賢金（2008）就採用灰色關聯度方法分析了東、中、西三大地區的生產總值和碳排放的關係，進而解釋了碳排放存在區域差異的原因。

4.2.1.2 產業結構與地區碳排放差異

更多學者從經濟結構的角度來解釋地區碳排放的差異，經濟結構在很大程度上反應了一個地區的經濟發展水平。一般來說，較為發達的地區服務業占比都比較高，而欠發達地區的工業占比會更高，人們的生活水平和人均 GDP 會較低。所以，經濟發展水平以及起支撐作用的產業結構差異會顯著引起地區碳排放差異。

從經濟發展水平上來看，經濟發展水平的不同會引起地區居民最終需求的結構存在差異，進而使地區的產業結構存在差異。從上文的數據可以看出，人均 GDP 較高的北京、天津和上海能源碳強度並不高，這主要是由於這些地區居民對服務業的需求占比較高，而服務業的碳強度不高造成的。不同產業發展對化石能源消耗量不同會直接引起地區能源二氧化碳排放的差異，高碳排放行業占比較高的山西、遼寧、貴州、甘肅和寧夏的碳強度也處於全國較高水平。2013 年這五大地區的高碳排放行業占比都在 50% 以上，高碳排放行業占比與能源碳強度的相關性係數高達 0.774，高碳排放行業單位產值排放較多的能源二氧化碳會引起單位 GDP 的能源二氧化碳排放也比較多。

劉蘭翠（2007）① 的研究表明，地區工業結構的差異是引起地區二氧化碳的主要原因之一；曾賢剛等人（2009）② 的研究表明，經濟結構轉型較早的省區碳減排效果較好，產業結構是引起碳排放差異的重要原因；鄒秀萍等人（2009）③ 的研究表明，中國碳排放呈現東南部低、中北部高、西北部低的空間分佈格局，主要原因就是地區經濟發展水平、產業結構存在明顯差異；宋幫英等人（2010）④ 也認為影響碳排放量的因素在省域上存在明顯差異的原因之一是經濟結構的不同；李國志等人（2010）⑤ 認為不同區域的經濟發展水平對碳排放量的彈性系數是不一樣的；韓亞芬等人（2011）⑥ 認為碳減排潛力與地區經濟發展水平負相關，經濟發展水平越高，碳減排潛力越小；仲雲雲、仲偉周（2012）⑦ 認為經濟發展水平對各地區碳排放的影響方向和程度不同，導致區域碳排放的異質性。

4.2.2　我國人口因素與地區碳排放差異

　　人口因素之所以會造成地區碳排放差異主要是由於人口規

---

　① 劉蘭翠. 我國二氧化碳減排問題的政策建模與實證研究 [D]. 合肥：中國科學技術大學，2006.
　② 曾賢剛. 我國各省區 CO_2 排放狀況、趨勢及其減排對策 [J]. 中國軟科學，2009（s1）：53-62.
　③ 鄒秀萍，陳劭鋒，寧淼，等. 中國省級區域碳排放影響因素的實證分析 [J]. 生態經濟，2009（3）：31-25.
　④ 宋幫英，蘇方林. 我國省域碳排放量與經濟發展的GWR實證研究 [J]. 財經科學，2010（4）：41-48.
　⑤ 李國志，李宗植. 中國二氧化碳排放的區域差異和影響因素研究 [J]. 中國人口·資源與環境，2010，20（5）：22-27.
　⑥ 韓亞芬，孫根年，李琦，等. 基於環境學習曲線的中國省際碳排放及減排潛力分析 [J]. 河北北方學院學報，2011，3（6）：37-49.
　⑦ 仲雲雲，仲偉周. 我國碳排放的區域差異及驅動因素分解——基於脫鈎和三層完全分解模型的實證研究 [J]. 經濟研究，2012，2（2）：123-133.

模和人口結構會直接作用於最終需求規模和最終需求結構，人口規模大的地區最終需求規模也會較大，城鎮化進程快的地區對服務類行業的需求占比就會比較高。河北、江蘇、山東、河南、廣東等人口大省的能源二氧化碳排放總量比較高，2013年這五大地區的人口規模分別為7,333萬人、7,939萬人、9,733萬人、9,413萬人和10,644萬人，占全國總人口的比重為33%左右，城鎮化率較高的北京和上海的能源碳強度並不高。2013年這兩大地區的碳強度分別為0.67噸/萬元和1.19噸/萬元，服務業占比分別為76.9%和62.2%，僅此兩地的服務業占比超過了50%。

學者們的研究也表明地區的人口狀況差異是引起地區碳排放差異的重要原因。宋幫英等（2010）認為省域碳排放量與人口之間存在內生經濟關係；李國志等（2010）認為不同區域人口對二氧化碳排放量的彈性系數是不一樣的；宋德勇、徐安（2011）[1] 的研究表明，城市化進程不斷推進對城鎮碳排放的影響存在區域差異，這種影響程度的差異是導致城鎮碳排放存在區域差異的主要原因。

4.2.3 我國能源因素與地區碳排放差異

為了碳減排，各個國家都在努力開發清潔能源，但由於資金和技術上的難題仍然未得到很好的解決。在未來很長一段時間內，化石能源仍然是主流，化石能源中各種類型能源的碳排放量也存在差異（見表4.4），化石能源結構的不同會在一定程度上影響地區能源二氧化碳排放。所以，許多學者都認為我國以煤炭為主的化石能源消費結構是引起我國碳排放居高不下的

---

[1] 宋德勇，徐安. 中國城鎮碳排放的區域差異和影響因素 [J]. 中國人口·資源與環境，2011，21（11）：8-14.

主要原因。當然各個地區由於能源稟賦不同,能源消耗成本有差異,碳排放也會有所不同。

表 4.4　　　　各種化石能源碳排放系數表　　單位:kgC/kg

化石能源類型	中國的碳排放因子
原煤	0.960,3
焦炭	0.830,3
原油	0.836,3
汽油	0.870,0
煤油	0.844,2
柴油	0.861,6
燃料油	0.882,3
天然氣	0.595,6

能源生產力是指能耗強度的倒數,反應了能源使用效率。從前文研究可見,能源二氧化碳排放增速較快的地區主要集中在西部地區,包括內蒙古、重慶、陝西、青海和寧夏等地。2013 年這五個地區的碳排放總量的增速分別為 11.41%、0.93%、10.05%、10.07% 和 10.26%。西部欠發達地區由於資源稟賦較好,技術水平較落后,能源使用效率相對較差,2013 年這五個地區的能源生產力分別為 0.49 萬元/噸、0.36 萬元/噸、0.38 萬元/噸、0.25 萬元/噸和 0.43 萬元/噸,均處於全國較低水平。

學者們也認為地區能源結構的差異是引起地區碳排放差異的重要原因。王佳、楊俊(2014)[①] 認為,能源結構是地區二氧

---

① 王佳、楊俊. 中國地區碳排放強度差異成因研究——基於 Shapley 值分解方法 [J]. 資源學,2014,36 (3):557-566.

化碳強度差異的第二大貢獻因素，對東、中、西部平均貢獻率分別為 21.07%、22.43% 和 21.08%；鄧吉祥、劉曉、王錚 (2014)[①] 的研究表明，京津、北部沿海和中部地區能源生產力的提高對碳排放的抑制作用最強，而東部沿海和南部沿海地區的抑制作用卻比較弱，京津地區能源結構效應為負，西南、西北能源結構效應為正，而東北、中部、北部沿海、東部沿海和南部沿海地區能源結構效應對碳排放的影響受能源政策和宏觀經濟形式的影響較大。

4.2.4 我國技術因素與地區碳排放差異

從理論上來說，技術進步是進行碳減排最重要的途徑之一，各個地區技術水平的不同會造成其碳排放的差異。從地區全要素生產率的測算來看，2012 年全要素生產率比較低的山西、內蒙古、甘肅、寧夏和新疆的能源碳強度比較高。2012 年山西、內蒙古、甘肅、寧夏和新疆的全要素生產率分別為 2.495、2.233,3、2.52、1.558,3 和 1.985,4，而能源碳強度分別為 3.64 噸/萬元、3.28 噸/萬元、3.04 噸/萬元、4.63 噸/萬元和 4.66 噸/萬元。

4.2.5 影響因素總結

總的來看，經濟發展、人口狀況、能源消費和技術水平的不同是引起地區碳排放差異的主要原因，並且各個影響因素都與投入產出表中的最終需求相聯繫，經濟發展規模和產業結構會受到最終需求規模和最終需求結構的影響，而最終需求規模和最終需求結構又會受到人口規模與人口結構的影響，並且投

[①] 鄧吉祥，劉曉，王錚. 中國碳排放的區域差異及演變特徵分析與因素分解 [J]. 自然資源學報，2014，29 (2)：189-199.

入產出表中的直接消耗係數可以全面地反應生產技術水平。但是由於投入產出表每五年編製一次，數據間隔較大，不利於進行計量經濟模型的建立。鑒於此原因，本章在建立計量模型的時候選擇了與上一章分解因素相關的經濟因素變量、人口因素變量、能源因素變量和技術進步因素變量。

4.3 能源二氧化碳排放總量的面板模型構建和分析

4.3.1 變量選擇

（1）地區能源二氧化碳排放總量。2009年哥本哈根會議上我國明確提出到2020年碳強度將比2005年降低40%~45%，這也是促使我國加快節能減排的約束性指標。碳強度約束實際上對碳排放總量也進行了約束，要求碳排放總量以比經濟增長更慢的速度增長，碳強度目標只是為保護經濟增長的一個過渡性指標。長期來看，要真正保護環境實現碳減排還是必須要從碳排放總量控制入手，所以在這裡選擇了地區能源二氧化碳排放總量。該項數據通過中國歷年能源統計年鑒和中國統計年鑒整理得到。

（2）地區生產總值。地區生產總值反應了一個地區的經濟規模，經濟規模大的地區對化石能源的消耗也可能會大一些。中國各個省市的經濟發展規模存在較大的差異，本書選取不變價地區生產總值（以1978年為基期）來檢驗各個地區經濟發展規模對能源二氧化碳排放總量的影響。該項數據來自歷年中國統計年鑒。

（3）人均GDP。人均GDP是反應地區經濟發展水平的一個

可比指標。由於各個地區的區域範圍大小不一，造成經濟總量不同，經濟總量大的地區經濟並不一定很發達，所以人均GDP是衡量經濟發展水平一個較好的指標。該項數據通過歷年中國統計年鑒中地區生產總值和地區年平均人口數之比得到，地區年平均人口數通過首末折半法算出。

（4）高碳排放行業總產值與工業總產值之比。工業內部產業結構對能源二氧化碳排放的影響不容忽視，因為工業內部各行業的直接碳強度差異非常大，所以工業對碳排放的影響更多地體現在工業內部高碳排放行業上。由於工業內部各子行業的增加值數據沒有，所以只有用總產值數據來代替。該項數據根據歷年中國工業經濟統計年鑒中各地區各工業子行業總產值與工業總產值之比計算得到。

（5）地區人口規模。從經濟學原理來看，需求是供給的原動力，所以人口規模可能會通過影響需求規模，進而影響到生產規模而影響二氧化碳排放。本書選取地區年平均人口數，進一步檢驗各個地區人口規模是否顯著引起地區能源二氧化碳排放的差異。該項數據通過歷年中國統計年鑒整理得到。

（6）城鎮人口占比。城鎮化進程的持續推進，導致大規模人口在生產和生活方式上的根本性變化，農村人口向城市居民的轉變需要龐大的基礎設施建設配合，需要以鋼筋水泥構築的城市擴張和新城鎮建設，需要工業規模擴張以容納農村轉移到城鎮的產業工人，所以選擇城鎮人口占比這個指標來衡量城鎮化率。該項數據通過歷年中國統計年鑒和中國人口與就業統計年鑒整理得到。

（7）能源生產力。能源生產力表示的是能耗強度的倒數，是單位能源消耗帶來的GDP，代表了能源的生產效率。中國改革開放以來，能源生產力經歷了三個發展階段。第一階段是1978—2000年。這一時期，由於改革開放給中國經濟帶來新的

能量和工業結構的調整，能源生產力持續上升。第二個階段是 2001—2004 年。這一時期，政府通過加大投資和基礎設施建設，使經濟以粗放的方式增長，能源利用效率降低，能源生產力降低。第三個階段是 2005 年至今，這一時期，政府開始強制控制能耗強度，將能耗強度降低 20%。可見，能源利用效率提高是中國節能減排的重要途徑。該項數據通過歷年中國能源統計年鑑中各地區能耗總量和中國統計年鑑中各地區生產總值得到。

（8）煤炭消費占一次能源之比。煤炭在中國能源消費中佔有絕對地位。歷年來，中國煤炭消費都占一次能源消費的七成以上。由於煤炭成本低，利用水平較低，煤炭消費比重通過影響碳強度而影響二氧化碳排放，所以選取煤炭消費占一次能源消費的比重來研究能源結構與碳排放的關係。該項數據通過歷年中國統計年鑑和中國能源統計年鑑加工得到。

（9）全要素生產率。由於投入產出表中的直接消耗系數時間間隔過長，難以轉換成時間序列，所以在這裡選擇全要素生產率作為衡量技術進步的指標。該項數據的計算方法見前文。

變量名稱表見表 4.5。

表 4.5　　　　　　　　變量名稱表

代碼	變量名	代碼	變量名
COE	地區能源二氧化碳排放	RU	地區城鎮人口占比
GDP	地區生產總值	EI	地區能源生產力
RGDP	人均 GDP	ES	煤炭消費占一次能源比重
CS	地區高碳排放行業總產值與工業總產值之比	T	全要素生產率
RK	地區年末人口		

4.3.2 模型的初始設定

在分析引起地區碳排放差異的影響因素時適用面板模型，面板模型又分為個體效應模型、時間效應模型和兩種效應的結合。本章擬研究各個因素如何造成地區能源二氧化碳排放的差異，而不考慮各因素對地區碳排放影響的階段性有何不同，所以僅在個體效應面板模型中進行模型形式的選擇。模型的初始設定形式如下：

$$coe_{it} = \alpha_i + \beta_{1i}GDP_{1it} + \beta_2 RGDP_{2it} + \beta_3 CS_{3it} + \beta_4 RK_{4it} + \beta_5 RU_{5it} + \beta_6 EI_{6it} + \beta_7 ES_{7it} + \beta_8 T_{8it} + \mu_{it} \quad (4.4)$$

其中，coe 為地區能源二氧化碳排放，GDP 為地區生產總值，$RGDP$ 為地區人均 GDP，CS 為高碳排放行業占比，RK 為地區年末人口，RU 為地區城鎮人口占比，EI 為地區能源生產力，ES 為地區煤炭消費占比，t 為地區全要素生產率，T 為 10 年。

4.3.3 選擇面板主成分迴歸的原因

從表4.6可以看出，在5%的顯著度下，大多數變量間都存在一定程度的相關關係，直接把八個變量全部引入模型會存在多重共線性。若進行變量的篩選也會比較困難，難以選出相關關係不顯著的變量引入模型，而且容易遺漏重要變量。

人均 GDP 和城鎮人口占比的相關係數為 0.891，為兩兩相關係數中最高的，並且城鎮人口占比與其餘七個變量兩兩間的相關性檢驗都顯著。為了使樣本數據的自由度足夠估計變系數模型，納入除城鎮人口占比外的其餘七個變量進入變系數模型。

從表4.7中的檢驗結果來看，有48.6%的迴歸系數在5%的顯著度下未通過 T 檢驗，但整個模型的 F 檢驗 P 值為0，說明整個模型的擬合效果還不錯。雖然面板模型能在一定程度上降低變量間的多重共線性，但從本模型的估計結果來看，整個模型

的擬合優度較好。大量的迴歸系數不顯著，表明解釋變量間仍然存在多重共線性。當主成分分析研究多緯變量時，這些變量又存在顯著相關關係。而這種相關性會影響到分析結果，通過降緯的方式既避免了變量間相關性對分析的影響，又保留了原有的所有信息，所以本章選擇將主成分分析與面板迴歸模型相結合。

表 4.6　　　　　　　　指標的相關係數表

		地區生產總值	人均GDP	高碳行業占比	人口規模	城鎮人口占比	能源生產力	煤炭消費占比	全要素生產率
地區生產總值	相關係數	1	0.38	-0.436	0.746	0.312	0.371	-0.078	0.469
	P 值		0.000,0	0.000,0	0.000,0	0.000,0	0.000,0	0.228	0.000,0
人均GDP	相關係數	0.38	1	-0.38	-0.101	0.891	0.647	-0.315	0.448
	P 值	0.000,0		0.000,0	0.118	0.000,0	0.000,0	0.000,0	0.000,0
高碳行業占比	相關係數	-0.436	-0.38	1	-0.383	-0.318	-0.728	0.381	-0.322
	P 值	0.000,0	0.000,0		0.000,0	0.000,0	0.000,0	0.000,0	0.000,0
人口規模	相關係數	0.746	-0.101	-0.383	1	-0.234	0.184	0.091	0.111
	P 值	0.000,0	0.118	0.000,0		0.000,0	0.004	0.161	0.086
城鎮人口占比	相關係數	0.312	0.891	-0.318	-0.234	1	0.589	-0.336	0.515
	P 值	0.000,0	0.000,0	0.000,0	0.000,0		0.000,0	0.000,0	0.000,0
能源生產力	相關係數	0.371	0.647	-0.728	0.184	0.589	1	-0.547	0.46
	P 值	0.000,0	0.000,0	0.000,0	0.004	0.000,0		0.000,0	0.000,0
煤炭消費占比	相關係數	-0.078	-0.315	0.381	0.091	-0.336	-0.547	1	-0.217
	P 值	0.228	0.000,0	0.000,0	0.161	0.000,0	0.000,0		0.001
全要素生產率	相關係數	0.469	0.448	-0.322	0.111	0.515	0.46	-0.217	1
	P 值	0.000,0	0.000,0	0.000,0	0.086	0.000,0	0.000,0	0.001	

表 4.7　　　　　　　　變系數模型的估計結果

地區	地區生產總值前迴歸系數的顯著性檢驗 P 值	人均GDP 前迴歸系數的顯著性檢驗 P 值	高碳排放行業占比前迴歸系數的顯著性檢驗 P 值	人口規模前迴歸系數的顯著性檢驗 P 值	煤炭消費占比前迴歸系數的顯著性檢驗 P 值	能源生產力前迴歸系數的顯著性檢驗 P 值	全要素生產率前迴歸系數的顯著性檢驗 P 值
北京	0.101,6	0.000,0	0.000,6	0.067,8	0.089,7	0.392,3	0.094,5

表4.7(續)

地區	地區生產總值前迴歸系數的顯著性檢驗P值	人均GDP前迴歸系數的顯著性檢驗P值	高碳排放行業占比前迴歸系數的顯著性檢驗P值	人口規模前迴歸系數的顯著性檢驗P值	煤炭消費占比前迴歸系數的顯著性檢驗P值	能源生產力前迴歸系數的顯著性檢驗P值	全要素生產率前迴歸系數的顯著性檢驗P值
天津	0.617,8	0.835,3	0.833,4	0.000,0	0.840,2	0.519,9	0.597,3
河北	0.588,0	0.682,5	0.931,5	0.056,9	0.932,4	0.668,3	0.623,1
山西	0.365,2	0.271,8	0.305,7	0.081,5	0.200,4	0.424,1	0.580,7
內蒙古	0.947,0	0.733,7	0.453,7	0.070,2	0.097,7	0.106,8	0.615,5
遼寧	0.000,0	0.000,0	0.000,1	0.000,0	0.085,9	0.000,0	0.084,2
吉林	0.000,0	0.000,0	0.000,1	0.000,0	0.120,6	0.000,0	0.000,0
黑龍江	0.085,3	0.038,4	0.083,3	0.196,5	0.101,5	0.390,3	0.218,0
上海	0.778,9	0.363,0	0.348,8	0.000,0	0.391,3	0.341,4	0.389,6
江蘇	0.008,1	0.053,8	0.219,7	0.054,4	0.059,6	0.061,3	0.065,1
浙江	0.000,0	0.000,0	0.000,0	0.078,6	0.000,0	0.157,0	0.095,0
安徽	0.298,4	0.321,5	0.351,9	0.054,2	0.135,1	0.106,2	0.238,0
福建	0.066,8	0.063,9	0.067,5	0.000,0	0.050,3	0.060,7	0.289,9
江西	0.470,5	0.371,3	0.251,7	0.000,0	0.562,1	0.853,3	0.097,6
山東	0.054,1	0.092,1	0.938,3	0.136,9	0.080,0	0.050,7	0.137,5
河南	0.283,1	0.167,0	0.221,6	0.064,8	0.421,1	0.473,3	0.916,5
湖北	0.227,9	0.053,6	0.935,2	0.072,8	0.427,8	0.157,1	0.083,1
湖南	0.172,4	0.065,2	0.000,0	0.094,1	0.070,2	0.000,0	0.099,9
廣東	0.000,0	0.000,0	0.098,8	0.000,0	0.000,0	0.123,6	0.000,0
廣西	0.072,5	0.078,3	0.089,9	0.140,1	0.062,7	0.087,5	0.111,0
海南	0.162,8	0.089,0	0.090,1	0.000,0	0.862,8	0.107,2	0.134,6
重慶	0.069,0	0.060,6	0.131,1	0.084,2	0.080,6	0.342,7	0.085,4
四川	0.813,2	0.697,6	0.763,5	0.064,4	0.341,2	0.327,3	0.538,1
貴州	0.091,7	0.000,3	0.318,5	0.069,2	0.000,0	0.061,6	0.082,2
雲南	0.165,0	0.257,3	0.091,2	0.069,9	0.056,7	0.718,1	0.931,6
陝西	0.072,4	0.061,9	0.050,5	0.080,1	0.639,1	0.000,0	0.276,8
甘肅	0.732,3	0.506,8	0.875,4	0.811,9	0.735,4	0.867,5	0.641,0
青海	0.078,2	0.170,1	0.075,1	0.000,0	0.923,0	0.234,4	0.051,4

表4.7(續)

地區	地區生產總值前迴歸系數的顯著性檢驗 P 值	人均GDP前迴歸系數的顯著性檢驗 P 值	高碳排放行業占比前迴歸系數的顯著性檢驗 P 值	人口規模前迴歸系數的顯著性檢驗 P 值	煤炭消費占比前迴歸系數的顯著性檢驗 P 值	能源生產力前迴歸系數的顯著性檢驗 P 值	全要素生產率前迴歸系數的顯著性檢驗 P 值
寧夏	0.975,4	0.907,1	0.496,0	0.000,0	0.067,7	0.056,2	0.071,4
新疆	0.000,0	0.000,0	0.009,5	0.087,4	0.000,2	0.148,9	0.546,7

4.3.4 主成分的提取

一般在提取主成分時針對的是截面數據，沒有時間信息，而本書採用的是面板數據，既有來自於不同個體的信息，又有來自於時間的信息，所以，直接對混合數據序列提取主成分。這樣提取的主成分既保留了原始變量的時間維度，又保留了原始變量的空間維度。提取過程如下：

4.3.4.1 KMO 和 Bartlett 的檢驗

主成分分析的前提有兩個：一個是多個變量間存在相關性，如果沒有相關性就無法提取出其中的重疊信息；另一個是變量間不存在信息的完全重疊，如果信息完全重疊就會使求解主成分時的特徵根幾乎為零。所以，為了保證主成分分析結果合理，必須進行 KMO 和 Bartlett 的檢驗。

KMO 統計量是通過比較各變量間簡單相關係數和偏相關係數的大小來判斷變量間的相關性，相關性強，偏相關係數遠小於簡單相關係數，KMO 接近於 1，一般來說，結果只要高於 0.7 就可以。

Bartlett 的檢驗是通過檢驗相關陣是不是單位陣的方式來判斷變量間是否相關，原假設相關係數矩陣是單位陣，即變量獨立。

其檢驗結果見表 4.8。

表4.8　　　　　KMO 和 Bartlett 的檢驗結果表

取樣足夠度的 kaiser-meyer-olkin 度量		0.731
Bartlett 的球形度檢驗	近似卡方	1,424.283
自由度	df	28
P值	Sig.	0

從檢驗的結果來看，KMO 統計量為 0.731，且 Bartlett 檢驗的 P 值為 0，說明了原始變量存在較強的相關性，適合做主成分分析。

4.3.4.2　主成分個數的確定

在確定主成分個數的時候既要保證涵蓋足夠多的信息，又要使選取的主成分盡量少，以減少分析工作量，這樣的降緯才有意義。確定主成分個數的方法主要有兩種：一是基於特徵根值抽取主成分，一般來說會選擇特徵根值大於 1 的主成分；二是根據主成分的方差貢獻率和累計方差貢獻率來確定主成分個數。特徵根反應了第 i 個主成分能夠包含的原始數據的信息量的大小，其與特徵根和之比反應了各主成分貢獻的大小。方差貢獻率越大，表明主成分綜合原始變量信息的能力越強，那麼在確定主成分數量時只需要保證所選主成分能夠囊括原始變量 80%以上的信息就可以了。本書根據第二種方法抽取主成分。其結果見表 4.9。

表4.9　　　　　主成分解釋的總方差表

成分	初始特徵根			提取平方和載入		
	合計	方差的百分比	累積的百分比	合計	方差的百分比	累積的百分比
1	3.743	46.782	46.782	3.743	46.782	46.782
2	1.791	22.388	69.170	1.791	22.388	69.170

表4.9(續)

成分	初始特徵根			提取平方和載入		
	合計	方差的百分比	累積的百分比	合計	方差的百分比	累積的百分比
3	1.035	12.938	82.109	1.035	12.938	82.109
4	0.592	7.403	89.512	0.592	7.403	89.512
5	0.480	5.996	95.507	0.480	5.996	95.507

從表4.9可以看出，為了涵蓋原始變量中更多的信息，本書提取了5個主成分。當提取5個主成分的時候，原始變量中有95.5%的信息被提取出來，基本上可以包含原始變量的全部信息。

4.3.4.3 主成分的提取

在提取主成分的時候必須通過因子分析的因子載荷陣計算得到。主成分提取的計算公式為：

$$L_i = \sum_j \mu_{ij} Z_j \tag{4.5}$$

其中，L_i表示第i個主成分，μ_{ij}表示特徵根所對應的特徵向量，Z_j表示第j個原始解釋變量。μ_{ij}的計算公式為：

$$\mu_{ij} = a_{ij} / \sqrt{\lambda_j} \tag{4.6}$$

其中，a_{ij}表示因子載荷矩陣中第i行第j列的元素，λ_j表示第j個特徵根。因子載荷矩陣見表4.10。

表4.10 因子載荷矩陣表

變量	1	2	3	4	5
gdp	0.287	0.885	0.136	-0.025	0.247
rgdp	0.932	0.065	0.161	-0.128	0.155
cs	-0.174	-0.259	-0.916	0.186	-0.108

表4.10(續)

變量	1	2	3	4	5
rk	−0.212	0.933	0.193	0.065	0.000
ru	0.915	−0.050	0.120	−0.146	0.255
ei	0.427	0.149	0.491	−0.329	0.197
es	−0.166	0.046	−0.177	0.961	−0.073
t	0.277	0.156	0.115	−0.081	0.934

表4.10中的變量由上到下分別表示地區生產總值、人均GDP、高碳排放行業占比、地區年末人口、地區城鎮人口占比、地區能源生產力、地區煤炭消費占比、地區全要素生產率。由上面的因子載荷矩陣可以得到特徵根所對應的特徵向量。其結果見表4.11。

表4.11　　　　特徵向量表

第一主成分的特徵向量	第二主成分的特徵向量	第三主成分的特徵向量	第四主成分的特徵向量	第五主成分的特徵向量
0.195,9	0.663,9	0.123,6	−0.023,3	0.238,3
0.635,8	0.048,6	0.145,8	−0.121,3	0.149,3
−0.118,3	−0.194,3	−0.829,3	0.176,2	−0.104,4
−0.144,6	0.700,2	0.174,6	0.061,8	0.000,2
0.623,8	−0.037,6	0.108,4	−0.138,4	0.245,4
0.291,3	0.111,6	0.444,2	−0.311,3	0.190,0
−0.112,9	0.034,3	−0.159,8	0.909,9	−0.070,1
0.189,1	0.117,0	0.103,7	−0.076,9	0.899,3

特徵向量與各個地區各個時間點原始解釋變量的乘積就可

以得到主成分變量了，下面分別定義為 L_1、L_2、L_3、L_4 和 L_5：

$L_1 = 0.195,9gdp + 0.635,8rgdp - 0.118,3cs - 0.144,6rk +$
$0.623,8ru + 0.291,3ei - 0.112,9es + 0.169,1t$ (4.7)

$L_2 = 0.663,9gdp + 0.048,6rgdp - 0.194,3cs + 0.700,2rk -$
$0.037,6ru + 0.111,6ei + 0.034,3es + 0.117t$ (4.8)

$L_3 = 0.123,6gdp + 0.145,8rgdp - 0.829,3cs + 0.174,6rk +$
$0.108,4ru + 0.444,2ei - 0.159,8es + 0.103,7t$ (4.9)

$L_4 = 0.023,3gdp - 0.121,3rgdp + 0.176,2cs + 0.061,8rk -$
$0.138,4ru - 0.311,3ei - 0.909,9es - 0.076,9t$ (4.10)

$L_5 = 0.238,3gdp - 0.149,3rgdp - 0.104,4cs + 0.000,2rk +$
$0.245,4ru + 0.190,0ei - 0.070,1es + 0.899,3t$ (4.11)

這五個主成分變量也是面板數據，既具有時間維度又具有空間維度。從表4.11可以看出：第一主成分提取了人均GDP和城鎮人口占比兩個變量的絕大部分信息。第二主成分提取了地區生產總值和人口規模兩變量的絕大部分信息。第三主成分提取了高碳排放行業占比和能源生產力兩個變量的絕大部分信息。由前文的分析可以得知，高碳排放行業占比較高的地區多集中在能源資源和礦產資源豐富的中西部欠發達地區，這些地區相應的能源生產力也比較差。第四主成分提取了煤炭消費占比這一變量的絕大部分信息。第五主成分提取了全要素生產率這一變量的絕大部分信息。所以認為，第一主成分反應了地區的經濟發展水平，第二主成分反應了地區的規模指標，第三主成分反應了地區能源生產力和產業結構，第四主成分反應了能源消費結構，第五主成分反應了地區全面技術進步的變量。

4.3.5 面板主成分迴歸模型的構建和估計

在提取了五個主成分之後，就可以以這五個主成分作為新的解釋變量進行面板模型的構造和估計了。這時的五個自變量

相互獨立，且可以涵蓋原始變量的絕大部分信息，因變量為地區能源二氧化碳排放總量，以 coe 表示，自變量分別為 L_1、L_2、L_3、L_4 和 L_5，表示上一步所提取的五個主成分變量。

4.3.5.1 模型的設定

根據截距項向量和系數向量的不同限制要求，面板模型形式有以下三種：

（1）不變系數模型：$y_i = \alpha + x_i\beta + \mu_i$，$i = 1, 2, \cdots\cdots N$

不變系數模型假設在個體成員上既無個體影響也沒有結構變化，即對於所有的個體成員，截距項和系數項都相同，這樣的模型也被稱為聯合迴歸模型。將所有個體成員的時間序列數據堆積在一起作為樣本數據，利用普通最小二乘法便可以求出參數。

（2）變截距模型：$y_i = \alpha_i + x_i\beta + \mu_i$，$i = 1, 2, \cdots\cdots N$

變截距模型假設在個體成員上存在個體影響，但無結構變化，個體影響即是用截距項的不同來表示。從估計方法的角度，有時也稱該模型為個體均值修正迴歸模型。

（3）變斜率模型：$y_i = \alpha + x_i\beta_i + \mu_i$，$i = 1, 2, \cdots\cdots N$

變斜率模型表示存在結構變化而不存在個體影響。

（4）變系數模型：$y_i = \alpha_i + x_i\beta_i + \mu_i$，$i = 1, 2, \cdots\cdots N$

變系數模型假設在個體成員上既存在個體影響，又存在結構變化，即是說所有個體的截距項和系數項都不同，也稱無約束模型。

建立面板模型的第一步就是要選擇合適的模型形式，從而避免模型設定的偏差，改進參數估計的有效性。若殘差項滿足同方差的假定條件，則應用 F 檢驗進行模型形式的選擇，所以首先需要進行異方差的檢驗。檢驗的模型形式為：

$$e^2 = \sum_{i=1}^{5} \alpha_i L_i + \sum_{\substack{i,j=1 \\ i \neq j}}^{5} \alpha_{ij} L_i L_j \qquad (4.12)$$

把POOLED模型估計結果中殘差項e^2的平方作為因變量,同時除五個主成分變量外,再把自變量間兩兩的乘積作為自變量重新估計模型。從上述模型估計的F檢驗來看,P值為0.18,說明整個模型的估計結果並不顯著,殘差項不隨自變量的變動而變化,可以認為殘差項滿足同方差的假定。所以,本書利用F檢驗進行模型選擇是合理的。

同時,為了進一步減少異方差的影響,在利用F檢驗的時候模型估計中權重一欄選擇cross-section weights。具體檢驗過程如下:

第一步,原假設模型的正確形式是聯合迴歸模型,即不變系數模型(聯合迴歸模型)。

檢驗統計量為F統計量:

$$F=\frac{\left(\begin{array}{c}\text{有約束迴歸}\\ \text{殘差平方和}\end{array}-\begin{array}{c}\text{無約束迴歸}\\ \text{殘差平方和}\end{array}\right)/\text{約束條件個數}(N-1)(K+1)}{\text{無約束迴歸殘差平方和}/[N(T-K-1)]}$$

其中,有約束迴歸是聯合迴歸模型,無約束迴歸是各個個體成員數據分別做的迴歸模型。N為個體成員個數,T為每個個體成員數據的時間長度,K為斜率向量數。若接受原假設,則正確的模型為聯合迴歸模型。若拒絕原假設,則有三種可能:一是截距項和斜率項都隨個體變化,二是只有截距項隨個體變化,三是只有斜率項隨個體變化。其檢驗結果為:

$$F_1=\frac{(25,100,000,000-83,252,735.09)/[(30-1)\times(5+1)]}{83,252,735.09/[30\times(10-5-1)]}=207.2$$

(4.13)

臨界值為:$F_{0.05}(174,120)=1.25$。所以,拒絕原假設,進行第二步檢驗。

第二步,原假設在允許截距項可不完全相同的前提下認為斜率項完全相同,即變截距模型。

檢驗統計量仍然是 F 統計量：

$$F=\frac{\left(\begin{array}{c}\text{有約束迴歸}\\\text{殘差平方和}\end{array}-\begin{array}{c}\text{無約束迴歸}\\\text{殘差平方和}\end{array}\right)/\text{約束條件個數}[(N-1)K]}{\text{無約束迴歸殘差平方和}/[N(T-K-1)]}$$

其中，有約束迴歸為存在個體效應的誤差迴歸模型，無約束迴歸為各個個體成員數據分別建立的迴歸模型。若接受原假設，則正確的模型形式為變截距模型。若拒絕原假設，則存在兩種可能性：一是截距項相同，斜率項隨個體變化；二是截距項和斜率項都隨個體變化。其檢驗結果為：

$$F=\frac{(4,570,000,000.00-83,252,735.09)/[(30-1)\times5]}{83,252,735.09/[30\times(10-5-1)]}=44.6$$

(4.14)

臨界值為：$F_{0.05}(145,120)=1.25$。所以，拒絕原假設，進行第三步檢驗。

第三步，原假設在允許斜率項可不完全相同的前提下檢驗截距項完全相同，即變斜率模型。

檢驗統計量仍然是 F 統計量：

$$F=\frac{\left(\begin{array}{c}\text{有約束迴歸}\\\text{殘差平方和}\end{array}-\begin{array}{c}\text{無約束迴歸}\\\text{殘差平方和}\end{array}\right)/\text{約束條件個數}(N-1)}{\text{無約束迴歸殘差平方和}/[N(T-K-1)]}$$

有約束迴歸為截距相同、斜率不同的迴歸模型，無約束迴歸為各個個體成員數據分別建立的迴歸模型。若接受原假設，則正確的模型形式為變斜率模型，否則為變系數模型。其檢驗結果為：

$$F=\frac{(224,000,000.00-83,252,735.09)/(30-1)}{83,252,735.09/[30\times(10-5-1)]}=6.99$$

(4.15)

臨界值為：$F_{0.05}(29,120)=1.25$。所以，拒絕原假設，認為變系數模型更合適。

在確定模型是固定效應還是隨機效應時，使用 hausman 檢驗，首先建立隨機效應模型，然后檢驗該模型是否滿足個體影響與解釋變量不相關的假定。如果滿足就認為正確的模型是隨機效應模型，否則認為是固定效應模型。其檢驗統計量為：

$$w = [b - \hat{\beta}]' \sum\nolimits^{-1} [b - \hat{\beta}] \qquad (4.16)$$

其中，b 為固定影響模型中迴歸系數的估計結果，$\hat{\beta}$ 為隨機影響模型中迴歸系數的估計結果，$\sum$ 為兩類模型中迴歸系數估計結果之差的方差。此統計量服從自由度為 K 的卡方分佈，K 為模型中解釋變量的個數。其檢驗結果見表 4.12。

表 4.12　　　　　　Hausman 檢驗結果表

Test Summary	Chi-Sq. Statistic	Chi-Sq. d. f.	Prob.
Cross-section random	11.551,10	5	0.009,1

從檢驗結果來看，P 值小於 0.05，所以，拒絕原假設，認為選擇固定效應模型更好。因此，在設定模型形式的時候，本書選擇存在個體固定效應的變系數模型。

因為解釋變量有 5 個，所以無法確定是哪個變量前的迴歸系數在變動。下面通過 F 檢驗進行判斷。原假設認為一個迴歸系數變動的變系數模型更好，於是有約束迴歸為五個迴歸系數一一變動的變系數模型，無約束迴歸為五個迴歸系數同時變動的變系數模型。檢驗統計量如下：

$$F = \frac{\left(\begin{array}{c}\text{有約束迴歸}\\ \text{殘差平方和}\end{array} - \begin{array}{c}\text{無約束迴歸}\\ \text{殘差平方和}\end{array}\right) / \text{約束條件個數}(N-1)(K-1)}{\text{無約束迴歸殘差平方和} / [N(T-K-1)]}$$

其檢驗結果見表 4.13。

表 4.13　　　　　　　　　檢驗結果表

檢驗統計量	臨界值	結果
$F1=0.95$	$F_{0.05}(116, 120)=1.25$	接受原假設
$F2=1.01$	$F_{0.05}(116, 120)=1.25$	接受原假設
$F3=1.09$	$F_{0.05}(116, 120)=1.25$	接受原假設
$F4=1.15$	$F_{0.05}(116, 120)=1.25$	接受原假設
$F5=1.27$	$F_{0.05}(116, 120)=1.25$	拒絕原假設

從檢驗結果來看，除 F5 外，其余檢驗均接受原假設，所以，分別把主成分變量一、主成分變量二、主成分變量三和主成分變量四前的迴歸系數作為可變系數的變系數模型是合理的。對主成分變量五需要檢驗其加上另外一個主成分時存在兩個迴歸系數可變的變系數模型。原假設為：兩個迴歸系數變動的變系數模型，於是有約束迴歸為主成分變量五分別加上另外一個主成分變量的變系數模型，無約束迴歸為五個迴歸系數同時變動的變系數模型。檢驗統計量如下：

$$F=\frac{\left(\frac{\text{有約束迴歸}}{\text{殘差平方和}}-\frac{\text{無約束迴歸}}{\text{殘差平方和}}\right)/\text{約束條件個數}(N-1)(K-2)}{\text{無約束迴歸殘差平方和}/[N(T-K-1)]}$$

其檢驗結果見表 4.14。

表 4.14　　　　　　　　　檢驗結果表

檢驗統計量	臨界值	結果
$F5.1=0.74$	$F_{0.05}(87, 120)=1.25$	接受原假設
$F5.2=1.77$	$F_{0.05}(87, 120)=1.25$	拒絕原假設
$F5.3=2.10$	$F_{0.05}(87, 120)=1.25$	拒絕原假設
$F5.4=1.44$	$F_{0.05}(87, 120)=1.25$	拒絕原假設

表4.4中，F5.1，F5.2，F5.3，F5.4分別表示主成分變量四分別和主成分一變量、主成分二變量、主成分三變量、主成分四變量組成的兩變量迴歸系數可變的變系數模型F檢驗結果。從檢驗結果來看，選擇把主成分變量一和主成分變量五前的迴歸系數作為可變系數的變系數模型。

綜上所述，選擇的模型包括以下五個：

（1）僅主成分變量一前的迴歸系數可變的變系數模型；

（2）僅主成分變量二前的迴歸系數可變的變系數模型；

（3）僅主成分變量三前的迴歸系數可變的變系數模型；

（4）僅主成分變量四前的迴歸系數可變的變系數模型；

（5）僅主成分變量五和主成分變量一前的迴歸系數可變的變系數模型。

4.3.5.2 模型估計

（1）主成分一變量前的迴歸系數隨個體而變的變系數模型

模型形式如下：

$$coe_{it} = \alpha_i + \beta_{1i}L_{1it} + \beta_2 L_{2it} + \beta_3 L_{3it} + \beta_4 L_{4it} + \beta_5 L_{5it} + \mu_{it} \qquad (4.17)$$

其中，coe 為地區能源二氧化碳排放，L_{1it} 為第一主成分變量，L_{2it} 為第二主成分變量，L_{3it} 為第三主成分變量，L_{4it} 為第四主成分變量，L_{5it} 為第五主成分變量。各個迴歸系數表示的意義如下：β_1 表示主成分一變量變動一個單位地區能源二氧化碳變動的絕對量，β_2 表示主成分二變動一個單位地區能源二氧化碳變動的絕對量，β_3 表示主成分三變動一個單位地區能源二氧化碳變動的絕對量，β_4 表示主成分四變動一個單位地區能源二氧化碳變動的絕對量，β_5 表示主成分五變動一個單位地區能源二氧化碳變動的絕對量。估計結果如下：

$$coe_{it} = \alpha_i + \beta_{1i}L_{1it} + 4.27L_{2it} - 103.67L_{3it} + 119.2L_{4it} + 4,623.55L_{5it}$$

$$(4.18)$$

T (7.66) (−7.92) (9.36) (5.45)

P 0   0   0   0

表 4.15　　　　　　　　變系數估計結果表

地區	β_{1i}	P 值	地區	β_{1i}	P 值
北京	0.305,638	0.000,0	河南	2.395,218	0.000,0
天津	0.234,366	0.000,0	湖北	1.591,053	0.000,0
河北	3.393,509	0.000,0	湖南	1.181,817	0.000,0
山西	2.513,992	0.000,0	廣東	1.807,293	0.000,0
內蒙古	1.296,085	0.000,0	廣西	0.617,354	0.000,0
遼寧	2.685,970	0.000,0	海南	0.278,697	0.000,1
吉林	0.773,173	0.000,0	重慶	0.652,574	0.000,0
黑龍江	1.006,828	0.000,0	四川	1.648,020	0.000,0
上海	0.499,305	0.000,0	貴州	0.632,678	0.000,2
江蘇	1.716,083	0.000,0	雲南	1.104,416	0.000,0
浙江	1.256,381	0.000,0	陝西	1.231,186	0.000,0
安徽	1.079,725	0.000,0	甘肅	0.871,258	0.000,0
福建	0.469,026	0.000,0	青海	0.843,76	0.040,6
江西	0.537,942	0.000,0	寧夏	0.724,405	0.026,5
山東	3.620,180	0.000,0	新疆	1.084,313	0.000,0

　　從表 4.15 中的估計結果來看，所有固定迴歸系數都在 5% 的顯著度下通過 T 檢驗。β_{2i} 為正，表示當主成分二變量增加時地區能源二氧化碳的平均增加額。β_{3i} 為負，表示是當主成分三變量下降時地區能源二氧化碳的平均降低額。β_{4i} 為正，表示當主成分四變量上升時地區能源二氧化碳的平均增加額。β_{5i} 為正，表示當主成分五變量上升時地區能源二氧化碳的平均增加額。

　　主成分一變量的上升引起地區能源二氧化碳一定程度的增加，主成分一變量涵蓋了人均 GDP 和城鎮人口占比兩個變量的

大部分信息,迴歸系數為正也說明當人均 GDP 和城鎮人口占比上升時會引起地區能源二氧化碳不同程度的增加。從倒 U 型環境曲線來看,我國各地區碳排放仍隨地區經濟的發展而上升,還未達到拐點。其中,碳排放增加量比較多的地區為河北、山西、遼寧、山東和河南,增加量比較少的地區為北京、天津、上海、福建和海南。這主要是由於各個地區經濟增長背後的支撐產業存在差異,增加量較多的地區多是高碳排放行業占比較高的地區。按照前文所定義的高碳排放行業,這些地區的高碳排放行業占比都在 50% 以上,所以,其經濟發展水平提高更多的是以高碳排放行業的增加作為依託,對化石能源的依賴性更強,而增加量較少的地區第三產業較為發達。北京和天津的第三產業占比均在 50% 以上。海南雖然經濟較為落後,但其經濟發展更多依託的是旅遊業,雖然旅遊業的配套產業交通、運輸業,批發、零售業和住宿、餐飲業的碳排放較高,但與高碳排放的工業行業相比仍有距離,所以這些地區經濟發展支撐中所需的化石能源更少,經濟每增長一個單位帶來的排放量也相對更低。

(2) 主成分二變量前的迴歸系數隨個體而變的變系數模型

模型形式如下:

$$coe_{it} = \alpha_i + \beta_1 L_{1it} + \beta_{2i} L_{2it} + \beta_3 L_{3it} + \beta_4 L_{4it} + \beta_5 L_{5it} + \mu_{it} \quad (4.19)$$

各字母表示的含義如前文所述。估計結果如下:

$$coe_{it} = \alpha_i + 1.21 L_{1it} + \beta_{2i} L_{2it} - 109.18 L_{3it} + 128.96 L_{4it} + 4,602.23 L_{5it}$$

$$(4.20)$$

T	(33.34)	(−3.02)	(5.15)	(2.42)
P	0	0.002,9	0	0.016,4

從表 4.16 中的估計結果來看,所有固定迴歸系數都在 5% 的顯著度下通過 T 檢驗。β_{1i} 為正,表示主成分變量一增加時各個地區能源二氧化碳的平均增加額。β_{3i} 為負,表示當主成分三

變量下降時地區能源二氧化碳的平均降低額。β_{4i}為正，表示當主成分四變量上升時地區能源二氧化碳的平均增加額。β_{5i}為正，表示當主成分五變量上升時地區能源二氧化碳的平均增加額。

表 4.16　　　　　　　　變系數估計結果表

地區	β_{2i}	P 值	地區	β_{2i}	P 值
北京	8.401,54	0.000,0	河南	-1.094,429	0.138,3
天津	5.655,40	0.000,0	湖北	4.349,351	0.000,1
河北	1.425,707	0.181,6	湖南	4.389,086	0.000,0
山西	9.010,59	0.040,4	廣東	2.475,45	0.039,8
內蒙古	4.568,81	0.000,0	廣西	1.353,013	0.000,0
遼寧	6.971,603	0.007,3	海南	2.366,35	0.000,0
吉林	3.586,32	0.000,0	重慶	3.259,72	0.000,0
黑龍江	6.152,738	0.000,2	四川	3.095,380	0.000,1
上海	7.136,46	0.000,0	貴州	6.645,595	0.000,0
江蘇	-1.584,809	0.072,2	雲南	3.143,038	0.000,0
浙江	6.537,853	0.000,0	陝西	6.480,957	0.000,0
安徽	5.733,974	0.000,0	甘肅	5.462,90	0.000,0
福建	1.849,43	0.000,0	青海	4.551,39	0.000,0
江西	1.997,336	0.000,0	寧夏	5.997,18	0.000,0
山東	2.904,957	0.003,3	新疆	7.844,32	0.000,0

　　主成分二變量主要涵蓋了人口規模和地區生產總值的信息。從主成分二變量前迴歸系數的估計結果來看，河北和河南前的迴歸系數在10%的顯著度下未通過 T 檢驗，其餘迴歸系數均為正且顯著，表明隨著地區人口規模和地區生產總值的上升，各個地區能源二氧化碳會有不同程度的增加，增加量較多的地區

既包括了北京、上海和浙江等沿海發達省市，又包括了黑龍江、遼寧、新疆等高碳排放行業占比較高的地區。這主要是因為高碳排放行業占比較高的地區的經濟增長更多地依賴化石能源，帶來更高的能源二氧化碳排放。從前文的分析來看，經濟較為發達的地區人均能源二氧化碳排放量較多，也使其人口規模增加帶來更多的能源二氧化碳排放。

（3）主成分三變量前的迴歸系數隨個體而變的變系數模型
模型形式如下：

$$coe_{it} = \alpha_i + \beta_1 L_{1it} + \beta_2 L_{2it} + \beta_{3i} L_{3it} + \beta_4 L_{4it} + \beta_5 L_{5it} + \mu_{it} \quad (4.21)$$

各變量和迴歸系數的意義如前所述。估計結果如下：

$$coe_{it} = \alpha_i + 1.03 L_{1it} + 4.28 L_{2it} + \beta_{3i} L_{3it} + 122.43 L_{4it} + 4,662.3 L_{5it}$$
$$(4.22)$$

T　（30.1）　　　　　（5.87）（5.97）　（4.34）

P　　0　　　　　　　　0　　0　　　　0

從表4.17中的估計結果來看，所有固定迴歸系數都在5%的顯著度下通過T檢驗。β_{1i}為正，表示主成分變量一增加時各個地區能源二氧化碳的平均增加額。β_{2i}為正，表示當主成分二變量上升時地區能源二氧化碳的平均增加額。β_{4i}為正，表示當主成分四變量上升時地區能源二氧化碳的平均增加額。β_{5i}為正，表示當主成分五變量上升時候地區能源二氧化碳的平均增加額。

表4.17　　　　　　　　變系數估計結果表

地區	β_{3i}	P 值	地區	β_{3i}	P 值
北京	−128.990,2	0.000,0	河南	−82.289,0	0.115,8
天津	−105.415,5	0.000,0	湖北	−87.959,0	0.008,4
河北	−106.414,0	0.000,0	湖南	−41.340,15	0.009,1
山西	−91.654,1	0.000,0	廣東	−123.033,2	0.000,1
內蒙古	−96.608,3	0.000,2	廣西	−89.213,3	0.004,8

表4.17(續)

地區	β_{3i}	P值	地區	β_{3i}	P值
遼寧	-105.733,7	0.000,0	海南	11.067,28	0.848,4
吉林	18.504,92	0.834,0	重慶	-77.607,4	0.009,7
黑龍江	-77.169,50	0.000,5	四川	-59.744,76	0.005,8
上海	-130.981	0.000,0	貴州	-11.081,25	0.720,5
江蘇	-129.844,8	0.000,0	雲南	-17.937,01	0.623,7
浙江	-94.047,4	0.046,2	陝西	-68.266,19	0.001,9
安徽	-93.837,1	0.060,7	甘肅	-66.095,33	0.000,0
福建	-87.990,5	0.000,0	青海	-18.604,28	0.611,4
江西	-92.053,5	0.002,5	寧夏	-64.567,49	0.079,6
山東	-117.646	0.000,0	新疆	-82.679,5	0.000,0

　　主成分三變量主要包含了能源生產力與高碳排放行業占比的大部分信息。從主成分三變量的迴歸系數估計結果來看，吉林、河南、海南、貴州、雲南和青海在10%的顯著度下的迴歸系數未通過T檢驗，其餘地區的迴歸系數都顯著為負，表明隨著能源生產力的上升和高碳排放行業占比的降低，各個地區能源二氧化碳均有不同程度的下降。下降量較多的地區既包括北京、天津、上海等發達直轄市，也包括江蘇、山東和廣東等經濟規模較大的地區。這主要是因為：對於經濟較為發達的地區來說，其技術進步本身就處於較高水平，當技術進步在往前邁進一步的時候必然引起能源二氧化碳有較大幅度的下降。而對於經濟規模較大的地區來說，高碳排放行業一個百分比的降低帶來的是高碳排放行業更大幅度的縮小，必然也會引起能源二氧化碳絕對量的更大幅度下降。吉林、河南、海南、貴州、雲南和青海的共同特點是高碳排放行業占比較高。2013年這幾個地區的高碳排放行業占比均在50%以上，並且這幾個地區的經

濟規模都靠前，高碳排放行業占比的進一步上升對能源二氧化碳的影響並不顯著也造成主成分三變量前的迴歸係數不顯著。

（4）主成分四變量前的迴歸係數隨個體而變的變係數模型
模型形式如下：

$$coe_{it} = \alpha_i + \beta_1 L_{1it} + \beta_2 L_{2it} + \beta_3 L_{3it} + \beta_{4i} L_{4it} + \beta_5 L_{5it} + \mu_{it} \quad (4.23)$$

各變量和迴歸係數的意義如前所述。估計結果如下：

$$coe_{it} = \alpha_i + 0.89 L_{1it} + 4.13 L_{2it} - 106.66 L_{3it} + \beta_{4i} L_{4it} + 4,731.43 L_{5it}$$
$$(4.24)$$

T　　　(29.66)(7.25)　　(-6.05)(3.94)

P　　　　0　　　0　　　　0 0.000,1

從表4.18中的估計結果來看，所有固定迴歸係數都在5%的顯著度下通過 T 檢驗。β_{1i} 為正，表示主成分變量一增加時各個地區能源二氧化碳的平均增加額。β_{2i} 為正，表示當主成分二變量上升時地區能源二氧化碳的平均增加額。β_{3i} 為負，表示當主成分三變量下降時地區能源二氧化碳的平均降低額。β_{5i} 為正，表示當主成分五變量上升時候地區能源二氧化碳的平均增加額。

表4.18　　　　　　　　變係數估計結果表

地區	β_{4i}	P 值	地區	β_{4i}	P 值
北京	-77.007,97	0.342,8	河南	105.613,5	0.002,1
天津	78.094,75	0.061,2	湖北	108.296,8	0.000,0
河北	111.277,9	0.000,0	湖南	94.665,00	0.007,6
山西	123.870,2	0.000,0	廣東	109.910,9	0.000,0
內蒙古	114.378,4	0.000,0	廣西	65.653,58	0.029,0
遼寧	118.130,1	0.000,0	海南	97.909,0	0.000,0
吉林	110.371,5	0.000,0	重慶	94.338,65	0.006,0
黑龍江	112.599,8	0.000,0	四川	18.952,87	0.722,2

表4.18(續)

地區	β_{4i}	P 值	地區	β_{4i}	P 值
上海	95.962,1	0.007,9	貴州	103.012,1	0.000,0
江蘇	98.239,2	0.000,0	雲南	99.150,40	0.000,0
浙江	92.227,7	0.000,0	陝西	107.286,9	0.000,0
安徽	92.893,37	0.004,0	甘肅	104.663,7	0.000,0
福建	103.389,8	0.000,0	青海	101.713,3	0.023,6
江西	99.814,57	0.029,6	寧夏	68.226,16	0.003,6
山東	128.222,4	0.000,0	新疆	100.370,9	0.000,0

主成分四變量主要包含了煤炭消耗占比的信息。從主成分四變量的迴歸系數估計結果來看，北京和四川的迴歸系數在10%的顯著度下不顯著，其餘地區的迴歸系數都顯著為正，表明隨著煤炭消費比重的上升，各個地區能源二氧化碳均有不同程度的上升。上升量較多的地區包括河北、山西、遼寧、黑龍江、山東和新疆，說明這些地區對煤炭的利用效率不高。因為這些地區普遍都有較為豐富的能源資源，而能源資源貧乏的上海、浙江等地區的煤炭利用效率相對較高，使其迴歸系數相對較小。北京煤炭資源貧乏，煤炭消耗占比低，並且主要以第三產業為主，直接碳強度高的行業占比較低，造成能源消費結構對能源二氧化碳的影響不顯著。而四川天然氣資源較為豐富，對煤炭消耗比重不算高，造成能源消費結構對能源二氧化碳的影響也不顯著，四川省政府發布的《四川省大氣污染防治行動計劃實施細則 2015 年度實施計劃的通知》也明確提出了四川的

煤炭消費占比要進一步降低。①

（5）主成分五變量和主成分一變量前的迴歸系數隨個體而變的變系數模型

模型形式如下：

$$coe_{it} = \alpha_i + \beta_{1i}L_{1it} + \beta_2 L_{2it} + \beta_3 L_{3it} + \beta_4 L_{4it} + \beta_{5i}L_{5it} + \mu_{it} \quad (4.25)$$

各變量和迴歸系數的意義如前所述。估計結果如下：

$$coe_{it} = \alpha_i + \beta_{1i}L_{1it} + 5.37L_{2it} - 105.68L_{3it} + 118.77L_{4it} + \beta_{5i}L_{5it} \quad (4.26)$$
$$T \quad\quad (6.55) \quad (-6.8) \quad (5.91)$$
$$P \quad\quad\quad 0 \quad\quad\quad 0 \quad\quad\quad 0$$

從表4.19中的估計結果來看，所有固定迴歸系數都在5%的顯著度下通過T檢驗。β_{1i}為正，表示主成分變量一增加時各個地區能源二氧化碳的平均增加額。β_{2i}為正，表示當主成分二變量上升時地區能源二氧化碳的平均增加額。β_{3i}為負，表示當主成分三變量下降時地區能源二氧化碳的平均降低額。β_{4i}為正，表示當主成分四變量上升時地區能源二氧化碳的平均增加額。

主成分五變量主要涵蓋了全要素生產率的大部分信息。從主成分五變量的迴歸系數估計結果來看，除內蒙古、江蘇、廣東在10%的顯著度下未通過T檢驗外，其余地區的迴歸系數都顯著，迴歸系數有正有負。其中，能源資源較為豐富的山西、新疆、黑龍江等地的迴歸系數均為正，表明技術進步在促進經濟增長的同時並未帶動碳投入生產效率的提高，而經濟發達地區技術進步對能源二氧化碳有比較明顯的抑製作用。江蘇和廣東的經濟規模較大，技術進步水平也處於全國中上水平，技術進一步上升的空間有限，造成主成分五變量前的迴歸系數不顯著。內蒙古的全要素生產率較低，高碳排放行業占比較高，在

---

① 中國產業決策投資網. 四川省煤炭消費比重明顯下降 [OB/EL]. (2015-04-02) http://www.cu-market.com.cn/economy/20150402/2137391911.html.

68%以上。由於其能源資源豐富，在發展高碳排放優勢行業的同時技術進步對碳排放的影響不顯著造成主成分五變量前的迴歸系數不顯著。

表4.19　　　　　　　變系數估計結果表

地區	β_{1i}	P值	β_{5i}	P值	地區	β_{1i}	P值	β_{5i}	P值
北京	0.207,581	0.000,0	-5,776.62	0.000,0	河南	2.579,433	0.000,0	4,641.03	0.016,8
天津	0.307,360	0.000,0	-4,383.09	0.000,0	湖北	1.245,226	0.000,0	-3,653.10	0.004,6
河北	3.244,434	0.000,0	5,112.31	0.010,0	湖南	1.339,969	0.000,0	-4,621.53	0.000,0
山西	1.394,230	0.000,0	3,415.31	0.084,6	廣東	1.479,112	0.000,0	-1,685.55	0.425,8
內蒙古	1.374,458	0.000,0	-3,611.64	0.140,9	廣西	0.975,351	0.000,0	5,019.51	0.000,0
遼寧	1.853,846	0.000,0	4,611.31	0.000,0	海南	0.401,031	0.002,3	3,657.36	0.007,2
吉林	0.581,157	0.000,0	-4,907.39	0.001,4	重慶	0.625,091	0.000,0	4,573.95	0.000,0
黑龍江	1.219,098	0.000,0	-3,252.536	0.008,6	四川	1.701,646	0.000,0	5,255.83	0.000,0
上海	0.408,798	0.000,0	-4,771.73	0.000,0	貴州	0.888,679	0.000,0	4,388.51	0.000,0
江蘇	1.423,414	0.000,0	-2,913.52	0.288,5	雲南	1.437,912	0.000,0	4,738.77	0.000,0
浙江	1.019,987	0.000,0	-3,644.47	0.007,7	陝西	1.216,390	0.000,0	4,520.79	0.000,7
安徽	1.218,656	0.000,0	-4,802.188	0.000,0	甘肅	1.131,403	0.000,0	3,787.94	0.001,1
福建	0.800,447	0.000,0	-4,862.442	0.000,0	青海	0.135,035	0.439,9	4,974.00	0.000,5
江西	0.962,854	0.000,0	-4,313.409	0.000,0	寧夏	0.138,311	0.132,8	4,713.05	0.000,0
山東	3.614,577	0.000,0	4,798.52	0.005,1	新疆	1.189,561	0.000,0	3,780.33	0.052,8

4.3.5.3　五個面板主成分變系數迴歸模型對比分析

除了迴歸系數可變的解釋變量外，其餘解釋變量前的迴歸系數都表示此變量對地區能源二氧化碳的平均影響程度，代表了全國的平均影響水平。從上面五個模型的估計結果來看，第一主成分（經濟發展水平）對地區能源二氧化碳的平均影響水平為1萬噸左右，第二主成分（規模因素）對地區能源二氧化碳的平均影響水平為4.5萬噸左右，第三主成分（能源生產力和產業結構）對地區能源二氧化碳的平均影響水平為-101萬噸左右，第四主成分（能源結構）對地區能源二氧化碳的平均影響水平為125萬噸左右，第五主成分（全面技術進步）對地區

能源二氧化碳的平均影響程度為4,600萬噸左右,並且全要素生產率對各地能源二氧化碳的影響有正有負。但是由於欠發達地區經濟基數小增長速度更快,造成全要素生產率對能源二氧化碳的平均影響程度顯著為正,表明全要素促進經濟增長帶來的能源二氧化碳增加並未完全被技術進步帶來的能源二氧化碳減少所抵消。

4.3.5.4 迴歸系數的還原

通過上面的面板主成分變系數迴歸模型得到了五個主成分變量的迴歸系數。為了便於分析各個原始變量對地區能源二氧化碳影響程度的差異,要把主成分變量的迴歸系數轉化成原變量的迴歸系數,轉化方法就是把各個主成分與原始變量關係的表達式代入上面估計的隨個體而變的迴歸系數,從而折算出原始變量的迴歸系數。折算結果見表4.20。

表4.20　　　　　原始變量迴歸系數表

地區	β_{gdpi}	β_{rgdpi}	β_{csi}	β_{rki}	β_{rui}	β_{eii}	β_{esi}	β_{ti}
北京	2.58	0.19	86.97	5.88	0.19	-57.29	-70.07	-5,195.05
天津	3.75	0.15	87.42	3.96	0.15	-46.82	71.06	-3,941.82
河北	0.95	1.16	88.25	1.00	1.12	-47.26	101.25	4,597.62
山西	5.98	1.60	76.01	6.31	1.57	-40.71	112.71	3,071.47
內蒙古	3.03	0.82	80.12	3.20	0.81	-42.91	104.07	-3,248.03
遼寧	4.63	1.41	87.68	4.88	1.68	-46.96	107.49	4,147.06
吉林	2.38	0.49	-15.35	2.51	0.48	8.22	100.43	-4,413.33
黑龍江	4.09	0.64	64.00	4.31	0.63	-34.28	102.45	-2,925.08
上海	2.74	0.32	88.62	5.00	0.31	-58.18	87.32	-4,291.33
江蘇	-1.05	0.79	107.68	-1.11	0.87	-57.67	89.39	-2,620.20
浙江	2.34	0.80	77.99	4.58	0.78	-41.77	83.92	-3,277.56
安徽	3.81	0.69	77.82	4.02	0.67	-41.68	84.52	-4,318.72
福建	1.23	0.30	72.97	1.30	0.29	-39.08	94.07	-4,372.91
江西	1.33	0.34	76.34	1.40	0.34	-40.89	90.82	-3,879.15

表4.20(續)

地區	β_{gdpi}	β_{rgdpi}	β_{csi}	β_{rki}	β_{rui}	β_{eii}	β_{esi}	β_{ti}
山東	1.93	1.30	97.56	2.03	1.26	-52.25	116.67	4,315.42
河南	-0.73	1.12	68.24	-0.77	1.49	-36.55	96.10	4,173.79
湖北	2.89	1.01	72.94	3.05	0.99	-39.07	98.54	-3,285.32
湖南	2.91	0.75	74.28	3.07	0.74	-18.36	86.14	-4,156.25
廣東	1.64	1.15	102.03	1.73	0.83	-54.65	100.01	-1,515.86
廣西	0.90	0.39	73.98	0.95	0.39	-39.62	59.74	4,514.17
海南	1.57	0.18	-9.18	1.66	0.37	4.92	89.09	3,289.15
重慶	2.16	0.41	64.36	2.28	0.41	-34.47	85.84	4,113.46
四川	2.06	1.05	69.55	2.17	1.03	-26.54	17.25	4,726.69
貴州	4.41	0.40	9.19	4.65	0.39	-4.92	93.73	3,946.69
雲南	2.09	0.70	14.87	2.20	0.69	-7.97	90.22	4,261.69
陝西	4.30	0.78	56.61	4.54	0.77	-30.32	97.62	4,065.66
甘肅	3.63	0.55	54.81	3.83	0.54	-29.36	95.23	3,406.59
青海	3.02	0.54	15.43	3.19	0.53	-8.26	92.55	4,473.24
寧夏	3.98	0.46	53.54	4.20	0.45	-28.68	62.08	4,238.56
新疆	5.21	0.69	68.56	5.49	0.68	-36.72	91.33	3,399.74

從表4.20中的結果可以看出，我們只能還原原始變量的迴歸系數，但無法判斷迴歸系數是否顯著，就是在還原原始變量迴歸系數的時候無法對迴歸系數的顯著性進行檢驗，本書也未找到這方面的研究，難以引用。暫時認為主成分變量迴歸中不顯著地區的迴歸系數在還原后的原始變量的迴歸系數仍然不顯著。

(1) 地區生產總值對地區碳排放差異的影響

地區生產總值會引起各個地區能源二氧化碳的顯著差異，且地區生產總值每增加一單位引起各地區能源二氧化碳增量差異的原因在於各個地區支撐經濟發展的產業結構不同。地區生產總值每增加一單位引起能源二氧化碳增長較多的地區集中在

山西、遼寧、黑龍江和新疆等高碳排放行業占比較高的地區。由於這些地區資源豐富，其經濟增長更多依賴高碳排放行業。

（2）人均 GDP 對地區碳排放差異的影響

地區人均 GDP 會引起各個地區能源二氧化碳的顯著差異，且人均 GDP 每增加一單位引起各地區能源二氧化碳增量差異的原因在於各個地區經濟發展階段不同，產業構成不同。北京、天津、上海等第三產業占比較高地區人均 GDP 增加一單位所依賴的是低碳排放行業的發展，所以其帶來的能源二氧化碳增量較少。

（3）高碳排放行業占比對地區碳排放差異的影響

高碳排放行業占比會引起地區能源二氧化碳的顯著差異，且高碳排放行業占比變動引起地區能源二氧化碳增量差異的原因在於各個地區的經濟規模不同，能源利用效率存在差異。江蘇、山東和廣東等經濟總量較大的地區高碳排放行業每增長一個百分比帶來的絕對產出和絕對投入多，那麼化石能源消耗更多，能源二氧化碳增量也更多。

（4）地區人口規模對地區碳排放差異的影響

地區人口規模會造成能源二氧化碳的顯著差異，且人口規模變動引起地區能源二氧化碳變動量不同的原因在於各地區居民的最終消費結構、人均碳排放存在差異，人均碳強度不同。北京、上海等人均碳強度高的地區每增加一個人口增長的能源二氧化碳會會增加較多，而新疆、山西等能源資源豐富的地區由於人口稀少，人均碳強度也較高，每增長一個人口增長的能源二氧化碳總量也會增加較多。

（5）城鎮人口占比對地區碳排放差異的影響

城鎮人口占比會造成各個地區能源二氧化碳的顯著差異，城鎮化率表示了地區的經濟發展水平，會影響地區的最終需求結構。對於河北、山西、遼寧、山東、河南、四川等處於工業

發達的地區，城鎮化進程對工業中高碳排放行業的依賴性比較大，隨著農村居民轉化為城市居民，需要進行大量的基礎設施建設，從而引起能源二氧化碳較大幅度的上升。

（6）能源生產力對地區碳排放差異的影響

能源生產力會造成地區能源二氧化碳的顯著差異，主要原因在於各個地區現有的技術發展水平不同，北京、天津、上海、江蘇和廣東等能源生產力本身較為靠前的地區能源生產力的再增加雖然比較困難，但一點點的技術進步都能更好地抑制能源二氧化碳排放，而欠發達地區在技術水平基礎比較低的情況下的進步顯然對碳排放的抑製作用較為有限。

（7）煤炭消耗比重對地區碳排放差異的影響

煤炭消耗比重會造成地區能源二氧化碳的顯著差異，主要原因在於各個地區煤炭利用效率的差異，對於能源資源豐富的地區可替代能源較多，對煤炭的利用相對浪費，煤炭消耗比重每增加1%帶來的能源二氧化碳增加更多，所以山西、內蒙古、黑龍江等能源豐富地區的迴歸系數相對更大。而對於上海、江蘇等地，由於資源匱乏，需要通過進口的方式消耗能源，能源消耗的成本相對更高，所以煤炭消費比重對其碳排放的影響更大。

（8）地區全要素生產率對地區碳排放差異的影響

地區全要素生產率也會造成地區能源二氧化碳的顯著差異，能源資源豐富地區全要素生產率帶動經濟增長而增加的能源二氧化碳並沒有完全被技術進步減少的能源二氧化碳抵消，而經濟相對發達的地區，全要素生產率對碳排放的抑製作用明顯。這說明在資金投入允許的情況下，發達地區更有實力研究碳減排技術，而欠發達地區更多地借鑑發達地區已有的技術水平來發展，這種碳排放的增量和減量之間的淨量為正。

4.4　本章小結

　　地區生產總值、人均 GDP、高碳排放行業占比、人口規模、城鎮人口占比、煤炭消耗占比對各個地區的能源二氧化碳排放均為正向影響，能源生產力對各個地區的碳排放均為負向影響，全要素生產率對各個地區的能源二氧化碳影響有正有負。

　　各個因素對地區的影響程度不同，地區生產總值影響程度不同的原因在於各個地區支撐經濟發展的產業結構不同。地區生產總值每增加一單位引起能源二氧化碳增長較多的地區集中在山西、遼寧、黑龍江和新疆等高碳排放行業占比較高的地區。人均 GDP 每增加一單位引起各地區能源二氧化碳增量差異的原因在於各個經濟發展階段不同，產業構成不同。北京、天津、上海、貴州等第三產業占比較高的地區人均 GDP 增加一單位所帶來的能源二氧化碳的增量較少。高碳排放行業占比變動引起地區能源二氧化碳增量差異的原因一方面是由於各個地區高碳排放行業對化石能源的使用總量和使用效率存在差異，另一方面是由於各個地區高碳排放行業內部結構有一定差異，而高碳排放行業內部各個行業的直接碳強度也不同。人口規模變動引起地區能源二氧化碳變動量不同的原因在於各地區居民的最終消費結構存在差異，人均碳強度不同。北京、上海等人均碳強度高的地區每增加一個人口增長的能源二氧化碳會比較多，而新疆、山西等能源資源豐富的地區由於人口稀少，人均碳強度也較高，每增長一個人口增加的能源二氧化碳總量也會增加。城鎮人口占比影響程度不同的原因在於其影響了地區的最終需求結構，對於河北、山西、遼寧、山東、河南、四川等處於工業發達的地區，城鎮化進程對工業中高碳排放行業的依賴性比

較大，這會引起能源二氧化碳較大幅度的上升。能源生產力造成地區能源二氧化碳差異的原因在於各個地區現有的技術發展水平不同，北京、天津、上海、江蘇和廣東等能源生產力本身較為靠前的地區能源生產力的再增加能更好地抑制能源二氧化碳排放。煤炭消耗比重會造成地區能源二氧化碳差異的原因，一方面是各個地區各個行業煤炭消費的比重存在差異，並且各個行業對煤炭的利用效率也各不相同；另一方面是各地區煤炭開採、加工、利用和轉換效率存在差異。在煤炭開採、加工、利用轉換效率高的地區，煤炭消費占比對地區能源二氧化碳的影響會小一些，而在煤炭開採、加工、利用轉換效率低的地區，煤炭消費占比對地區能源二氧化碳的影響相對就會更大。能源資源豐富地區全要素生產率帶動了經濟增長但並未起到抑制能源二氧化碳排放的作用，而經濟相對發達的地區，全要素生產率對碳排放的抑製作用明顯。

5. 各地區碳排放轉移的特徵研究

　　國際上的碳轉移成為發展中國家反駁發達國家惡意指責的重要依據。大量學者的研究表明，貿易是發達國家環境污染減少的主要原因，發達經濟體的產品消費結構並沒有隨產品的生產結構發生轉變，只不過是污染工業發生了轉移，而發展中國家正是這些高污染行業轉移出來的承載者。所以，國際上討論各個國家碳減排責任的時候，從消費的角度來說發達國家應該承擔更多的減排責任，即其得到的碳排放權應該相應消減。一國內部由於國內貿易的存在，各個省市間也存在碳轉移，國家在確定各個地區的碳減排責任或者是碳排放權時應該把省與省之間的碳轉移考慮進去，在國家整體發展戰略下，能同時保證碳排放轉出地和轉入地經濟發展的需要。由於數據資料的局限性，本章僅能依據2002年中國地區擴展投入產出表中省際貿易和國際貿易得到各個省市能源二氧化碳排放的省際轉入、轉出和國際進口、出口數據，再從各個地區貿易產業結構的角度分析其各自的減排責任，為我國二氧化碳總量控制如何進行地區分配打下了基礎。

5.1 碳轉移的相關研究及述評

在開放經濟條件下,自由貿易會帶來生產和消費環節的分離,要素流動性加強會促進國家間的產業轉移,這雖然會來帶資源配置效率的改進,但也會給不同的國家帶來不同的福利影響,並把各個國家的二氧化碳排放聯繫了起來。有學者就提出,貿易與 FDI 是發達國家環境污染減少的主要原因,發達經濟體的產品消費結構並沒有隨產品的生產結構發生轉變,只不過是污染工業發生了轉移。大量學者的研究也證實了如中國一樣的發展中國家為發達國家承載了較多的污染排放。

早在 2006 年,Bin Shuia,Robert C. Harriss(2006)[①] 的研究就表明,中國有 7%~14% 的碳排放是為美國消費者承擔的,進口中國的產品使美國自身的碳生產得以減少;Christopher L. Weber、Glen P. Peters、Dabo Guan、Klaus Hubacek(2008)[②] 的研究也說明中國碳排放增加的主要原因就是出口,大約有三分之一的碳排放都是出口帶來的;隨後,Yan Yunfeng,Yang Laike(2010)[③] 也證明中國年碳排放總量中的 10.3%~26.54% 都是出口產品帶來的,並且還有逐年上升的趨勢;與此同時,我國學

[①] Bin Shuia, Robert C. Harriss. The role of CO_2 embodiment in US–China trade [J]. Energy Policy, 2006 (34): 4063-4068.

[②] Christopher L. Weber、Glen P. Peters、Dabo Guan、Klaus Hubacek. The contribution of Chinese exports to climate change [J]. Energy Policy, 2008 (36): 3572-3577.

[③] Yan Yunfeng, Yang Laike. China's foreign trade and climate change: A case study of CO_2 emissions [J]. Energy Policy, 2010 (38): 350-356.

者也展開了大量的研究。張曉平（2009）[①] 通過測算中國貨物進出口的載碳量，認為我國出口載碳量隨著我國貿易順差的增大逐年增加；余慧超等人（2009）[②] 利用投入產出法的思想，結合經濟、能源與貿易系統，建立了基於國際商品貿易的碳排放轉移模型，並預測了1997年與2002年中美商品貿易中各部門的碳轉移量，認為美國分別有相當於其相應部門碳排放總量的6.77%與9.32%的碳被洩露到了中國，中國為美國的碳減排做出了很大的貢獻；王文舉、向其鳳（2011）[③] 通過對世界上主要碳排放大國2005年進出口產品隱含碳排放的核算，印證了發展中國家確實為發達國家的消費者承擔了數量巨大的二氧化碳；王媛等人（2011）[④] 認為中國在國際分工中的角色在很大程度上影響著貿易隱含碳的轉移，中國進口的大部分產品不是用於最終消費而是為了生產，而生產產品中有相當大的部分是用於出口，在總體上中國是在替發達國家排放二氧化碳；張為付、杜運蘇（2011）[⑤] 認為中國對外貿易中隱含碳排放失衡主要是由少數幾個行業引起的，失衡的行業集中度較高；王媛等人（2011）[⑥] 應用對數平均D氏指數法（LMDI）對影響隱含碳淨轉移的因素進行了分解，表明中國的高碳強度是造成目前碳轉

[①] 張曉平．中國對外貿易產生的CO_2排放區位轉移分析［J］．地理學報，2009（2）：234-242．

[②] 余慧超，王禮茂．中美商品貿易的碳排放轉移研究［J］．自然資源學報，2009，24（10）：1837-1846．

[③] 王文舉，向其鳳．國際貿易中的隱含碳排放核算及責任分配［J］．中國工業經濟，2011（10）：56-64．

[④] 王媛，王文琴，方修琦，等．基於國際分工角度的中國貿易碳轉移估算［J］．資源科學，2011（7）：1331-1337．

[⑤] 張為付，杜運蘇．中國對外貿易中隱含碳排放失衡度研究［J］．中國工業經濟，2011（4）：138-147．

[⑥] 王媛，魏本勇，方修琦，等．基於LMDI方法的中國國際貿易隱含碳分解［J］．中國人口·資源與環境，2011（2）：141-146．

移增加的主要因素；李珊珊、羅良文（2012）[1] 認為 FDI 行業結構是引起中國對外貿易隱含碳排放增加的主導因素。

  在一國內部，由於國家整體發展戰略的需要，各個地區發展的進程和產業結構存在一定的差異，國內各個地區間的貿易往來不可避免。與發達地區不同，中西部等內陸省市由於對外貿易的規模有限，經濟發展更多的是靠對國內其他省市的貿易帶動的，國內貿易對內陸省市的經濟增長更為重要。而國內各個省市間密切的貿易往來必然帶來地區間的碳轉移，國際上碳減排責任的「污染者付費」原則對於一國內部也一樣適用。也有少數學者對我國內部區域間的碳轉移量進行了測算。姚亮等人（2010）[2] 基於投入產出技術的生命週期模型測算了我國八大區域的碳轉移，認為北部沿海區域和中部區域碳排放轉入量大於轉出量；石敏俊等人（2012）[3] 認為中國存在著從能源富集區域和重化工基地向經濟發達區域和產業結構不完整的欠發達區域的碳排放空間轉移；潘元鴿等人（2013）[4] 基於多區域投入產出模型測算了中國 2007 年八大地區之間貿易流入流出所隱含的碳排放，表明存在著經濟相對發達的沿海地區向欠發達內陸地區的「碳洩露」現象。但由於我國區域間產品流動的資料相對缺乏，所以這方面的研究較少，且使用資料較老。

  綜上所述，學者們都認為我國是碳排放的淨出口國，為發達國家的消費者承擔了過多的碳排放，在國際碳減排行動中，

---

 ① 李珊珊，羅良文. FDI 行業結構對中國對外貿易隱含碳排放的影響——基於指數因素分解的實證分析 [J]. 資源環境，2012（5）：855-863.

 ② 姚亮，劉晶茹. 中國八大區域間碳排放轉移研究 [J]. 中國人口·資源環境，2010（12）：16-19.

 ③ 石敏俊，王妍，張卓穎，等. 中國各省區碳足跡與碳排放空間轉移 [J]. 地理學報，2012（10）：1327-1338.

 ④ 潘元鴿，潘文卿，吳添. 中國地區間貿易隱含 CO_2 [J]. 統計研究，2013（9）：21-28.

發達國家應該為中國的碳排放承擔更多的責任。由此可知，我國要實現總體減排，調整進出口結構是一個重要途徑。從地區實際最終使用的角度來看，在進行地區碳排放權分配和確定地區碳減排責任時，對於碳排放淨轉入地區，由於其承載了其他地區消費產品產生的碳排放，為了保證該地區的正常發展和對其他地區的支撐作用，應該分配更多的碳排放權，碳減排責任相應消減；對於碳排放淨轉出地區，由於其消費產生的碳排放由其他地區生產節約下來了，相應應該減少對這些地區分配的碳排放權，碳減排責任相應增加。

5.2 地區的貿易情況分析

地區能源二氧化碳排放的轉移是建立在各個地區產品貿易相互流動的基礎上的，所以首先從各個地區的貿易情況開始分析，為下一步研究貿易產品載碳量打下基礎。

5.2.1 數據來源和整理

與對外貿易不同，省際間的貿易由於沒有海關統計，資料的收集相對來說更難，往往採用估計的方法。由於估計工作量比較大，而本書只需要考察地區貿易之間的規律，所以直接使用《2002年中國地區擴展投入產出表：編製與應用》一書中的數據。雖然此書中的數據相對陳舊，但是從地區產業結構調整升級的長期性來看，對於我們尋求規律還是具有一定的參考價值。

5.2.2 地區貿易總量分析

5.2.2.1 地區總產出的三個去向

一個地區的總產出要滿足來自三個方面的需求：第一個是

滿足本地的需求（包括本地中間需求和本地最終需求），即省（市）內需求。這個需求作為本地經濟社會發展的基本需要，應該首先得到滿足。第二個是滿足其他省的需求。在國家整體發展戰略和合理產業佈局的前提下，這種省際間的貿易往來是必需的。第三個是滿足國外的需求。這個需求在全球經濟一體化和各國國際分工不同的大背景下也越來越重要，但要更多考慮有利於本國的原則。地區總產出可以表達為：

$$X = C_1 + C_2 + C_3 \tag{5.1}$$

其中，X 表示某地區的總產出，C_1 表示某地區總產出中用於本地需求的數量，C_2 表示某地區總產出中用於外省市需求的數量，C_3 表示某地區總產出中用於國外需求的數量。在《2002年中國地區擴展投入產出表：編製與應用》一書中，C_1 使用中間使用合計加最終消費合計加資本形成總額減省外調進減進口，C_2 使用省際調出欄，C_3 使用出口欄。為了便於分析，把三大需求表示成百分比的形式。其結果見表5.1。

表5.1　　　　各省市總產出去向百分比表　　　　單位:%

省市	本地需求	外省需求	國外需求	省市	本地需求	外省需求	國外需求
北京	66.57	26.95	6.48	河南	86.96	11.76	1.28
天津	54.50	30.23	15.27	湖北	86.69	11.72	1.60
河北	67.60	30.15	2.25	湖南	83.38	15.01	1.61
山西	84.48	11.90	3.62	廣東	63.11	13.00	23.89
內蒙古	76.74	21.29	1.97	廣西	72.10	25.16	2.74
遼寧	78.80	14.93	6.27	海南	66.64	30.22	3.13
吉林	57.14	40.31	2.55	重慶	57.67	40.35	1.98
黑龍江	76.47	20.93	2.59	四川	89.03	8.98	1.98

表5.1(續)

省市	本地需求	外省需求	國外需求	省市	本地需求	外省需求	國外需求
上海	63.19	18.87	17.95	貴州	76.21	22.05	1.75
江蘇	78.64	11.35	10.01	雲南	84.64	13.69	1.67
浙江	71.27	19.31	9.43	陝西	79.31	20.59	0.10
安徽	61.83	35.81	2.36	甘肅	81.42	14.66	3.92
福建	79.68	8.56	11.76	青海	72.78	23.38	3.83
江西	81.81	16.69	1.50	寧夏	75.06	23.52	1.43
山東	81.78	12.27	5.95	新疆	78.28	19.24	2.48

從表5.1可以看出，總產出中80%以上滿足本地需求的地區主要集中在河南、湖北、雲南、山西、湖南、江西和甘肅等中西部欠發達地區，並且這些地區總產出中滿足外省市需求的占比也都在10%以上，經濟發展對省際貿易存在一定程度的依賴性，說明中西部大部分地區屬於內向型經濟。廣東、上海、天津、福建和江蘇總產出中國外需求占比均在10%以上，說明沿海地區經濟發展較內陸省市來說對國際貿易的依賴性更高些，屬於外向型經濟。另外，北京和天津總產出中滿足外省需求占比也較高，這兩個直轄市對省際貿易也存在較大依賴性，而浙江、上海、江蘇、福建等沿海地區對省際貿易的依賴性相對較低。

5.2.2.2 地區產品淨流入分析

地區產品淨流入包括省際淨流入和淨進口兩個方面，使用其占地區總產出的比重進行分析。其結果見表5.2。

表 5.2　　　　　　　　地區產品淨流入情況表　　　　單位:%

省市	省際淨流入占比	淨進口占比	省市	省際淨流入占比	淨進口占比	省市	省際淨流入占比	淨進口占比
北京	0.69	0.02	浙江	1.38	-5.43	海南	6.28	0.59
天津	-0.33	-0.91	安徽	0.35	-0.50	重慶	6.03	-0.19
河北	-4.68	-1.17	福建	4.33	-5.62	四川	1.57	-0.46
山西	0.93	-2.49	江西	3.84	-0.30	貴州	6.52	-0.39
內蒙古	-2.65	1.69	山東	-0.71	-0.76	雲南	5.18	-0.36
遼寧	-3.38	-1.35	河南	-0.13	-0.46	陝西	2.72	1.87
吉林	2.24	0.94	湖北	0.60	0.51	甘肅	7.38	-2.51
黑龍江	-4.02	-0.01	湖南	-1.69	-0.16	青海	16.86	-3.08
上海	-5.85	3.86	廣東	-0.09	-2.31	寧夏	18.62	-0.11
江蘇	-1.03	-0.90	廣西	5.20	-1.32	新疆	3.04	0.30

　　從表 5.2 可以看出，省際淨流入為正的地區大多為中西部欠發達地區，省際淨流入占地區總產出較高的地區包括寧夏、青海、甘肅、貴州、海南、新疆、山西等能源資源豐富的地區。而省際淨流入為負，即省際淨流出為正的地區包括上海、江蘇、廣東、天津等發達地區和黑龍江、遼寧、山東等工業強省。

　　淨進口為正的地區包括上海和北京以及部分中西部省份，淨進口為負的地區包括浙江、廣東、江蘇等沿海省份和青海、寧夏、甘肅、山西等能源資源、礦產資源豐富地區以及安徽、四川等農業大省。

　　綜上所述，從總量的角度考察各地區的省際和國際貿易往來情況來看，中西部等欠發達地區對省際貿易的依存度較高，是內向型經濟；而沿海地區對國際貿易依存度較高，為外向型經濟，並且以淨出口為主。下面進一步考察省際和國際貿易的產業結構。

5.2.3 地區分行業貿易情況分析

5.2.3.1 省際貿易往來產業結構分析

為了便於比較，本書採用各地區各行業流入、流出占整個行業省際流入、流出總量百分比形式。限於篇幅，這裡僅列出占比排名前兩位的省市。其結果見表5.3。

表5.3　　　　　　省際貿易前兩名情況表　　　　　　單位:%

	省際流出			省際流入		
農業	安徽	17.6	河北	11.46	浙江	14.2	吉林	11.24
煤炭開採和洗選業	山西	28.26	河南	17.85	河北	12.95	浙江	10.27
石油和天然氣開採業	黑龍江	39.76	山東	16.23	遼寧	23.1	浙江	10.54
金屬礦採選業	河北	46.5	安徽	7.43	河南	22.17	河北	11.36
非金屬礦採選業	四川	22.17	安徽	17.27	山東	18.68	河北	15.27
食品製造及菸草加工業	山東	33.91	雲南	7.53	廣東	8.06	浙江	8.04
紡織業	浙江	24.61	河北	11.26	浙江	31.42	廣東	10.37
服裝、皮革、羽絨及製品業	浙江	50.17	江蘇	14.62	福建	13.34	山東	8.58
木材加工及家具製造業	安徽	17.27	黑龍江	16.22	山東	26.48	北京	9.81
造紙印刷及文教用品製造業	河北	22.86	廣東	15	廣東	50.24	北京	17.67
石油加工、煉焦及核燃料加工業	遼寧	34.08	新疆	8.65	河北	19.25	浙江	8.56
化學工業	廣東	14.86	江蘇	10.39	浙江	14.9	江蘇	10.08
非金屬礦物製品業	河北	30.86	安徽	8.9	吉林	11.28	陝西	11.2
金屬冶煉及壓延加工業	河北	14.32	遼寧	14	浙江	16.91	山東	16.27
金屬製品業	江蘇	24.07	廣東	20.37	山東	11.89	北京	9.57
通用、專用設備製造業	浙江	21.96	河北	16.39	福建	11.43	北京	8.96
交通運輸設備製造業	上海	17.41	吉林	14.63	廣東	14.13	浙江	7.53
電氣機械及器材製造業	廣東	25.27	浙江	22.49	廣東	13.11	上海	11.32
通信設備、計算機及他電子設備製造業	廣東	34.97	北京	15.13	廣東	21.16	江蘇	14.76

表5.3(續)

	省際流出				省際流入			
儀器儀表及文化、辦公用機械製造業	浙江	36.59	廣東	14.74	山東	14.73	北京	12.32
其他製造業	浙江	28.21	河北	15.02	山東	18.34	安徽	16.1
電力、熱力的生產和供應業	內蒙古	19.18	山西	16.6	北京	21.37	廣東	14.82
燃氣的生產和供應業	廣東	25.95	福建	20.53	江蘇	27.35	河北	10.14
水的生產和供應業	江蘇	21.54	福建	14.34	重慶	21.94	安徽	19.36
建築業	重慶	40.72	江蘇	13.11	天津	17.94	北京	16.72
交通運輸、倉儲和郵政業	上海	12.64	河北	9.06	廣東	8.75	河北	8.45
批發、零售業和住宿、餐飲業	浙江	14.54	北京	11.28	浙江	15.93	廣東	12.11
其他服務業	北京	30.02	上海	12.44	廣西	14.64	天津	9.32

從表5.3可以得到以下兩個結論：

（1）從省際流出來看，山西、黑龍江、河南、河北、山東、遼寧、新疆和內蒙古等礦產資源或能源資源豐富的地區省際流出占比較高的行業包括煤炭開採和洗選業、石油和天然氣開採業、石油加工煉焦及核燃料加工業、非金屬礦物製品業、金屬冶煉及壓延加工業和電力、熱力的生產供應業等資源型行業，這些行業的碳強度都比較高。廣東、江蘇省際流出的化學工業占比較高，廣東、福建省際流出的燃氣生產和供應業占比較高，化學工業及燃氣生產和供應業的行業碳強度也比較高。除此之外，北京、浙江、江蘇、上海和廣東等發達省市省際流出占比較高的行業大都集中在紡織服裝業、機械製造業和第三產業等行業碳強度較低的中下游行業上。

（2）從省際流入來看，調入煤炭開採和洗選業、石油和天然氣開採業、石油加工、煉焦及核燃料加工業、化學工業、金屬冶煉及壓延加工業、電力、熱力的生產和供應業、燃氣的生

產和供應業占比較高的地區主要集中在浙江、江蘇和廣東三大沿海省份，河北和山東等經濟大省，以及遼寧和吉林等工業強省。而中西部欠發達省市各行業的省際流入占比都較低，說明中西部欠發達地區以省際流出為主，也印證了資源豐富的落後地區通過產品的流出支持著其他地區的發展，在我國整體經濟發展中起著舉足輕重的作用。

5.2.3.2 國際貿易往來產業結構分析

為了便於比較，本書採用各地區各行業進口、出口占整個行業進口、出口總量百分比形式。限於篇幅，這裡僅列出占比排名前兩位的省市。其結果見表5.4。

表5.4　　　各省市進出口貿易產品情況表　　　單位:%

	出口			進口		
農業	廣東	23.09	吉林	12.15	廣東	30.69	江蘇	17.63
煤炭開採和洗選業	山西	40.29	山東	32.4	上海	54.24	山東	10.94
石油和天然氣開採業	遼寧	77.4	天津	22.59	廣東	37.52	上海	20.53
金屬礦採選業	廣西	25.73	遼寧	19.24	上海	16.26	山東	9.69
非金屬礦採選業	遼寧	25.87	山東	14.03	福建	30.06	廣東	22.81
食品製造及菸草加工業	山東	27.96	廣東	16.43	山東	26.47	廣東	26.39
紡織業	浙江	22.3	江蘇	17.48	上海	23.69	江蘇	19.68
服裝、皮革、羽絨及其製品業	廣東	32.97	江蘇	21	廣東	45.99	山東	20.82
木材加工及家具製造業	廣東	42.85	江蘇	10.96	廣東	43.02	上海	22.75
造紙印刷及文教用品製造業	廣東	59.84	江蘇	8.64	廣東	57.99	江蘇	26.58
石油加工、煉焦及核燃料加工業	遼寧	30.81	天津	24.05	廣東	53.98	上海	13.71
化學工業	廣東	26.48	上海	15.1	廣東	44.15	上海	15.87
非金屬礦物製品業	廣東	33.13	山東	10.83	廣東	29.26	上海	18.01
金屬冶煉及壓延加工業	廣東	36.84	甘肅	9.47	廣東	43.55	江蘇	14.53
金屬製品業	上海	19.92	廣東	19.76	上海	44.71	山東	11.3
通用、專用設備製造業	廣東	51.99	浙江	13.96	廣東	23.95	江蘇	14.74

表5.4(續)

	出口				進口		
交通運輸設備製造業	廣東	25.1	江蘇	20.31	上海	23	廣東	20.45
電氣機械及器材製造業	廣東	46.52	浙江	13.55	廣東	40.64	江蘇	17.89
通信設備、計算機及其他電子設備製造業	廣東	41.07	江蘇	22.55	廣東	41.66	江蘇	17.32
儀器儀表及文化、辦公用機械製造業	廣東	61.71	上海	8.49	廣東	61.91	上海	11.03
其他製造業	廣東	18.05	山東	13.7	廣東	38.85	上海	19.11
電力、熱力的生產和供應業	廣東	99.86	內蒙古	0.1	廣東	95.1	遼寧	4.9
燃氣的生產和供應業	天津	92.72	遼寧	6.23	上海	95.96	吉林	2.94
水的生產和供應業	—	—	—	—	—	—	—	—
建築業	北京	58.33	上海	22.1	北京	61.51	上海	18.54
交通運輸、倉儲和郵政業	上海	31.46	廣東	26.86	上海	64.92	天津	14.15
批發、零售業和住宿、餐飲業	廣東	56.94	浙江	20.68	浙江	59.95	上海	14.84
其他服務業	北京	43.19	上海	35.09	上海	60.77	北京	25.59

註：水的生產和供應業各個地區的進出口均為0。

從表5.4可以得到以下兩個結論：

（1）從出口來看，山西、山東、遼寧和廣西等礦產資源與能源資源豐富的地區在出口煤炭開採洗選業、石油和天然氣開採業、金屬礦採選業和非金屬礦採選業等資源採掘業行業上佔有絕對比重。而廣東、江蘇、浙江、上海等沿海發達地區在出口中下游工業行業和服務業上佔有較大比重。其中，廣東出口化學工業、非金屬礦物製品業、金屬冶煉及壓延加工業，以及電力、熱力的生產和供應業四大碳強度較高的行業佔有較大比重。

（2）從進口來看，廣東、上海和江蘇三大地區在絕大部分行業的進口上都佔有較大比重，而如浙江和福建等沿海地區僅在少量行業的進口上佔有較大比重，浙江僅在批發、零售業和

住宿、餐飲業上進口比重排名第一，福建僅在非金屬礦採選業上進口比重排名第一。這說明我國各大行業的進口主要被廣東、上海和江蘇三大地區所吸收，內陸省市的進口量只佔有很小的部分。

綜上所述，從各個地區分行業省際貿易和國際貿易來看，以內向型經濟為主的中西部能源資源和礦產資源較豐富的省市向其他省市流出了大量的煤炭開採和洗選業、石油和天然氣開採業、石油加工煉焦及核燃料加工業、非金屬礦物製品業、金屬冶煉及壓延加工業和電力、熱力的生產和供應業等資源型行業，也向國外出口了較多的煤炭、金屬礦和非金屬礦資源，而省際調入量和進口量都非常小。發達省市通過省際貿易流入了大量的資源型行業支撐本地經濟發展，流出占比較高的行業集中在紡織服裝業、機械製造業和第三產業等行業碳強度較低的中下游行業上，並且廣東、上海和江蘇三大沿海地區大量吸收了我國進口的各個行業。

5.3 地區貿易隱含能源二氧化碳排放量分析

5.3.1 地區貿易隱含能源二氧化碳排放的測量方法

地區貿易隱含能源二氧化碳排放是從最終產品使用的角度進行測量的。其總量的計算公式為：

$$coe = e\left[(I-a)^{-1}Y\right] \tag{5.2}$$

式中，coe 為地區貿易隱含能源二氧化碳排放量，e 為行業直接碳強度行向量，$(I-a)^{-1}$ 為列昂剔夫逆矩陣，Y 為地區貿易最終產品列向量。式（5.2）中的 $e(I-a)^{-1}$ 部分也可以看成行業的完全碳排放係數，用 $\bar{e}$ 表示。所以，地區貿易隱含能源二

氧化碳排放量的計算公式也可以表示為：

$$coe = \bar{e}Y \tag{5.3}$$

可見，地區貿易隱含能源二氧化碳排放量由行業完全碳排放係數和地區貿易最終產品決定。

地區貿易最終產品列向量有幾種形式：第一種是某地區出口產品列向量，第二種是某地區省際調出產品列向量，第三種是某地區進口產品列向量，第四種是某地區省際調入產品列向量。第一種和第二種貿易形式表示的能源二氧化碳排放是由本地生產產品引起的，但是這些產品通過出口或者流出到其他省市，並未在本地消費；而第三種和第四種貿易形式表示的能源二氧化碳排放是由本地進口或者從其他省市流入的貿易產品生產引起的，這種二氧化碳排放並沒有留在本地。

5.3.2 數據來源和整理

地區貿易最終產品的數據來自《2002年中國地區擴展投入產出表：編製與應用》。2002年行業直接碳強度的數據通過中國能源統計年鑑各行業的各類能源消耗量和各地區2002年投入產出表各行業的總產出計算得到，表示各行業總產品的直接碳排放強度，而由直接碳強度與列昂惕夫逆矩陣可以得到各個行業的完全碳排放係數。其結果見表5.5。

表5.5　2002年各行業總產品的完全碳排放係數

單位：噸/萬元

行業	完全碳排放係數
農、林、牧、漁業	2.131,9
煤炭開採和洗選業	6.160,7
石油和天然氣開採業	7.902,2
金屬礦採選業	5.730,5

表5.5(續)

行業	完全碳排放係數
非金屬礦及其他礦採選業	4.530,1
食品製造及菸草加工業	2.451,7
紡織業	3.390,9
紡織服裝、鞋帽、皮革、羽絨及其製品業	2.791,2
木材加工及家具製造業	3.460,5
造紙印刷及文教體育用品製造業	3.568,0
石油加工、煉焦及核燃料加工業	21.386,3
化學工業	6.627,6
非金屬礦物製品業	7.748,0
金屬冶煉及壓延加工業	9.546,7
金屬製品業	6.099,6
通用、專用設備製造業	4.744,4
交通運輸設備製造業	4.196,0
電氣機械及器材製造業	4.910,1
通信設備、計算機及其他電子設備製造業	3.427,9
儀器儀表及文化、辦公用機械製造業	3.888,8
工藝品及其他製造業	2.748,7
電力、熱力的生產和供應業	17.107,6
燃氣的生產和供應業	11.424,6
水的生產和供應業	4.650,7
建築業	4.812,9
交通運輸、倉儲和郵政業	6.604,1
批發、零售業和住宿、餐飲業	2.163,7
其他行業	2.108,1

從表5.5可以看出，石化行業，電力、熱力的生產和供應

業，金屬冶煉製品業，採掘業，交通運輸、倉儲和郵政業仍是高碳排放行業。

5.3.3 省際貿易隱含能源二氧化碳排放分析

5.3.3.1 省際轉出最終產品隱含能源二氧化碳排放分析

從省際轉出最終產品隱含能源二氧化碳總量和單位產品隱含能源二氧化碳兩個角度進行分析，單位產品隱含能源二氧化碳為省際轉出最終產品隱含能源二氧化碳總量除以省際調出最終產品。其結果見表5.6。

表5.6 省際轉出最終產品隱含能源二氧化碳情況表

地區	省際轉出總量（萬噸）	單位產品轉出（噸/萬元）	地區	省際轉出總量（萬噸）	單位產品轉出（噸/萬元）	地區	省際轉出總量（萬噸）	單位產品轉出（噸/萬元）
浙江	12,754.35	1.79	河南	4,605.78	2.61	山西	1,992.71	3.07
河北	11,324.81	2.38	重慶	3,824.58	2.03	江西	1,896.77	2.02
廣東	10,933.55	2.18	黑龍江	3,820.12	2.37	四川	1,661.03	1.68
遼寧	9,449.56	3.99	甘肅	2,641.95	5.79	內蒙古	1,620.74	1.93
江蘇	9,252.78	1.95	陝西	2,627.30	2.28	貴州	1,182.61	2.00
山東	8,051.79	2.33	湖南	2,449.19	1.80	雲南	1,040.65	1.49
上海	6,228.39	1.86	廣西	2,298.15	1.67	天津	1,016.69	0.49
吉林	5,961.63	2.44	湖北	2,207.28	1.86	寧夏	630.97	3.07
北京	5,492.22	1.62	新疆	2,134.71	2.94	海南	560.30	1.35
安徽	4,906.66	1.65	福建	2,091.91	2.16	青海	438.80	2.30

從表5.6可以看出，浙江、廣東、江蘇、上海和北京等經濟發達地區省際轉出最終產品隱含能源二氧化碳總量較多。單位產品轉出能源二氧化碳排名前四位的地區為甘肅、遼寧、寧夏、山西和新疆，分別為5.79噸/萬元、3.99噸/萬元、3.07噸/萬元、3.07噸/萬元和2.94噸/萬元，而京津、東部沿海等發達地區單位產品轉出能源二氧化碳處於全國中等或中等偏下

的位置。遼寧省無論從總量還是從單位量來看都較為靠前。

這與各個地區省際流出的產業有較大關係，廣東和江蘇流出了大量的化學工業，分別占到省際流出總量的 14.86% 和 10.39%，浙江流出了大量的服裝皮革及羽絨製品業，占到流出總量的 50.17%，上海流出了大量的交通運輸、倉儲和郵政業，占流出總量的 12.64%，北京流出了大量的批發、零售業和住宿、餐飲業，占流出總量的 11.28%，而化學工業，交通運輸、倉儲和郵政業，批發、零售業和住宿、餐飲業的行業總產品直接碳強度處於中等偏上水平。而單位產品流出能源二氧化碳較多的地區流出的產業集中在高碳排放行業上，甘肅和遼寧以流出石油加工煉焦及核燃料加工業與金屬冶煉及壓延加工業為主，山西以流出煤炭開採和洗選業，電力、熱力的生產和供應業為主，新疆以流出石油和天然氣開採業、石油加工煉焦及核燃料加工業為主。

可見，經濟發展水平較高的地區省際轉出產品隱含能源二氧化碳總量較高，但由於其主要以流出中下游產品為主，行業直接碳強度不高，使其單位產品轉出能源二氧化碳不高。而能源資源或金屬礦產資源豐富的地區由於流出的行業以資源型為主，單位產品轉出能源二氧化碳水平較高，但由於其人口眾多，經濟總量有限，省際流出產品隱含能源二氧化碳總量不高。

5.3.3.2　省際轉入最終產品隱含能源二氧化碳排放分析

從省際轉入最終產品隱含能源二氧化碳總量和單位產品隱含能源二氧化碳兩個角度進行分析，單位產品隱含能源二氧化碳為省際轉入最終產品隱含能源二氧化碳總量除以省際流入最終產品。其結果見表 5.7。

表 5.7　各省市省際轉入最終產品的能源二氧化碳情況表

地區	省際轉入總量（萬噸）	單位產品轉入（噸/萬元）	地區	省際轉入總量（萬噸）	單位產品轉入（噸/萬元）	地區	省際轉入總量（萬噸）	單位產品轉入（噸/萬元）
浙江	16,118.32	2.94	遼寧	4,442.16	2.42	廣西	2,138.33	1.29
廣東	10,979.07	2.21	河南	3,727.62	2.14	雲南	1,596.10	1.65
江蘇	10,024.23	2.99	福建	3,230.52	2.21	新疆	1,589.13	1.89
山東	10,003.89	3.07	陝西	2,962.71	2.27	山西	1,073.27	1.53
河北	9,998.15	2.49	湖北	2,813.89	2.26	海南	1,029.18	2.06
上海	7,785.82	3.37	黑龍江	2,775.32	2.13	天津	976.35	0.48
北京	6,591.40	1.89	甘肅	2,576.24	3.76	內蒙古	918.18	1.25
吉林	6,503.10	2.52	四川	2,518.29	2.17	貴州	893.67	1.17
安徽	5,194.59	1.72	湖南	2,410.56	2.00	寧夏	884.25	2.40
重慶	4,939.68	2.28	江西	2,337.02	2.02	青海	547.98	1.67

從表 5.7 可以看出，浙江、廣東、江蘇、上海和北京等發達地區省際轉入最終產品隱含能源二氧化碳總量較多，並且其單位產品轉入能源二氧化碳的排名也靠前，上海、江蘇和浙江單位產品轉入能源二氧化碳分別排名第二、第四和第五位。西部地區省際轉入最終產品隱含能源二氧化碳總量普遍較少，單位產品轉入能源二氧化碳也較低。

這同樣與各個地區流入的產業有較大的關係，北京和廣東流入了大量的電力、熱力的生產和供應業，分別占到省際流入總量的 21.37% 和 14.82%，廣東還流入了大量的造紙印刷及文教用品製造業，占到省際流入總量的 50.24%，江蘇流入了大量的燃氣生產和供應業，占到省際流入總量的 10.08%，而浙江對大部分高碳排放行業都有較大量的流入，煤炭開採和洗選業，石油和天然氣開採業，石油加工、煉焦及核燃料加工業，化學工業，金屬冶煉及壓延加工業，批發、零售、住宿、餐飲業流入量分別占到省際流入總量的 10.27%、10.54%、8.56%、

14.9%、16.91%和15.93%。正是因為這些地區流入行業的行業直接碳排強度較高，也使這些地區單位產品轉入的能源二氧化碳排放較高。而西部地區由於人口眾多，產業結構中直接碳強度較高行業占比高，使其需要從外省流入大量的食品製造及菸草加工業、紡織服裝業、化學工業、交通運輸設備製造業和通用、專用設備製造業等中下游行業滿足本地需求。這些行業直接碳強度不高，且流入數量有限，使西部地區省際轉入最終產品能源二氧化碳總量和單位產品轉入能源二氧化碳都不高。

可見，經濟發展水平較高的地區流入了大量的能源資源和資源型高碳排放行業支撐本地經濟發展，使其省際轉入產品隱含能源二氧化碳總量和單位產品轉入能源二氧化碳都較高。而能源資源或金屬礦產資源豐富的西部地區由於流入了大量的中下游行業以彌補本地高碳排放產業結構無法滿足的多層次需求，使其省際轉入產品隱含能源二氧化碳總量和單位產品轉入能源二氧化碳都較少。

5.3.3.3 省際貿易淨轉入能源二氧化碳分析

從前面的分析可以看到一個地區省際碳轉出和轉入與其資源稟賦和產業結構有較大的關係。對於資源稟賦貧乏、高碳排放行業占比較低的地區，需要從外省市流入大量的資源型行業支撐本地經濟發展；對於礦產資源和能源資源較為豐富的西部地區，需要從其他省市流入大量的中下游行業彌補本地高碳排放產業結構無法滿足的多層次需求。在此基礎上就地區的省際貿易淨轉入能源二氧化碳量進行分析，為下文碳排放權的地區分解打下基礎。其結果見表5.8。

表5.8　　省際貿易能源二氧化碳淨轉入表　　單位：萬噸

地區	省際淨轉入	地區	省際淨轉入	地區	省際淨轉入
浙江	3,363.77	吉林	541.46	甘肅	-65.71

表5.8(續)

地區	省際淨轉入	地區	省際淨轉入	地區	省際淨轉入
山東	1,952.11	海南	468.87	廣西	-159.82
上海	1,557.43	江西	440.25	貴州	-288.94
福建	1,138.61	陝西	335.41	新疆	-545.58
重慶	1,115.11	安徽	287.92	內蒙古	-702.56
北京	1,099.18	寧夏	253.28	河南	-878.16
四川	857.26	青海	109.18	山西	-919.44
江蘇	771.46	廣東	45.52	黑龍江	-1,044.80
湖北	606.61	湖南	-38.63	河北	-1,326.66
雲南	555.45	天津	-40.34	遼寧	-5,007.40

　　從表5.8可以看出，省際貿易能源二氧化碳淨轉入量為負的地區都擁有較為豐富的能源資源或者是礦產資源，河北擁有豐富的煤炭和石油資源，山西有豐富的煤炭資源，內蒙古的天然氣和硫鐵礦較為豐富，遼寧的礦產資源豐富多樣，黑龍江的石油和天然氣資源豐富，河南的金屬礦資源豐富，廣西的金屬礦和非金屬礦資源豐富，貴州的有色金屬礦資源豐富，甘肅和新疆的石油資源豐富。正是因為這些地區的資源豐富使其優勢行業多以資源型行業為主，產業結構中高碳排放行業占比較高，山西和甘肅的高碳排放行業占比都在80%以上，黑龍江、內蒙古、河北和貴州的高碳排放行業占比在60%以上，而遼寧、河南、新疆和廣西的高碳排放行業占比都在50%以上。而省際貿易能源二氧化碳淨轉入為正的地區高碳排放行業占比相對較低。可見，省際貿易能源二氧化碳淨轉入與一個地區的高碳排放行業占比關係密切。

5.3.3.4 各區域省際碳排放轉移總量分析

將我國各省市分為八大區域進行省際碳轉移的分析，可以進一步分析碳轉移的方向和結構。

(1) 東北區域

從表5.9可以看出，東北區域轉移出去的碳排放總計是2,540.58萬噸。其中：轉移給中部地區的碳排放最多，占比為38.79%；轉移至北部沿海和東部沿海區域，占比分別為21.14%和21.04%；轉移給西北區域和西南區域的碳排放較少，占比合計為5.08%。從東北區域碳轉移的行業結構來看，食品製造菸草加工業和紡織服裝業等輕工業和其他服務業碳轉移量較大，分別為520萬噸、347.63萬噸和440.28萬噸，合計占比51.48%。落實到具體行業，東北農業、造紙印刷及文教用品製造業、機械工業、其他製造業和商業運輸業向北部沿海轉出的碳排放量最多；紡織服裝業、木材加工及家具製造業、化學工業和電氣機械及電子通信設備製造業向東部沿海轉移的碳排放量最多；食品製造機菸草加工業、非金屬礦物製品業和交通運輸設備製造業向中部轉移的碳排放量最多；東北採選業、金屬冶煉及製品業向西北轉移的碳排放量最多。

表5.9　　　　東北區域的碳轉移情況表　　　　單位：萬噸

	東北轉移給京津	東北轉移給北部沿海	東北轉移給東部沿海	東北轉移給南部沿海	東北轉移給中部	東北轉移給西北	東北轉移給西南	行業合計
農業	4.05	55.00	23.14	10.23	36.78	2.35	4.67	136.21
採選業	0.06	10.47	0.10	0.07	11.01	30.32	0.45	52.48
食品製造及菸草加工業	34.69	141.31	98.50	57.48	157.14	5.50	25.38	520.00
紡織服裝業	13.53	93.43	115.85	61.22	53.23	1.05	9.30	347.63
木材加工及家具製造業	1.50	6.84	9.67	6.07	6.76	0.35	2.75	33.96
造紙印刷及文教用品製造業	0.62	6.79	4.84	4.08	4.00	2.06	0.58	22.98

表5.9(續)

	東北轉移給京津	東北轉移給北部沿海	東北轉移給東部沿海	東北轉移給南部沿海	東北轉移給中部	東北轉移給西北	東北轉移給西南	行業合計
化學工業	11.75	48.72	54.95	6.15	19.77	0.29	2.81	144.43
非金屬礦物製品業	0.31	5.07	1.64	1.88	5.53	-1.06	0.43	13.82
金屬冶煉及製品業	-1.37	-5.34	-6.84	-0.02	-3.74	6.26	-1.05	-12.09
機械工業	3.60	48.88	43.96	3.86	34.67	1.50	3.11	139.58
交通運輸設備製造業	7.17	12.28	60.26	6.37	159.47	5.60	2.76	253.92
電氣機械及電子通信設備製造業	17.54	36.37	90.05	64.80	18.21	0.56	5.31	232.85
其他製造業	0.87	8.19	5.74	5.50	5.57	3.22	0.66	29.75
電氣蒸汽熱水、煤氣自來水生產和供應業	0.00	22.43	0.00	0.00	0.00	0.00	0.00	22.43
建築業	0.00	0.00	0.00	0.00	0.00	0.00	0.00	0.00
商業、運輸業	11.85	46.53	32.56	20.56	36.88	9.39	4.57	162.33
其他服務業	0.00	0.00	0.00	0.00	440.28	0.00	0.00	440.28
區域合計	106.18	536.98	534.44	248.28	985.55	67.40	61.75	2,540.58

（2）京津區域

從表5.10可以看出，京津區域轉移出去的碳排放量總計是893.92萬噸。其中：轉出給北部沿海地區的碳排放量最多，占比為41.22%；轉出給西南區域的碳排放量較少，占比僅為2.01%。從京津區域碳轉移行業結構來看，食品製造菸草加工業和紡織服裝業等輕工業，以及電氣蒸汽熱水、煤氣自來水生產供應業的碳轉移量較大，分別為157.86萬噸、116.09萬噸和107.09萬噸，合計占比為42.63%。從具體行業來看，京津區域的17個行業中有12個行業向北部沿海區域轉出的碳排放量最多，包括農業，採選業，食品製造及菸草加工業，紡織服裝業，木材加工及家具製造業，造紙印刷及文教用品製造業，化學工業，非金屬礦物製品業，機械工業，電氣機械及電子通信設備

製造業，電氣蒸汽熱水、煤氣自來水生產和供應業，商業、運輸業；交通運輸設備製造業向東部沿海區域轉出的碳排放量最多；其他製造業向中部區域轉出的碳排放量最多。

表 5.10　　　　　京津區域的碳轉移情況表　　　單位：萬噸

	京津轉移給東北	京津轉移給北部沿海	京津轉移給東部沿海	京津轉移給南部沿海	京津轉移給中部	京津轉移給西北	京津轉移給西南	行業合計
農業	7.23	27.00	6.61	2.84	15.23	12.30	1.69	72.90
採選業	0.60	6.36	0.71	0.09	4.23	1.77	0.20	13.96
食品製造及菸草加工業	14.04	58.44	16.34	8.50	40.11	15.08	5.35	157.86
紡織服裝業	6.52	51.09	23.54	14.10	14.82	3.41	2.62	116.09
木材加工及家具製造業	5.98	9.64	3.51	2.53	5.24	1.86	1.28	30.04
造紙印刷及文教用品製造業	0.50	5.09	1.44	1.07	1.92	0.28	0.22	10.52
化學工業	3.64	19.96	10.03	1.74	8.22	2.49	0.97	47.05
非金屬礦物製品業	5.39	27.35	3.72	4.19	18.53	3.36	1.18	63.73
金屬冶煉及製品業	-2.26	-4.10	-2.00	0.05	-3.08	-2.62	-0.52	-14.52
機械工業	7.92	28.89	10.53	0.84	13.86	3.04	1.01	66.09
交通運輸設備製造業	6.48	13.09	23.24	2.37	9.97	1.68	1.64	58.47
電氣機械及電子通信設備製造業	6.76	36.08	23.58	13.38	10.28	3.90	1.54	95.50
其他製造業	0.84	14.94	3.37	2.69	6.78	0.77	0.62	30.01
電氣蒸汽熱水、煤氣自來水生產和供應業	0.00	59.34	0.00	0.00	47.75	0.00	0.00	107.09
建築業	0.00	0.00	0.00	0.00	0.00	0.00	0.00	0.00
商業、運輸業	3.71	15.38	4.22	2.39	8.61	4.08	0.78	39.15
其他服務業	0.00	0.00	0.00	0.00	0.00	0.00	0.00	0.00
區域合計	67.34	368.53	128.84	56.78	202.47	51.40	18.55	893.92

（3）北部沿海區域

從表 5.11 可以看出，北部沿海區域轉移出去的碳排放量總計是 2,560.3 萬噸。其中：轉移給東部沿海地區的碳排放最多，

占比為51.65%；轉移給西北區域和西南區域的碳排放較少，占比合計僅為5.39%。從北部沿海區域碳轉移行業結構來看，交通運輸設備製造業和電氣機械及電子通信設備製造業，以及食品製造和菸草加工業的碳轉出量較大，分別為805.7萬噸、329.69萬噸和451.46萬噸，占比合計為61.98%。從具體行業來看，北部沿海的17個大行業中有10個行業都向東部沿海區域轉出的碳排放量最多，包括紡織服裝業，木材加工及家具製造業，造紙印刷及文教用品製造業，化學工業，機械工業，交通運輸設備製造業，電氣機械及電子通信設備製造業，其他製造業，電氣蒸汽熱水、煤氣自來水生產和供應業，商業、運輸業；而農業、採選業、食品製造及菸草加工業和非金屬礦物製品業向中部轉出的碳排放量最多。

表 5.11　　　　北部沿海區域的碳轉移情況表　　　單位：萬噸

	北部沿海轉移給東北	北部沿海轉移給京津	北部沿海轉移給東部沿海	北部沿海轉移給南部沿海	北部沿海轉移給中部	北部沿海轉移給西北	北部沿海轉移給西南	行業合計
農業	14.71	7.38	27.81	11.29	50.35	13.45	4.92	129.90
採選業	-0.52	-0.22	0.20	0.04	4.62	0.38	0.30	4.79
食品製造及菸草加工業	27.37	37.46	156.47	35.72	156.64	19.71	18.08	451.46
紡織服裝業	8.22	12.82	127.20	36.63	39.40	2.95	5.85	233.07
木材加工及家具製造業	8.80	5.82	36.24	8.95	24.29	2.76	4.96	91.82
造紙印刷及文教用品製造業	0.95	1.18	11.84	4.34	7.33	0.45	0.73	26.82
化學工業	12.39	19.57	67.75	8.98	56.30	7.04	5.46	177.48
非金屬礦物製品業	5.37	3.35	11.20	8.28	40.98	1.90	2.49	73.56
金屬冶煉及製品業	-12.29	-9.55	-22.13	-0.95	-38.64	-10.82	-4.70	-99.07
機械工業	5.19	1.92	32.09	1.16	18.52	1.47	1.15	61.50
交通運輸設備製造業	37.11	14.84	579.41	30.54	116.76	8.98	18.05	805.70
電氣機械及電子通信設備製造業	10.71	26.17	191.16	56.98	28.07	10.71	5.90	329.69

表5.11(續)

	北部沿海轉移給東北	北部沿海轉移給京津	北部沿海轉移給東部沿海	北部沿海轉移給南部沿海	北部沿海轉移給中部	北部沿海轉移給西北	北部沿海轉移給西南	行業合計
其他製造業	2.13	4.82	38.88	15.34	38.02	1.60	3.01	103.81
電氣蒸汽熱水、煤氣自來水生產和供應業	2.39	2.00	17.95	0.00	15.98	1.44	0.00	39.75
建築業	0.00	0.00	0.00	0.00	0.00	0.00	0.00	0.00
商業、運輸業	8.71	12.37	46.46	12.08	40.65	6.52	3.22	130.00
其他服務業	0.00	0.00	0.00	0.00	0.00	0.00	0.00	0.00
區域合計	131.24	139.94	1,322.52	229.8	599.26	68.54	69.41	2,560.30

(4) 東部沿海區域

從表5.12可以看出，東部沿海區域轉移出去的碳排放量總計是2,942萬噸。其中：轉出給中部地區的碳排放量最多，為1,147.6萬噸，占比為39%；轉出給京津區域、西北區域和西南區域的碳排放量較少，占比合計僅為9.46%。從東部沿海區域碳轉移行業結構來看，機械工業和食品製造及菸草加工業的碳轉出量較大，分別為686.2萬噸和691.84萬噸，占比合計為46.84%。從具體行業來看，東部沿海區域17個行業中有11個行業向中部區域轉出的碳排放量最多，包括：農業，採選業，食品製造及菸草加工業，木材加工及家具製造業，化學工業，非金屬礦物製品業，機械工業，交通運輸設備製造業，其他製造業，電氣蒸汽熱水、煤氣自來水生產和供應業，商業、運輸業；紡織服裝業、造紙印刷及文教用品製造業和電氣機械及電子通信設備製造業向南部沿海轉出的碳排放量最多。

表5.12　　東部沿海區域的碳轉移情況表　　單位：萬噸

	東部沿海轉移給東北	東部沿海轉移給京津	東部沿海轉移給北部沿海	東部沿海轉移給南部沿海	東部沿海轉移給中部	東部沿海轉移給西北	東部沿海轉移給西南	行業合計
農業	9.88	2.74	53.25	26.20	67.50	10.40	8.02	177.98
採選業	-1.42	-0.21	5.97	-1.04	14.27	0.23	1.02	18.81

表5.12(續)

	東部沿海轉移給東北	東部沿海轉移給京津	東部沿海轉移給北部沿海	東部沿海轉移給南部沿海	東部沿海轉移給中部	東部沿海轉移給西北	東部沿海轉移給西南	行業合計
食品製造及菸草加工業	24.55	19.44	155.20	121.95	307.53	21.21	41.95	691.84
紡織服裝業	5.43	4.94	60.96	78.83	63.83	2.74	10.00	226.74
木材加工及家具製造業	1.60	0.58	5.72	8.34	12.98	0.35	3.01	32.59
造紙印刷及文教用品製造業	0.19	0.14	2.83	3.20	3.08	0.13	0.40	9.97
化學工業	11.24	14.29	71.15	35.21	84.75	9.79	9.92	236.34
非金屬礦物製品業	5.72	1.37	39.59	31.27	75.52	2.44	6.16	162.06
金屬冶煉及製品業	−5.09	−2.18	−10.64	9.13	−35.27	−6.73	−8.47	−59.25
機械工業	44.53	9.19	266.58	36.58	289.60	15.90	23.82	686.20
交通運輸設備製造業	11.97	5.14	40.08	38.18	99.03	4.50	17.43	216.33
電氣機械及電子通信設備製造業	5.58	8.06	39.49	104.96	33.12	9.93	6.82	207.95
其他製造業	1.23	1.51	28.52	31.86	43.54	1.14	4.10	111.91
電氣蒸汽熱水、煤氣自來水生產和供應業	0.00	0.00	15.90	23.69	32.70	0.00	0.00	72.28
建築業	0.00	0.00	0.00	0.00	0.00	0.00	0.00	0.00
商業、運輸業	6.38	5.22	38.77	32.51	55.44	5.77	6.16	150.24
其他服務業	0.00	0.00	0.00	0.00	0.00	0.00	0.00	0.00
區域合計	121.79	70.22	813.37	580.86	1,147.6	77.81	130.34	2,942.00

（5）南部沿海區域

從表5.13可以看出，南部沿海區域轉移出去的碳排放量總計是2,769.71萬噸。其中：轉移給東部沿海和中部地區的碳排放量較多，占比為69.5%，轉移給東北、京津和西北區域的碳排放量較少，占比合計為6.66%。從南部沿海區域碳轉移行業結構來看，農業、食品製造及菸草加工業和電氣機械及電子通信設備製造業的碳轉出量較大，分別為433.47萬噸、444.68萬噸和479.18萬噸，合計占比為49.01%。從具體行業來看，南

部沿海區域的紡織服裝業、化學工業、機械工業、交通運輸設備製造業和電氣機械及電子通信設備製造業向東部沿海轉出的碳排放量最多；而農業、採選業、食品製造及菸草加工業、木材加工及家具製造業、造紙印刷及文教用品製造業、非金屬礦物製品業、其他製造業和商業運輸業向中部轉出的碳排放量最多。

表 5.13　　　　南部沿海區域的碳轉移情況表　　　單位：萬噸

	南部沿海轉移給東北	南部沿海轉移給京津	南部沿海轉移給北部沿海	南部沿海轉移給東部沿海	南部沿海轉移給中部	南部沿海轉移給西北	南部沿海轉移給西南	行業合計
農業	8.66	6.72	59.70	104.43	191.81	24.52	37.62	433.47
採選業	-1.40	-0.06	2.87	0.01	16.19	-0.32	3.32	20.60
食品製造及菸草加工業	10.18	12.33	56.98	88.60	196.93	9.71	69.95	444.68
紡織服裝業	3.38	5.07	35.76	108.71	57.76	1.89	27.03	239.60
木材加工及家具製造業	2.71	1.37	13.57	54.37	55.29	1.20	26.88	155.39
造紙印刷及文教用品製造業	0.51	0.58	7.04	12.38	12.99	0.39	4.81	38.70
化學工業	7.11	13.94	40.76	160.96	85.56	8.36	30.95	347.64
非金屬礦物製品業	2.28	0.57	17.22	14.00	49.66	1.43	12.20	97.37
金屬冶煉及製品業	-2.47	-1.47	12.29	-25.22	-34.64	-4.35	-19.64	-75.50
機械工業	3.79	1.18	19.13	39.26	35.40	1.52	7.40	107.67
交通運輸設備製造業	3.05	11.66	9.65	118.24	40.38	1.26	14.85	199.09
電氣機械及電子通信設備製造業	9.10	10.24	67.22	255.97	94.59	15.02	27.04	479.18
其他製造業	1.03	2.02	26.50	35.78	73.45	1.16	17.23	157.17
電氣蒸汽熱水、煤氣自來水生產和供應業	0.00	0.00	0.00	3.90	5.82	0.00	0.00	9.72
建築業	0.00	0.00	0.00	0.00	0.00	0.00	0.00	0.00
商業、運輸業	3.24	4.05	18.16	29.70	43.58	3.31	12.90	114.94
其他服務業	0.00	0.00	0.00	0.00	0.00	0.00	0.00	0.00
區域合計	51.17	68.22	386.84	1,001.09	924.76	65.10	272.53	2,769.71

(6) 中部區域

從表 5.14 可以看出，中部區域轉移出去的碳排放量總計是 5,188.45 萬噸。其中：轉出給東部沿海地區的碳排放量較多，占比為 43.47%，轉移給東北和京津區域的碳排放量較少，占比合計為 4.93%。從中部區域碳轉移行業結構來看，電氣機械及電子通信設備製造業、交通運輸設備製造業、機械工業、化學工業等重工業和紡織服裝業、食品製造和菸草加工業等輕工業的碳轉移量較大，分別為 1,033.63 萬噸、810.2 萬噸、838.2 萬噸、596.82 萬噸、796.04 萬噸和 594.88 萬噸。從具體行業來看，中部區域的農業、採選業、食品製造及菸草加工業、造紙印刷及文教用品製造業、其他製造業、非金屬礦物製品業和商業、運輸業向北部沿海轉移的碳排放量最多，而紡織服裝業、木材加工及家具製造業、化學工業、機械工業、交通運輸設備製造業、電氣機械及電子通信設備製造業以及電氣蒸汽熱水、煤氣自來水生產和供應業向東部沿海轉移的碳排放量最多。

表 5.14　　　　中部沿海區域的碳轉移情況表　　　單位：萬噸

	中部轉移給東北	中部轉移給京津	中部轉移給北部沿海	中部轉移給東部沿海	中部轉移給南部沿海	中部轉移給西北	中部轉移給西南	行業合計
農業	7.84	2.37	57.26	39.90	18.67	20.29	14.06	160.40
採選業	-0.49	-0.29	6.66	0.43	0.16	-2.23	2.34	6.59
食品製造及菸草加工業	23.12	19.55	183.92	167.31	86.00	42.01	72.98	594.88
紡織服裝業	12.65	12.82	201.16	327.10	182.42	11.32	48.56	796.04
木材加工及家具製造業	1.34	1.03	11.46	18.10	10.45	0.78	6.93	50.08
造紙印刷及文教用品製造業	0.83	0.66	16.59	15.70	11.36	1.16	3.29	49.60
化學工業	21.14	19.67	169.49	280.05	47.40	28.72	30.34	596.82
非金屬礦物製品業	2.14	0.78	22.33	9.85	11.62	1.77	3.50	51.99
金屬冶煉及製品業	-4.81	-3.13	-16.02	-19.26	2.71	-9.37	-8.24	-58.13

表5.14(續)

	中部轉移給東北	中部轉移給京津	中部轉移給北部沿海	中部轉移給東部沿海	中部轉移給南部沿海	中部轉移給西北	中部轉移給西南	行業合計
機械工業	40.36	10.17	320.08	359.29	28.40	32.68	47.23	838.20
交通運輸設備製造業	23.91	4.90	96.30	539.38	56.02	17.84	71.86	810.20
電氣機械及電子通信設備製造業	16.75	27.31	159.87	440.27	277.53	66.86	45.05	1,033.63
其他製造業	0.35	0.38	7.66	7.35	6.01	0.52	1.55	23.81
電氣蒸汽熱水、煤氣自來水生產和供應業	0.00	0.00	10.90	13.98	9.83	2.12	3.59	40.42
建築業	0.00	0.00	0.00	0.00	0.00	0.00	0.00	0.00
商業、運輸業	7.69	7.02	61.97	56.19	31.41	14.93	14.70	193.92
其他服務業	0.00	0.00	0.00	0.00	0.00	0.00	0.00	0.00
區域合計	152.81	103.23	1,309.63	2,255.64	779.99	229.40	357.76	5,188.45

(7) 西北區域

從表5.15可以看出，西北區域轉移出去的碳排放總計是2,701.02萬噸。其中：轉移給中部和東部沿海區域的碳排放量較多，占比合計為49.64%；轉移給京津區域的碳排放量較少，占比僅為3.73%。從中部區域碳轉移行業結構來看，紡織服裝業、食品製造及菸草加工業等輕工業和機械工業、交通運輸設備製造業等重工業的碳轉出量較多，占比合計為63.6%。從具體行業來看，西北的17個行業中有10個行業向中部轉出的碳排放量最多，包括農業、採選業、食品製造及菸草加工、木材加工及家具製造業、造紙印刷及文教用品製造業、非金屬礦物製品業、機械工業、其他製造業以及電氣蒸汽熱水、煤氣自來水生產和供應業與商業、運輸業；化學工業和金屬冶煉及製品業向北部沿海轉出的碳排放量最多，紡織服裝業、交通運輸設備製造業和電氣機械及電子通信設備製造業向東部沿海轉出的碳排放量最多。

表 5.15　　　　　西北沿海區域的碳轉移情況表　　　單位：萬噸

	西北轉移給東北	西北轉移給京津	西北轉移給北部沿海	西北轉移給東部沿海	西北轉移給南部沿海	西北轉移給中部	西北轉移給西南	行業合計
農業	3.48	0.83	16.08	6.75	3.95	29.14	4.90	65.12
採選業	0.37	0.01	3.10	0.10	0.31	6.02	1.06	10.97
食品製造及菸草加工業	20.65	13.23	65.21	43.36	27.24	130.53	42.68	342.91
紡織服裝業	20.85	16.49	139.59	154.09	110.16	129.52	52.47	623.16
木材加工及家具製造業	4.26	1.15	7.09	7.24	6.75	12.96	5.73	45.19
造紙印刷及文教用品製造業	1.20	0.72	9.68	6.21	6.11	10.16	2.71	36.78
化學工業	19.38	41.73	69.00	59.71	10.80	56.00	23.07	279.70
非金屬礦物製品業	3.23	0.47	11.51	3.52	6.69	28.24	4.63	58.29
金屬冶煉及製品業	-1.61	-0.59	7.62	0.03	5.60	-8.49	-2.18	0.38
機械工業	32.09	6.04	95.64	80.21	8.15	127.83	27.07	377.02
交通運輸設備製造業	26.32	2.14	42.46	142.30	22.86	93.52	45.03	374.64
電氣機械及電子通信設備製造業	8.93	8.27	36.00	59.65	49.84	31.38	17.70	211.76
其他製造業	2.04	1.83	23.36	13.34	13.85	27.89	6.90	89.21
電氣蒸汽熱水、煤氣自來水生產和供應業	1.31	0.00	0.00	0.00	0.00	8.72	2.18	12.22
建築業	0.00	0.00	0.00	0.00	0.00	0.00	0.00	0.00
商業、運輸業	12.12	8.32	39.65	24.70	18.21	56.13	14.54	173.67
其他服務業	0.00	0.00	0.00	0.00	0.00	0.00	0.00	0.00
區域合計	154.63	100.63	565.97	601.22	290.53	739.57	248.47	2,701.02

（8）西南區域

從表 5.16 可以看出，西南區域轉移出去的碳排放量總計是 2,975.28 萬噸。其中：轉出給東部沿海、南部沿海和中部區域的碳排放量較多，占比合計為 76.86%；轉移給東北和京津地區的碳排放量較少，占比合計為 3.68%。從中部區域碳轉移行業結構來看，紡織服裝業、機械工業、電氣機械及電子通信設備

製造業和食品製造及菸草加工業轉出的碳排放量較高，分別為723.58萬噸、576.77萬噸、399.35萬噸和382.78萬噸。從具體行業來看，西南的化學工業和交通運輸設備製造業向東部沿海轉出的碳排放量最多；紡織服裝業、造紙印刷及文教用品製造業、金屬冶煉及製品業、電氣機械及電子通信設備製造業和其他製造業向南部沿海轉出的碳排放量最多；農業、採選業、食品製造及菸草加工業、木材加工及家具製造業、非金屬礦物製品業、機械工業以及電氣蒸汽熱水、煤氣自來水生產和供應業與商業、運輸業中部轉出的碳排放量最多。

表5.16　　　西南沿海區域的碳轉移情況表　　　單位：萬噸

	西南轉移給東北	西南轉移給京津	西南轉移給北部沿海	西南轉移給東部沿海	西南轉移給南部沿海	西南轉移給中部	西南轉移給西北	行業合計
農業	4.58	1.21	19.08	12.97	15.73	57.30	28.66	139.54
採選業	0.16	0.01	3.32	0.03	0.30	5.64	1.01	10.47
食品製造及菸草加工業	10.50	6.95	51.76	51.16	67.07	169.90	25.44	382.78
紡織服裝業	9.18	8.22	103.05	168.58	267.48	153.96	13.11	723.58
木材加工及家具製造業	0.39	0.14	1.27	2.67	2.33	2.80	0.23	9.83
造紙印刷及文教用品製造業	0.31	0.20	4.01	4.06	8.13	6.78	0.61	24.10
化學工業	5.49	5.79	28.08	73.30	36.20	70.45	22.39	241.71
非金屬礦物製品業	1.34	0.37	11.84	4.34	15.96	28.15	2.48	64.48
金屬冶煉及製品業	-0.42	0.19	3.46	0.28	9.82	0.43	-2.76	11.00
機械工業	23.35	4.77	114.19	150.27	30.17	226.43	27.58	576.77
交通運輸設備製造業	5.76	2.23	14.04	95.64	24.94	55.86	4.89	203.36
電氣機械及電子通信設備製造業	5.48	6.05	35.30	101.96	171.69	51.01	27.87	399.35
其他製造業	0.43	0.34	5.94	6.00	13.42	12.17	1.01	39.32
電氣蒸汽熱水、煤氣自來水生產和供應業	0.00	0.00	0.00	0.00	9.58	11.58	1.57	22.74
建築業	0.00	0.00	0.00	0.00	0.00	0.00	0.00	0.00

表5.16（續）

	西南轉移給東北	西南轉移給京津	西南轉移給北部沿海	西南轉移給東部沿海	西南轉移給南部沿海	西南轉移給中部	西南轉移給西北	行業合計
商業、運輸業	3.73	2.68	19.39	19.05	28.49	42.56	10.33	126.24
其他服務業	0.00	0.00	0.00	0.00	0.00	0.00	0.00	0.00
區域合計	70.30	39.15	414.74	690.32	701.32	895.02	164.43	2,975.28

（9）八大區域碳轉移總結

從表5.17可以看出，轉出碳排放量中部區域，為5,188.4萬噸；西南區域，為2,975.2萬噸；東部沿海區域，為2,942.0萬噸；轉出碳排放量最少的是京津區域，僅為893.9萬噸。

表5.17　　　中國八區域碳轉移總量情況表

		轉出方（消費方）							轉入方合計	人均碳轉入（萬噸/萬人）
		東北	京津	北部沿海	東部沿海	南部沿海	中部	西北	西南		
轉入方（生產方）	東北	—	67.3	131.2	121.8	51.2	152.8	154.6	70.3	749.2	0.07
	京津	106.2	—	139.9	70.2	68.2	103.2	100.6	39.2	627.5	0.29
	北部沿海	537.0	368.5	—	813.4	386.8	1,309.6	566.0	414.7	4,396.0	0.29
	東部沿海	534.4	128.8	1,322.5	—	1,001.1	2,255.6	601.2	690.3	6,533.9	0.50
	南部沿海	248.3	56.8	229.3	580.9	—	780.0	290.5	701.3	2,887.1	0.26
	中部	985.6	202.5	599.3	1,147.5	924.8	—	739.6	895.0	5,494.4	0.16
	西北	67.4	51.4	68.5	77.8	65.1	229.4	—	164.4	724.0	0.07
	西南	61.8	18.6	61.4	130.3	272.5	357.8	248.5	—	1,150.9	0.05
轉出方合計		2,540.7	893.9	2,552.1	2,942.0	2,769.7	5,188.4	2,701.0	2,975.2	22,563.0	—
人均碳轉出（萬噸/萬人）		0.24	0.41	0.17	0.23	0.25	0.15	0.24	0.12	—	

中部、西南和東部沿海三大區域之所以轉出碳排放量較多主要在於轉出的行業結構。對於中部區域來說，轉出碳排放量較多的行業集中在化學工業和商業、運輸業等碳強度較高的行業上，兩個行業的碳強度分別為5.39噸/萬元和1.39噸/萬元；西南地區的金屬冶煉及製品業轉出的碳排放量較多，金屬冶煉

及製品業的碳強度為3.8噸/萬元；而東部沿海區域的碳轉出行業集中在非金屬礦物製品業這一碳強度較高的行業上，碳強度為2.52噸/萬元。承接碳轉移最多的是東部沿海區域（為6,533.9萬噸），其次是中部區域（為5,494.4萬噸）。這也與轉入行業結構有關。對於東部沿海區域來說，有五個區域的化學工業都向東部沿海區域轉移最多的碳排放，化學工業作為碳強度第二的行業會造成東部沿海區域承接碳排放總量較高，而中部地區集中了大量的煤炭資源，承接的產業主要集中在採選業和非金屬礦物製品業等碳強度較高的行業上，造成中部承接了較多的碳排放。

碳排放淨轉出地包括了東北區域、京津區域、西北區域和西南區域，而碳排放淨轉入地包括了北部沿海、東部沿海、南部沿海和中部區域。由於資料的局限，本章在計算區域碳轉移時僅考慮了產品和服務消費轉移的角度，而未考慮能源轉移的角度。實際上，各個區域除了產品和服務的流動外，也存在生產要素的流動。特別是化石能源，能源貧瘠的地區必然需要輸入能源密集地區的能源來支持本地區的生產，而生產出來的最終產品和服務可能又反過來輸送給能源貧瘠的地區使用，這樣能源貧瘠的地區就會消費掉能源密集地生產的碳排放。所以，從這個角度可以解釋為什麼碳淨轉入地包括了東部沿海和南部沿海等發達地區，而碳淨轉入地區卻包括西北地區和西南地區等欠發達地區。

在人均碳轉移量方面，人均碳轉出最多的是京津地區，為0.41萬噸/萬人；人均碳轉出最少的是西南地區，為0.12萬噸/萬人；東部沿海、南部沿海、東北和西北地區的人均碳轉出也較高。人均碳轉入最多的是東部沿海地區，為0.5萬噸/萬人；人均碳轉入最少的是西南地區，為0.05萬噸/萬人。

從表5.18可以看出，在轉出碳排放方面，南部沿海區域在

農業和木材加工及家具製造業上轉出了最多的碳排放，兩大行業的碳強度都較低，轉出的碳排放量分別為 433.47 萬噸和 155.39 萬噸；東北區域在採選業上轉出的碳排放量最多，採選業的碳強度較高，為 4.54 噸/萬元，碳轉出量為 52.48 萬噸；東部沿海區域在食品製造及菸草加工業和非金屬礦物製品業上轉出的碳排放量最多，其中非金屬礦物製品業的碳強度較高；中部區域在紡織服裝業、造紙印刷及文教用品製造業、化學工業、機械工業、交通運輸設備製造業和商業、運輸業上轉出的碳排放量最多，其中化學工業和商業、運輸業的碳強度較高；西南區域在金屬冶煉及製品業上轉出的碳排放量最多；京津區域在電氣蒸汽熱水、煤氣自來水生產和供應業轉出的碳排放量最多，此行業為碳強度第一的行業。

表 5.18　　　　八大區域分行業碳轉移情況表　　　　單位：萬噸

行業	轉出碳排放最多的區域		轉入碳排放最多的區域	
農業	南部沿海	433.47	中部	448.11
採選業	東北	52.48	中部	61.98
食品製造及菸草加工業	東部沿海	691.84	中部	1,158.78
紡織服裝業	中部	796.04	東部沿海	1,025.07
木材加工及家具製造業	南部沿海	155.39	東部沿海	131.8
造紙印刷及文教用品製造業	中部	49.6	東部沿海	56.47
化學工業	中部	596.82	東部沿海	706.75
非金屬礦物製品業	東部沿海	162.06	中部	246.61
金屬冶煉及製品業	西南	11	南部沿海	26.34

表5.18(續)

行業	轉出碳排放最多的區域		轉入碳排放最多的區域	
機械工業	中部	838.2	北部沿海	893.39
交通運輸設備製造業	中部	810.2	東部沿海	1,558.47
電氣機械及電子通信設備製造業	中部	1,033.63	東部沿海	1,162.64
電氣蒸汽熱水、煤氣自來水生產和供應業	京津	107.09	中部	122.55
商業、運輸業	中部	193.92	中部	283.85

在轉入碳排放方面，中部區域在農業、採選業、食品製造及菸草加工業、非金屬礦物製品業、電氣蒸汽熱水、煤氣自來水生產和供應業與商業、運輸業上轉入的碳排放量最多，其中，採選業、非金屬礦物製品業和電氣蒸汽熱水、煤氣自來水生產和供應業的碳強度較高，分別為4.54萬噸/億元、2.53萬噸/億元和18.89萬噸/億元，轉入的碳排放量分別為61.98萬噸、246.61萬噸和122.55萬噸；而東部沿海區域在紡織服裝業、木材加工及家具製造業、造紙印刷及文教用品製造業、化學工業、交通運輸設備製造業和電氣機械及電子通信設備製造業上轉入了最多的碳排放量，其中，化學工業的碳強度較高，為5.39萬噸/億元，轉入的碳排放量為706.75萬噸；北部沿海在機械工業上轉入的碳排放量最多，為893.39萬噸；南部沿海在金屬冶煉及製品業上轉入的碳排放量最多，為26.34萬噸，其餘七大區域此行業的碳轉入量都為負。

可見，東北區域需要大量使用其他區域的採選業來發展本地的重工業；京津區域的能源資源較為貧乏，需要從其他區域大量進口以滿足生產生活所需；北部沿海機械工業向其他區域

輸送了大量最終產品；東部沿海的紡織服裝業、化學工業、交通運輸設備製造業和電氣機械及電子通信設備製造業向其他區域提供了大量最終產品，而食品及菸草加工業和非金屬礦物製品業卻需要向其他區域大量進口；南部沿海的金屬冶煉及製品業向其他區域輸送了大量最終產品；中部區域的農業、採選業、食品製造及菸草加工業、非金屬礦物製品業和電氣蒸汽熱水、煤氣自來水生產和供應業向其他區域輸送了大量最終產品，而紡織服裝業、化學工業、機械工業、交通運輸設備製造業和電氣機械及電子通信設備製造業等卻需要從其他區域大量進口。

5.3.4 國際貿易載碳量分析

5.3.4.1 出口產品載碳分析

從出口產品載碳總量和單位出口產品載碳量兩個角度進行分析，單位出口產品載碳量為出口產品載碳總量除以出口總量。其結果見表5.19。

表5.19　　　　　各省市出口載碳量情況表

地區	出口產品載碳總量（萬噸）	單位出口產品載碳量（噸/萬元）	地區	出口產品載碳總量（萬噸）	單位產品出口載碳量（噸/萬元）	地區	出口產品載碳總量（萬噸）	單位出口產品載碳量（噸/萬元）
廣東	18,532.18	2.01	山西	677.73	3.44	雲南	191.23	2.24
上海	7,302.84	2.29	甘肅	658.61	5.40	重慶	189.98	2.06
江蘇	6,646.17	2.04	河南	401.39	2.09	新疆	150.55	1.61
浙江	6,096.01	2.44	四川	394.97	1.81	江西	149.92	1.77
山東	4,118.21	2.45	黑龍江	308.02	1.54	青海	98.00	3.14
遼寧	2,661.22	2.68	安徽	304.28	1.55	內蒙古	91.40	1.18
天津	2,388.88	2.29	湖南	276.58	1.90	貴州	85.44	1.83
福建	2,005.70	1.51	廣西	265.11	1.77	海南	51.29	1.19
北京	1,185.98	1.45	吉林	258.36	1.67	寧夏	46.04	3.69
河北	749.70	2.11	湖北	252.46	1.56	陝西	12.44	2.21

從表5.19可以看出，廣東、上海、江蘇、浙江四大沿海省

市出口產品載碳總量排名前四位，單位出口產品載碳量少。這些地區都以外向型經濟為主，出口貿易成為拉動其經濟發展的重要力量，2002年這四個地區各自的出口產品載碳量分別占總產出的23.89%、17.95%、10.01%和9.43%。而甘肅、寧夏、山西和青海等內陸地區單位出口產品載碳量排名前四位，出口載碳總量處於中等或中等偏下水平，與沿海地區的差異較大。

這與各個地區出口產業有密切關係，上海出口了大量的化學工業與交通運輸、倉儲和郵政業，分別占出口總量的15.1%和31.46%，浙江出口了大量的批發、零售業和住宿、餐飲業，占到出口總量的20.68%，江蘇出口了大量的紡織服裝及機械製造業等，廣東出口的高碳排放行業較多，包括化學工業、非金屬礦物製品業、金屬冶煉壓延加工業、電力、熱力的生產和供應業等，分別占出口總量的26.48%、23.13%、36.84%和99.86%。而內陸省市中能源資源和礦產資源豐富的地區主要出口石油和天然氣開採業、金屬礦採選業和非金屬礦採選業等行業碳強度較高的資源採掘業，其中山西的煤炭資源豐富，甘肅的金屬礦資源豐富，寧夏的煤炭、石油和天然氣能源資源較為豐富，而青海具有豐富的有色金屬礦資源和石油天然氣資源，雖然出口量有限，但這些行業碳強度普遍較高，造成內陸地區出口載碳總量不高，但單位出口產品載碳量高。

綜上所述，沿海經濟總量和經濟發展水平較高的地區出口了大量的中下游工業行業和服務業，造成其出口產品載碳總量大，單位出口產品載碳量小，而內陸能源資源和礦產資源豐富的地區出口了大量的煤炭、石油天然氣、金屬框非金屬礦資源和上游工業行業，使其單位出口產品載碳量大，而出口載碳總量小。

5.3.4.2 進口產品載碳分析

從進口產品載碳總量和單位進口產品載碳量兩個角度進行

分析，單位進口產品載碳量為進口產品載碳總量除以進口總量。其結果見表5.20。

表5.20　　　　　　各省市進口載碳情況表

地區	進口產品載碳總量（萬噸）	單位進口產品載碳量（噸/萬元）	地區	進口產品載碳總量（萬噸）	單位進口產品載碳量（噸/萬元）	地區	進口產品載碳總量（萬噸）	單位進口產品載碳量（噸/萬元）
廣東	20,954.88	2.52	湖北	380.39	1.78	內蒙古	193.34	1.34
上海	9,520.10	2.46	黑龍江	374.25	1.88	重慶	166.55	2.00
江蘇	7,559.70	2.55	河北	360.18	2.10	山西	151.33	2.45
山東	3,872.55	2.64	四川	316.98	1.90	雲南	128.99	1.93
浙江	3,304.14	3.12	安徽	301.30	1.94	江西	127.85	1.88
天津	2,113.64	2.15	新疆	284.11	2.71	海南	113.37	2.22
遼寧	1,733.83	2.22	陝西	277.07	2.52	廣西	110.73	1.42
福建	1,213.18	1.74	河南	239.99	1.96	貴州	54.30	1.49
北京	1,144.48	1.40	湖南	214.75	1.63	寧夏	31.00	2.70
吉林	583.27	2.75	甘肅	208.10	4.74	青海	12.13	1.97

從表5.20可以看出，廣東、上海、江蘇、浙江等沿海地區進口產品載碳總量較大，並且單位進口產品載碳量也處於中上水平，而西部地區普遍進口載碳總量較小，但甘肅、新疆、寧夏、山西等資源豐富地區單位進口產品載碳量仍然較大。

進口載碳量與各個地區進口產業有密切關係，沿海地區進口了大量碳強度較高的行業，比如上海進口了大量的煤炭開採洗選業、石油和天然氣開採業，以及燃氣生產和供應業，分別占到進口總量的54.24%、20.53%和95.96%，浙江進口了大量的批發、零售業和住宿、餐飲業，占進口總量的59.95%，廣東對大部分高碳排資源型行業進口量的排名都靠前，從而使這些地區進口產品載碳總量和單位進口產品載碳量都比較大。而內陸地區進口的產業也包含了大量的化學工業、金屬冶煉及壓延加工業等高碳排放行業，但由於量不大，使其單位進口產品載碳量大，而進口載碳總量小。

綜上所述，吸收我國進口產品的地區主要集中在沿海地區，而各個省市進口產品的行業都包含了大量的資源和能源型行業，使我國無論是內陸還是沿海，單位進口產品載碳量都較大。

5.3.4.3 國際貿易淨進口載碳量分析

從前面的分析可以看到一個地區出口載碳量不僅與地區的資源稟賦有關係，並且與地區所處的地理位置的關係密切。沿海地區由於交通便利，出口了大量的中下游工業行業和服務業的產品，而內陸地區雖然地處內陸，但其豐富的能源資源和礦產資源仍然有一定程度的出口。而地區進口產品載碳量更多的是與地區所處的地理位置相關，我國進口產品大部分都被廣東等沿海城市吸收了。在此基礎上就地區的國際貿易淨進口能源二氧化碳量進行分析，為各地區實現減排目標打下基礎。其結果見表5.21。

表5.21　　國際貿易能源二氧化碳淨進口表　　單位：萬噸

地區	淨進口產品載碳量	地區	淨進口產品載碳量	地區	淨進口產品載碳量
廣東	2,422.70	安徽	-2.98	廣西	-154.37
上海	2,217.27	寧夏	-15.04	河南	-161.40
江蘇	913.53	江西	-22.07	山東	-245.66
吉林	324.91	重慶	-23.43	天津	-275.23
陝西	264.64	貴州	-31.14	河北	-389.52
新疆	133.56	北京	-41.50	甘肅	-450.51
湖北	127.93	湖南	-61.83	山西	-526.40
內蒙古	101.94	雲南	-62.24	福建	-792.52
黑龍江	66.23	四川	-77.98	遼寧	-927.39
海南	62.08	青海	-85.86	浙江	-2,791.87

從表5.21可以看出，能源二氧化碳淨進口產品為正的前三位地區為：廣東、上海和江蘇，淨進口能源二氧化碳分別為2,422.7萬噸、12,217.27萬噸和913.53萬噸，淨進口產品載碳量遠高於其他地區，且三個地區淨進口產品的化學工業、金屬冶煉及壓延加工業和石油天然氣開採業較多。淨進口產品為負的前兩個地區為浙江、遼寧，淨出口產品能源二氧化碳分別為2,791.87萬噸和927.39萬噸，淨出口產品載碳量也遠高於其他地區，浙江的紡織服裝業淨出口產品量非常大，遼寧的石油加工煉焦及核燃料加工業和非金屬礦物製品業淨出口量較大。這說明地區進出口產品載碳量取決於地區所處的地理位置和進出口行業結構，沿海發達地區除了要從外省市調入大量的資源類高碳排放行業外，也從國外進口了大量的高碳排放行業。從這一點來說，對我國的碳減排是有利的，而部分能源資源和礦產資源豐富的省份在滿足外省市資源型行業需求的同時，也出口了一定量的高碳排放行業的產品，這些地區仍然可以通過調整出口來實現部分減排目標。

5.4　地區排放權分配應考慮地區間的碳轉移

5.4.1　理論分析

國際社會在分攤碳減排責任的時候有一個原則，即「誰污染，誰負責」，這也成為發展中國家在反駁發達國家惡意指責時候的重要依據，發展中國家為發達國家的能源二氧化碳買單了。從消費的角度來說，發達國家更應該承擔碳減排責任。在一個國家內部進行碳排放權分配時也應該採用此原則。從一個國家整體發展戰略來說，不但保證了碳排放淨調入地區經濟發展對

資源型中上游行業的需求，又降低了碳排放淨調出地的碳減排壓力。

在確定我國內部各個省市碳排放權的時候，應考慮各個地區的產業優勢和國家整體的發展戰略。從前面的分析來看，如東部沿海、南部沿海的全部省市和其他區域的部分省市都為省際貿易隱含能源二氧化碳淨調入地，也就是說這些地區通過向外省輸出產品而產生的二氧化碳排放不足以抵消其從外省輸入產品而為本地節約的二氧化碳多。而如中西部部分能源和礦產自然資源較為豐富的地區都為省際貿易隱含能源二氧化碳的淨調出地。也就是說，這些地區向外省輸送了大量的資源型高碳強度產品而產生的二氧化碳比其從外省輸入中下游行業產品而節約的二氧化碳多。

對於中西部能源資源和礦產資源豐富的地區，其產業優勢正是在於資源開採和中上游資源型工業產業上，碳強度相對較高，但是這些行業是支撐其他省市經濟發展和全國總體經濟增長不可或缺的。實質上它們為沿海發達地區的消費承擔了過多的二氧化碳排放，如果給這些地區分配少量的碳排放權，施加過大的減排壓力將不利於外省市和全國的發展。而對於如東部沿海和南部沿海以及北京等經濟較為發達的地區，資源相對匱乏，需要從中西部調入大量資源類行業的產品支撐本地經濟增長。它們消費產品產生的二氧化碳排放量超過了生產產品產生的二氧化碳排放量，而節約下來的二氧化碳排放量轉移給了其他地區。

所以，中西部等能源二氧化碳淨調出的地區應該分得更多的碳排放權，而對於東部和南部沿海等能源二氧化碳淨調入的地區應該分配較少的碳排放權，並促使它們通過對其隱含碳排放來源省份進行資金、技術、人才上的支持，以幫助這些省市提高能源利用水平和產業生產效率，促進節能工藝的研發、推

廣，從而達到全國碳減排的目的。

5.4.2 省際碳轉移影響因素分析及預測

既然在進行地區碳排放權分配的時候必須要把地區碳轉移考慮進去，則必須對我國未來的地區碳轉移進行預測，在這之前必須建立省際碳轉移的影響因素模型。

5.4.2.1 省際碳轉移影響因素理論分析

影響省際碳轉移的因素主要從碳轉移產生的原因進行尋找，地區間碳轉移最直接的原因就是在全國整體產業佈局的情況下，產業結構和需求結構的分離會在地區間形成產品的流動。能源資源和礦產資源較為豐富的地區，由於其天然的便利性和成本的低廉性，其產業結構中資源型中上游行業占比會比較高，這些恰恰都是直接碳強度較高的行業。而對於資源相對貧乏且經濟發展水平較高的地區，中下游工業行業和服務業相對比較發達。

從前面的分析可以看出，各個地區產業結構存在的明顯差異會造成其產品流動的差異，經濟發展水平較高且資源稟賦條件較差的地區主要以調出中下游產品為主，為了支撐本地的經濟發展，又必須調入大量的能源資源和中上游資源型高碳排放行業。而資源稟賦較為豐富的地區以調出資源型行業為主，為了彌補本地高碳排產業結構無法滿足的多層次需求，又必須從外省市調入大量的中下游行業。這就造成省際貿易能源二氧化碳淨調入量為負的地區都集中在擁有較為豐富的能源資源或者是礦產資源的省市，這些地區的高碳排產業占比都相對較高。

可見，省際碳轉移直接來自於地區產業結構的差異，而產業結構的差異又取決於地區產業發展的比較優勢。產業發展比較優勢來自於一個地區的資源稟賦條件，資源型產業的直接碳強度都相對較高，所以，可以認為一個地區能源二氧化碳的省

際淨調入直接受到地區高碳排放行業占比的影響，間接受到資源稟賦的影響。

5.4.2.2 截面模型的建立

由於地區間碳轉移只有2002年的數據，所以通過建立30個省市的截面數據模型來尋求地區高碳排放行業占比和地區碳轉移的關係。為了得到各個省市高碳排放行業變動1%引起能源二氧化碳省際淨轉入和轉出變動的百分比，需要用到半對數模型。由於因變量取對數的時候不能為負值，所以根據因變量的正負情況把數據分為兩組。第一組，因變量為地區能源二氧化碳省際淨轉入量，自變量為高碳排放行業占比；第二組，因變量為地區能源二氧化碳省際轉出量，自變量為高碳排放行業占比。結果如下：

$$LOG(ex) = -0.032 \times cs + 7.12 \quad (5.4)$$

T　　　　−2.147,225

P　　　　0.047,4

$$LOG(em) = 0.036 \times cs + 4.24 \quad (5.5)$$

T　　　　3.651,396

P　　　　0.004

其中，ex 為各個省市的二氧化碳淨轉入量，em 為各個省市的二氧化碳淨轉出量，cs 為各個省市高碳排放行業總產值與工業總產值之比。從上面的一元迴歸模型結果來看，地區高碳排放行業占比每升高1%，各個省市的二氧化碳淨轉入量會降低3.23個百分點，二氧化碳淨轉出量會升高3.72個百分點。

5.4.2.3 省際碳轉移的預測

通過上述的一元迴歸模型對各個省市2020年的能源二氧化碳淨轉入量進行預測，首先必須要對各個省市2020年高碳排放產業占比情況進行預測。預測方法採用鄧聚龍教授20世紀70年代提出的灰色預測模型。灰色理論認為系統的行為現象儘管是

朦朧的，數據是複雜的，但它畢竟是有序的，是有整體功能的。同時，灰色理論建立的是生成數據模型，不是原始數據模型，因此，灰色預測是一種對含有不確定因素的系統進行預測的方法。由於影響產業結構的因素比較多，而且有些因素是不完全確定的，所以採用此方法預測比較合理。預測結果見表5.22。

表5.22 2020年各省市高碳排放行業占比預測結果表　單位：%

地區	高碳排放行業占比	地區	高碳排放行業占比	地區	高碳排放行業占比
北京	36.44	浙江	34.35	海南	63.20
天津	33.58	安徽	32.38	重慶	28.21
河北	44.91	福建	32.43	四川	35.65
山西	74.83	江西	40.59	貴州	69.94
內蒙古	68.28	山東	37.22	雲南	65.07
遼寧	36.67	河南	36.14	陝西	57.53
吉林	24.41	湖北	31.78	甘肅	60.92
黑龍江	36.37	湖南	27.64	青海	81.63
上海	25.33	廣東	24.13	寧夏	74.88
江蘇	25.44	廣西	34.30	新疆	59.11

從表5.22可以看出，到2020年高碳排放行業占比比較多的仍然是山西、內蒙古、貴州等資源豐富地區。在對各個省市2020年高碳排放行業占比預測的基礎上，利用上一步的一元迴歸模型可以得到2020年各個省市能源二氧化碳的省際淨轉入量和淨轉出量占比的變動情況。預測結果見表5.23。

表 5.23　　2020 年各省市能源二氧化碳省際淨轉入和淨轉出變動百分比表　　單位:%

地區	淨轉入占比降低百分比	地區	淨轉出占比升高百分比
浙江	0.78	湖南	−0.01
山東	0.57	天津	0.41
上海	0.27	甘肅	0.09
福建	0.64	廣西	0.50
重慶	0.41	貴州	1.22
北京	0.43	新疆	−0.26
四川	0.34	內蒙古	0.82
江蘇	0.40	河南	−1.57
湖北	0.37	山西	0.35
雲南	1.29	黑龍江	−0.78
吉林	0.29	河北	0.30
海南	1.64	遼寧	−0.26
江西	0.16	—	—
陝西	0.76	—	—
安徽	0.18	—	—
寧夏	0.89	—	—
青海	0.39	—	—
廣東	0.02	—	—

5. 各地區碳排放轉移的特徵研究

5.5 本章小結

通過對各個地區產品的流進、流出、進口、出口以及載碳量的分析，可以得到以下結論：

5.5.1 國內省際間碳轉移的行業構成差異較大

東北區域需要大量使用其他區域的採選業來發展本地的重工業；京津區域的能源資源較為貧乏，需要從其他區域大量進口滿足生產生活所需；北部沿海機械工業向其他區域輸送了大量最終產品；東部沿海的紡織服裝業、化學工業、交通運輸設備製造業和電氣機械及電子通信設備製造業向其他區域提供了大量最終產品，而食品及菸草加工業和非金屬礦物製品業卻需要向其他區域大量進口；南部沿海的金屬冶煉及製品業向其他區域輸送了大量最終產品；中部區域的農業、採選業、食品製造及菸草加工業、非金屬礦物製品業和電氣蒸汽熱水、煤氣自來水生產和供應業向其他區域輸送了大量最終產品，而紡織服裝業、化學工業、機械工業、交通運輸設備製造業和電氣機械及電子通信設備製造業等卻需要從其他區域大量進口。

5.5.2 省際和國際碳轉移與地區的資源稟賦和產業結構關係密切

經濟發展水平較高的地區主要以流出中下游產品為主，流入了大量的能源資源和資源型高碳排放行業支撐本地經濟發展；能源資源或金屬礦產資源豐富的地區由於流出的行業以資源型為主，流入了大量的中下游行業以彌補本地高碳排放行業結構無法滿足的多層次需求。所以，經濟發展水平較高的地區省際

轉出產品隱含能源二氧化碳總量較多,單位產品轉出能源二氧化碳總量少,而經濟欠發達地區由於經濟規模有限,省際轉入產品隱含能源二氧化碳總量和單位產品轉入能源二氧化碳總量都較少。由於沿海省市便利的交通條件,進出口載碳量都比較大,而內陸能源資源和礦產資源豐富地區出口了大量的煤炭、石油天然氣、金屬礦非金屬礦資源和上游工業行業,承擔了部分國際碳轉移。

5.5.3 各個地區產業結構的不同造成其在國家整體經濟發展過程中的地位有所差異

東部沿海和南部沿海資源較為匱乏,從外省和國外輸入了能源資源型高碳排放的中上游行業支撐本地經濟發展,應該承擔更多的碳減排責任,分配更少的碳排放權。東北的遼寧和黑龍江、中部的山西、河南,西北的甘肅、內蒙古和新疆,以及西南的廣西和貴州由於礦產資源或者是能源資源豐富,向外省輸出了大量的基礎性工業行業,承擔了過多的二氧化碳排放,減排潛力相應有限,應分配更多的碳排放權。

5.5.4 在進行國家碳排放總量區域分解時應把省際碳轉移量考慮在內

本章通過各個地區高碳排放行業占比的變動預測了2020年各個地區碳轉移占比的變動,為下文的分析打下了基礎。

6. 全國二氧化碳排放總量控制目標的地區分解研究

在國際碳減排輿論壓力和本國可持續發展的雙重背景下，我國於 2009 年提出到 2020 年碳強度較 2005 年降低 40%～45% 的目標，這就要求能源二氧化碳增長速度以比經濟增長速度更慢的方式增長。由於我國幅員遼闊，全國整體碳減排目標的實現就離不開各個區域的努力，所以為了實現整體減排目標，應該選擇分區減排的方式，那麼在國家碳排放總量目標確定后，就面臨著如何將該目標分攤到各個省市的問題。從前面的分析可以看到，造成各個地區能源二氧化碳排放差異的因素包括經濟因素、人口因素、能源因素和技術因素四個方面，而這些因素都與最終需求相聯繫。所以本章從最終需求的角度出發，利用投入產出與計量經濟模型相結合的分析方法進行全國能源二氧化碳總量目標的地區分配，探索科學合理地進行地區碳減排責任分攤的途徑。

6.1 我國二氧化碳總量控制目標地區分解的依據

6.1.1 滿足居民消費需求的公平性

影響人消費需求的因素包括人口規模和人口結構。人口規模和人口結構會通過影響消費規模和消費結構進而影響到能源二氧化碳排放。從公平的角度來說，應該使每個人都擁有消費相同類型和相同數量產品和服務的權利，即是說每個人都應該擁有相同的能源二氧化碳排放權。每個人都有基本的需求，無論所處區域如何。而這種基本的需求應該全部得以滿足，基本需求所需要的排放權也應該得以滿足。居民消費需求的公平性即是說在進行能源二氧化碳地區分配時，應該保證每個人分得的二氧化碳排放權都是相等的，所以，在進行能源二氧化碳排放地區分解時應該考慮各個地區的人口規模的差異。從表 6.1 可以看出，2013 年我國各省市人口規模的差異非常巨大，人口較多的是河北、江蘇、山東、河南、廣東、四川，分別為 7,333 萬人、7,939 萬人、9,733 萬人、9,413 萬人、10,644 萬人和 8,107 萬人，而人口較少的海南、青海和寧夏，分別為 895 萬人、578 萬人和 654 萬人。人口大省相應應該得到更多的二氧化碳排放權，而人口稀少地區的二氧化碳排放權也應較少。

表 6.1　　　各地區 2013 年人口規模情況表　　單位：萬人

省市	年末人口數	省市	年末人口數
北京	2,115	河南	9,413
天津	1,472	湖北	5,799

表6.1(續)

省市	年末人口數	省市	年末人口數
河北	7,333	湖南	6,691
山西	3,630	廣東	10,644
內蒙古	2,498	廣西	4,719
遼寧	4,390	海南	895
吉林	2,751	重慶	2,970
黑龍江	3,835	四川	8,107
上海	2,415	貴州	3,502
江蘇	7,939	雲南	4,687
浙江	5,498	陝西	3,764
安徽	6,030	甘肅	2,582
福建	3,774	青海	578
江西	4,522	寧夏	654
山東	9,733	新疆	2,264

註：暫未考慮西藏地區。

6.1.2 滿足地區經濟發展需求的公平性

地區經濟發展水平最具代表性的指標就是人均 GDP。從表 6.2 可以看出，像北京、上海、江蘇等發達省市 2013 年人均 GDP 分別達到了 93,213 元/人、90,092 元/人和 74,607 元/人，遠遠超過了西部的貴州、雲南、甘肅等地，這三個地區的人均 GDP 僅分別為 22,922 元/人、25,083 元/人和 24,296 元/人。人均 GDP 能夠排除經濟規模的影響真實地反應一個地區的經濟發展水平，所展示的結果是我國各個省市經濟發展階段和發展水平存在較大的差異。那麼在進行碳排放地區分解時，就應該要

保證低人均GDP的地區有趕超高人均GDP地區的機會和時間，不能讓碳減排較大程度地影響了落後地區的經濟發展，因為對於它們來說，發展才是當務之急。所以，在進行能源二氧化碳排放地區分解時應該考慮各個地區經濟發展水平的差異，給落後地區更多的發展空間和時間，使我國各區域的經濟發展更為均衡。從碳減排分配指標的角度來看就應該考慮各個地區的人均GDP。

表6.2　　　　各地區2013年人均GDP情況表　　　單位：元

省市	人均GDP	省市	人均GDP
北京	93,213	河南	34,174
天津	99,607	湖北	42,613
河北	38,716	湖南	36,763
山西	34,813	廣東	58,540
內蒙古	67,498	廣西	30,588
遼寧	61,686	海南	35,317
吉林	47,191	重慶	42,795
黑龍江	37,509	四川	32,454
上海	90,092	貴州	22,922
江蘇	74,607	雲南	25,083
浙江	68,462	陝西	42,692
安徽	31,684	甘肅	24,296
福建	57,856	青海	36,510
江西	31,771	寧夏	39,420
山東	56,323	新疆	37,181

註：暫未考慮西藏地區。

6.1.3 考慮區域碳轉移的公平性

地區間之所以會存在碳轉移是因為各個地區的資源禀賦不一樣，國家產業佈局的需要不同，造成各個地區的產業結構存在差異，如山西、內蒙古、黑龍江、甘肅、新疆等能源資源和礦產資源豐富的地區資源型行業豐富，高碳排放行業占比都較高。從表6.3可以看出，前述這些地區的高碳排放行業占比都達到了50%以上。作為全國產業鏈中的上游，其流向其他省市的也主要是以煤炭開採業、石油天然氣開採業、石油煉焦及核燃料加工業和金屬冶煉加工業等高碳排放行業為主，在支撐其他地區經濟發展的同時，也造成這些地方承擔了其他地區的碳排放，產品消費讓給了別人，而污染卻留給了自己。而能源資源較為貧乏的地區，由於產業發展的需要，也必須從其他地區調入大量的中上游高碳排放支撐行業，造成產品使用了，但沒有承擔相應的環境污染的成本。這不僅對於碳排放淨調入地的節能減排不利，而且對於碳排放淨調出地的節能減排考核也不公平。所以，在進行能源二氧化碳排放地區分解的時候應該從消費的角度進行調整，對於能源二氧化碳省際淨轉入的地區，相應消減其分得的排放權，從消費的角度限制其碳調入，防止其通過調入碳排放來達到節能減排的目標；而對於能源二氧化碳省際淨轉出的地區，相應增加其分得的碳排放權，從生產的角度保護其作為全國經濟發展的支撐者地位。

表6.3　各地區2013年高碳排放行業占比情況表　　單位:%

省市	高碳排放行業占比	省市	高碳排放行業占比
北京	37.61	河南	50.68
天津	51.39	湖北	41.67

表6.3(續)

省市	高碳排放行業占比	省市	高碳排放行業占比
河北	60.80	湖南	44.17
山西	89.00	廣東	26.19
內蒙古	69.71	廣西	48.06
遼寧	36.91	海南	55.57
吉林	38.26	重慶	34.89
黑龍江	51.86	四川	40.28
上海	27.16	貴州	73.31
江蘇	33.22	雲南	73.54
浙江	33.98	陝西	64.16
安徽	43.20	甘肅	78.51
福建	32.53	青海	81.26
江西	54.24	寧夏	74.52
山東	38.87	新疆	59.83

註：暫未考慮西藏地區。

6.1.4 考慮碳資源使用的效率性

效率性是指要用最小的投入帶來最大的產出。二氧化碳排放權作為一種重要的生產要素，地區配置應該使其帶來最大的經濟產出，即是說在分配時要考慮碳生產力，對碳排放權利用效率越高的地區應該分得越多的排放權；而對碳排放權利用效率越低的地區少分得排放權，能夠使碳排放資源流向使用效率最高的地區，在投入相同的情況下帶來更多的產出。碳生產力可以用碳強度的倒數來表示，是單位二氧化碳投入帶來的GDP。由於二氧化碳排放是化石能源消耗產生的，碳生產力的高低也折射出各個地區能源生產力的差異。所以，在進行地區碳排放

權分配的時候也應該考慮能源生產力指標。從表 6.4 中各省市的碳生產力來看，北京、江蘇、湖南和廣東均超過 1 萬元/噸二氧化碳排放，而絕大部分的中西部省份碳生產力排名靠後，像海南、寧夏和新疆的碳生產力僅有 0.269 萬元/噸二氧化碳排放、0.256,1 萬元/噸二氧化碳排放和 0.222,8 萬元/噸二氧化碳排放。從這個角度說，發達地區應該分得更多的排放權，而落后地區分得的排放權相應較少。

表 6.4　　各地區 2013 年碳生產力占比情況表

單位：萬元/噸

省市	碳生產力	省市	碳生產力
北京	1.497,0	河南	0.734,2
天津	0.918,3	湖北	0.911,6
河北	0.352,1	湖南	1.472,8
山西	0.385,8	廣東	1.071,8
內蒙古	0.355,0	廣西	0.843,9
遼寧	0.485,4	海南	0.269,0
吉林	0.930,2	重慶	0.750,8
黑龍江	0.404,7	四川	0.742,9
上海	0.838,9	貴州	0.658,3
江蘇	1.083,4	雲南	0.522,2
浙江	0.886,5	陝西	0.442,9
安徽	0.609,4	甘肅	0.396,8
福建	0.807,8	青海	0.478,7
江西	0.993,0	寧夏	0.256,1
山東	0.489,7	新疆	0.222,8

6.1.5 小結

國家能源二氧化碳總量分配應該考慮的公平性有三個方面：居民消費需求的公平性、經濟發展的公平性和碳轉移的公平性。而效率性僅從碳排放權的使用效率上加以限定。且這些因素都與最終需求相關。其中，人口因素包含的人口規模和人口結構差異會直接影響各個地區最終需求總量和結構，人口規模大的地區會有更多的最終需求量，城鎮人口占比高的地區在最終需求結構上服務類行業占比相應更高。經濟因素中的人均 GDP 直接與地區投資掛勾。投資作為推動經濟發展的最重要力量，歷來都受到各個地方政府的重視，加大投資能夠有效地促進地區的經濟增長，帶動居民收入水平的提高。而碳轉移與國家的整體產業佈局有關，正是因為各個地區生產和最終需求的部分脫節才引起了碳轉移，所以這個指標實際也與最終需求有關。所以，本章考慮從最終需求的角度出發進行碳排放的地區分配是合理的。

6.2 中國能源二氧化碳總量的區域分解

6.2.1 總體思路

我國碳排放總量地區分解的時候首先需要考慮的原則就是公平性。如前所述，公平性是從三個方面考慮的。一是使每個人都有消費相同產品結構和產品總量的權利；二是保證各個地區經濟發展的權利，使落后地區有趕超發達地區的時間和空間；三是地區間的碳轉移，承擔過多其他地區轉移過來的碳排放的地區也應取得更多的排放權。結合上文所述，第一個方面是消

費需求的公平性。第二個方面是投資需求的公平性，因為地區經濟的發展和投資水平密切相關。第三個方面是利用區域碳轉移以預測並進行調整，以保證碳轉移公平性，在第五章中詳細論述了省際間的碳轉移量、碳轉移的原因。正因為這三個方面的需求是全國各地區居民生活、經濟社會正常發展所必須得到滿足的，所以公平性碳排放權應該首先得到滿足，以維持各地區居民正常生活和經濟健康發展，在此基礎上再根據全國的碳排放控制目標，將多余的碳排放權從效率的角度進行分解。所以本書的思路是，碳減排很重要，但是正常需要的碳排放量應該得以滿足。只有超常發展所需要的碳排放權才應該加以控制，我國在提出碳強度減排目標時也是基於這樣的考慮。

　　從投入產出的角度來看，最終需求實際包括最終消費、投資和淨出口三個部分。其中，消費和投資都是地區經濟發展不可或缺的部分，而淨出口需求並不是剛性的，出口是為了進口本國所需要的產品。從表6.5可以看出，除了北京、上海、浙江、廣東經濟增長中消費的推動力大於投資外，其余所有省市的投資對經濟增長的拉動力都大於消費。可見，投資仍然是各個地區經濟增長的主要推動力。除了河北、上海、江蘇、浙江、福建、江西、山東、廣東的進出口對經濟推動力為正外，其余省市進出口的推動力均為負，說明進出口對經濟的影響力正在逐步降低。總之，只有消費和投資才是地區經濟發展的持久動力。

表6.5　　　2013年各地區經濟增長動力分析表　　　單位:%

地區	消費率	投資率	進出口率	地區	消費率	投資率	進出口率
北京	61.30	40.30	-1.60	河南	47.50	77.20	-24.70
天津	39.20	76.90	-16.10	湖北	43.90	56.00	0.10

表6.5(續)

地區	消費率	投資率	進出口率	地區	消費率	投資率	進出口率
河北	42.00	57.90	0.10	湖南	46.00	57.10	-3.10
山西	49.10	72.80	-21.90	廣東	51.79	41.91	6.30
內蒙古	40.90	93.40	-34.30	廣西	51.50	70.50	-22.00
遼寧	41.40	62.60	-4.00	海南	50.50	73.90	-24.40
吉林	39.44	69.61	-9.05	重慶	47.40	54.60	-2.00
黑龍江	55.40	65.60	-21.00	四川	50.40	51.40	-1.80
上海	57.90	38.70	3.40	貴州	56.60	65.70	-22.30
江蘇	44.70	48.40	6.90	雲南	62.80	84.90	-47.70
浙江	47.20	45.50	7.30	陝西	44.00	68.80	-12.80
安徽	48.30	52.10	-0.40	甘肅	58.80	60.20	-19.00
福建	38.60	58.80	2.60	青海	49.90	119.90	-69.80
江西	49.10	49.90	1.00	寧夏	52.20	91.00	-43.20
山東	41.30	56.60	2.10	新疆	55.00	86.00	-41.00

　　從能源二氧化碳總量控制的角度來說，為了減少國家的碳排放總量，應該減少淨出口產品載碳量，甚至可以通過增加高碳排放行業的進口量來滿足本國的需求，而減少本國高碳排放行業的生產達到減排的目的。所以可以假設，在未來，各個地區出口隱含的能源二氧化碳排放量與進口隱含的能源二氧化碳排放量會傾向於持平，通過結構調整來達到減排目的除了要調整本國的產業結構外，很大一部分就是調整進出口結構。國家應該限制地區為了通過出口拉動本地經濟發展而承擔大量國際能源二氧化碳排放的情況，若地區希望通過出口拉動本地經濟而增加的能源二氧化碳則必須通過進口節約的能源二氧化碳來抵消，或者通過技術進步的方式使節約出來的能源二氧化碳排

放用作出口需求。所以，本書在通過最終需求進行碳排放地區分配的時候暫不考慮各個地區的淨出口。

分配的總體思路如下：

第一步，測算出全國能源二氧化碳總量控制目標下的公平性碳排放總量和效率性碳排放總量，為地區分解奠定基礎。通過 2020 年全國的最終消費規模、投資規模、最終消費產品結構、投資結構，以及行業完全碳排放係數計算出全國公平性能源二氧化碳排放總量，包括全國最終消費需求能源二氧化碳排放和投資需求能源二氧化碳排放，進而根據全國的碳控制目標得到效率性能源二氧化碳總量。

第二步，對全國公平性能源二氧化碳總量進行地區分配。公平性能源二氧化碳總量又分為消費需求碳排放總量、投資需求碳排放總量和地區間碳轉移的調整量。對全國最終消費需求的能源二氧化碳總量進行地區分配的時候應該以各個省市 2020 年的人口規模占比作為權重，保證人人均等。對全國投資的能源二氧化碳總量進行地區分配的時候應該考慮兩方面：一方面是經濟規模。給予經濟規模大的地區更多的碳排放權，可以以 2020 年各地區地區生產總值占比作為權重進行分配。另一方面是經濟發展水平。應保證發展水平低的地區有更多的碳排放權，所以可以以 2020 年地區人均 GDP 倒數的歸一化值作為權重進行分配，再把兩種分配結果進行平均。用 2020 年各地區的能源二氧化碳省際淨轉出和省際淨轉入對最終需求分得的碳排放權進行調整就可以得到各個地區 2020 年從公平性原則出發應該分得的能源二氧化碳總量。

第三步，對效率性能源二氧化碳總量進行地區分配。依據各個地區 2020 年能源生產力的歸一化值為權重，保證碳資源流向效率最高的地區。

第四步，各個地區在全國能源二氧化碳總量目標下分得的碳

排放權就等於公平性分得的排放權加效率性分得的排放權之和。

從整個分配思路可以看到，需要預測 2020 年各地區的人口規模、地區生產總值、人均 GDP、能源生產力和 2020 年全國的最終消費規模、投資規模、最終消費產品結構、投資結構，以及行業完全碳排放係數。

6.2.2 全國公平性碳排放權和效率性碳排放權總量的測定

6.2.2.1 全國公平性碳排放權的測定

（1）全國 2020 年最終消費規模和投資規模的預測

黨的十八大提出到 2020 年我國的 GDP 總量在 2010 年的基礎上翻一番，2010 年我國的 GDP 為 401,202 億元，則 2020 年我國的 GDP 將達到 802,404 億元。要把 2020 年的 GDP 總量分成最終消費規模和資本形成規模，則需要測算出 2020 年我國的消費率和投資率。

從圖 6.1 中的歷年消費率和投資率的變動情況來看，兩者傾向於持平。消費率隨時間的推移呈現降低趨勢，資本形成率隨時間的推移呈現上升趨勢，最終兩者相當。

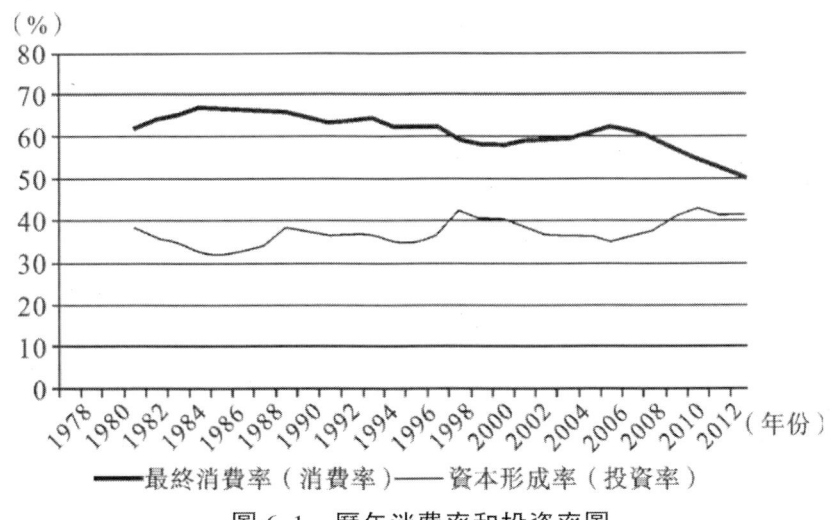

圖 6.1　歷年消費率和投資率圖

所以，本書認為可以把時間作為自變量，消費率和資本形成率分別作為因變量建立一元線性迴歸模型進行預測，樣本數據為 1978—2013 年。

得到的迴歸模型如下：

$CL = -0.53 \times T + 68.93$

T -12.91

P 0

$R^2 = 0.83$ 其中，CL 表示最終消費率，T 表示時間。

$IL = 0.30 \times T + 32.44$

T 7.99

P 0

$R^2 = 0.65$ 其中，IL 表示資本形成率，T 表示時間。

從兩個模型的估計結果來看，斜率項均顯著，整個迴歸模型的擬合也比較好。

從圖 6.2、圖 6.3 中的預測結果來看，最終消費率和資本形成率的真實值均圍繞預測值上下波動，且預測值的趨勢基本能夠反應真實值的趨勢，所以本書以這兩個模型對 2020 年的最終消費率和資本形成率進行預測是合理的，結果見表 6.6。

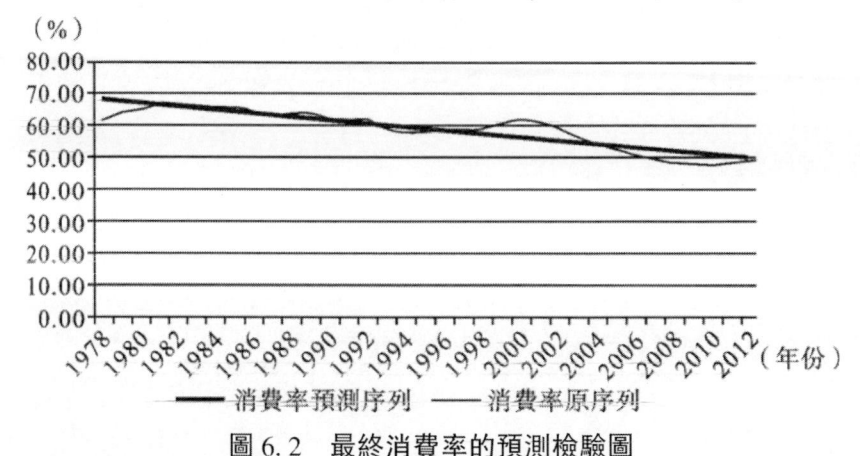

圖 6.2 　最終消費率的預測檢驗圖

圖6.3 資本形成率的預測檢驗圖

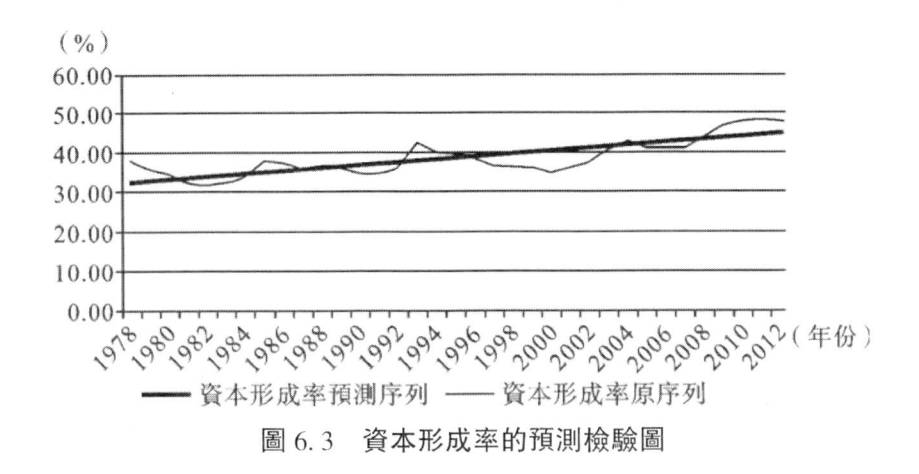

表6.6 2020年最終消費率和資本形成率預測結果表

單位:%

最終消費率	資本形成率
45.85	47.74

從表6.6中的預測結果可以看出，到2020年，最終消費率和資本形成率已經比較接近了，分別占到了45.85%和47.74%。2020年全國最終消費規模和資本形成規模的計算公式如下：

$$C = GDP \times CL$$
$$I = GDP \times IL$$

其中，C和I分別表示2020年的消費規模和投資規模。

從表6.7中的結果來看，到2020年投資規模仍然是高於消費規模的，差額為15,165億元。對比消費規模和投資規模的絕對值來說，這種差異比較小。

表 6.7　　　2020 年最終消費規模和投資規模表

單位：億元

時間	GDP	最終消費規模	投資規模
2020	802,404	367,902.2	383,067.7

（2）全國 2020 年最終消費結構和投資結構的預測

黨的十八在提出經濟總量目標的同時也提出了實現 2020 年居民收入比 2010 年翻一番的目標，居民收入目標的實現必須要與一定的經濟發展水平掛勾。而要達到一定的經濟發展水平就必須有產業結構的調整升級，產業結構的調整升級來自於最終消費結構和投資結構的變化，所以最終消費結構和投資結構與經濟發展水平緊密相連。所以，本書在預測 2020 年全國最終消費結構和投資結構的時候以現在人均 GDP 與全國 2020 年人均 GDP 差距最小的地區的最終消費結構和投資結構做參考。

為了使分解出來的最終消費結構和投資結構與投入產出表的行業結構相對應，本書選擇 2010 年人均 GDP 與全國 2020 年人均 GDP 差距最小的地區作為參照。在這裡要排除北京、天津、上海和重慶，因為這四個地區是直轄市，由於區域範圍較小，並且國家對其有更多的優惠政策，參考價值較低。從 2020 年人均 GDP 較 2010 年翻一翻可以得到 2020 年全國人均 GDP 為 60,030 元，最后選擇浙江省作為參考標準。以浙江省 2010 年最終消費結構和投資結構為依據得到的 2020 年全國各行業最終消費額和投資額見表 6.8。

表 6.8　　　42 部門最終消費和投資情況表

行業	浙江最終消費結構（%）	浙江投資結構（%）	全國行業最終消費規模（億元）	全國行業投資規模（億元）
農、林、牧、漁業	5.39	1.96	19,843.30	7,503.03

表6.8(續)

行業	浙江最終消費結構（%）	浙江投資結構（%）	全國行業最終消費規模（億元）	全國行業投資規模（億元）
煤炭開採和洗選業	0.02	0.00	85.84	0.96
石油和天然氣開採業	0.00	0.00	0.00	0.00
金屬礦採選業	0.00	0.08	0.00	293.45
非金屬礦及其他礦採選業	0.00	0.00	0.00	2.05
食品製造及菸草加工業	8.78	0.15	32,315.35	556.44
紡織業	0.60	0.43	2,217.93	1,631.95
紡織服裝鞋帽皮革羽絨及其製品業	4.61	0.26	16,965.34	1,013.50
木材加工及家具製造業	0.69	0.70	2,555.45	2,673.84
造紙印刷及文教體育用品製造業	0.81	0.06	2,994.52	231.95
石油加工、煉焦及核燃料加工業	1.43	0.16	5,244.30	620.18
化學工業	2.72	0.69	10,016.03	2,654.95
非金屬礦物製品業	0.86	0.02	3,148.35	88.30
金屬冶煉及壓延加工業	0.15	0.42	545.37	1,624.61
金屬製品業	0.18	1.66	645.43	6,372.75
通用、專用設備製造業	0.02	25.19	65.19	96,490.51
交通運輸設備製造業	3.51	2.49	12,925.33	9,529.17
電氣機械及器材製造業	0.69	4.40	2,555.49	16,837.48
通信設備、計算機及其他電子設備製造業	1.48	0.41	5,437.86	1,562.06
儀器儀表及文化辦公用機械製造業	0.20	1.04	723.86	3,998.49
工藝品及其他製造業	1.30	0.15	4,784.85	562.47
廢品廢料	0.00	0.10	0.00	378.00

表6.8(續)

行業	浙江最終消費結構(%)	浙江投資結構(%)	全國行業最終消費規模(億元)	全國行業投資規模(億元)
電力、熱力的生產和供應業	1.87	0.00	6,865.64	0.00
燃氣生產和供應業	0.38	0.00	1,383.22	0.00
水的生產和供應業	0.25	0.00	937.50	0.00
建築業	0.36	52.92	1,339.73	202,717.07
交通運輸及倉儲業	2.57	0.47	9,463.26	1,782.81
郵政業	0.11	0.00	406.14	0.00
信息傳輸、計算機服務和軟件業	3.49	1.22	12,823.67	4,666.46
批發和零售業	4.58	1.22	16,845.96	4,676.22
住宿和餐飲業	5.06	0.00	18,598.44	0.00
金融業	8.89	0.00	32,707.29	0.00
房地產業	8.78	3.77	32,307.30	14,438.17
租賃和商務服務業	1.58	0.00	5,797.25	0.00
研究與試驗發展業	0.20	0.00	745.71	0.00
綜合技術服務業	0.33	0.04	1,200.16	160.85
水利、環境和公共設施管理業	1.34	0.00	4,924.29	0.00
居民服務和其他服務業	1.12	0.00	4,137.83	0.00
教育	7.12	0.00	26,208.19	0.00
衛生、社會保障和社會福利業	5.12	0.00	18,819.13	0.00
文化、體育和娛樂業	0.97	0.00	3,553.95	0.00
公共管理和社會組織	12.44	0.00	45,767.76	0.00

從表6.8可以看出,到2020年我國居民的消費消費結構逐

步向服務業轉移，服務業消費占比提高到63.7%，而農業和第二產業消費僅占5.39%和30.91%。其中：工業消費中以食品製造業、紡織服裝製造業和交通運輸設備製造業為主，消費占比分別為8.78%、4.61%和3.51%；服務業消費中以金融業、房地產業、教育、衛生、社會保障和社會福利業與公共管理和社會組織為主，消費占比分別為8.89%、8.78%、7.12%、5.12%和12.44%。而投資以通用、專用設備製造業，電氣機械及器材製造業和建築業為主。由此可見，我國的消費結構和投資結構存在一定差異。為了與全書統一，現將表中的42個行業合併為28個行業，結果見表6.9。

表6.9　28部門最終消費規模和投資規模測算表

單位：億元

行業	全國各產品最終消費規模（萬元）	全國各行業投資規模（萬元）
農、林、牧、漁業	19,843.30	7,503.03
煤炭開採和洗選業	85.84	0.96
石油和天然氣開採業	0.00	0.00
金屬礦採選業	0.00	293.45
非金屬礦及其他礦採選業	0.00	2.05
食品製造及菸草加工業	32,315.35	556.44
紡織業	2,217.93	1,631.95
紡織服裝鞋帽皮革羽絨及其製品業	16,965.34	1,013.50
木材加工及家具製造業	2,555.45	2,673.84
造紙印刷及文教體育用品製造業	2,994.52	231.95
石油加工、煉焦及核燃料加工業	5,244.30	620.18

表6.9(續)

行業	全國各產品最終消費規模（萬元）	全國各行業投資規模（萬元）
化學工業	10,016.03	2,654.95
非金屬礦物製品業	3,148.35	88.30
金屬冶煉及壓延加工業	545.37	1,624.61
金屬製品業	645.43	6,372.75
通用、專用設備製造業	65.19	96,490.51
交通運輸設備製造業	12,925.33	9,529.17
電氣機械及器材製造業	2,555.49	16,837.48
通信設備、計算機及其他電子設備製造業	5,437.86	1,562.06
儀器儀表及文化、辦公用機械製造業	723.86	3,998.49
工藝品及其他製造業	4,784.85	940.47
電力、熱力的生產和供應業	6,865.64	0.00
燃氣的生產和供應業	1,383.22	0.00
水的生產和供應業	937.50	0.00
建築業	1,339.73	202,717.07
交通運輸、倉儲和郵政業	9,869.40	1,782.81
批發、零售業和住宿、餐飲業	35,444.40	4,676.22
其他服務業	188,992.53	19,265.48

(3) 2020年行業完全碳排放系數的預測

行業完全碳排放系數的計算公式為：

$$\bar{e} = e(I - a)^{-1}$$

其中，$\bar{e}$表示行業完全碳排放系數行向量，e為行業直接碳強度行向量，$(I-a)^{-1}$為列昂剔夫逆矩陣。

從表6.10可以看出，所有行業的完全碳排放系數都有明顯的降低，這說明在我國節能減排政策的推動下，我國各行業的碳排放利用效率都有了比較明顯的上升。其中，石化行業、能源生產供應業的完全碳排放系數下降得最為明顯，石油加工、煉焦及核燃料加工業2002—2007年和2007—2010年年平均增速分別為-11.32%和-12.98%，燃氣的生產和供應業2002—2007年和2007—2010年年平均增速分別為-14.36%和9.53%，遠超其他行業，說明這兩大高耗能行業的碳排放控制得相對較好。

表6.10　　　　行業完全碳排放系數情況表

	2002年行業完全碳排放系數（噸/萬元）	2007年行業完全碳排放系數（噸/萬元）	2002—2007年的年均增速（%）	2010年行業完全碳排放系數（噸/萬元）	2007—2010年的年均增速（%）
農、林、牧、漁業	2 131.9	1 469.1	-7.18	1 294.0	-4.14
煤炭開採和洗選業	6 160.7	5 480.3	-2.31	5 047.3	-2.71
石油和天然氣開採業	7 902.2	5 247.6	-7.86	4 707.9	-3.55
金屬礦採選業	5 730.5	4 346.9	-5.38	3 954.3	-3.11
非金屬礦及其他礦採選業	4 530.1	3 561.6	-4.70	2 893.3	-6.69
食品製造及菸草加工業	2 451.7	1 763.1	-6.38	1 373.1	-8.00
紡織業	3 390.9	2 688.5	-4.54	2 027.9	-8.97
紡織服裝鞋帽皮革羽絨及其製品業	2 791.2	2 221.4	-4.46	2 077.5	-2.21
木材加工及家具製造業	3 460.5	2 619.3	-5.42	2 141.8	-6.49

表6.10(續)

	2002年行業完全碳排放系數(噸/萬元)	2007年行業完全碳排放系數(噸/萬元)	2002—2007年的年均增速(%)	2010年行業完全碳排放系數(噸/萬元)	2007—2010年的年均增速(%)
造紙印刷及文教體育用品製造業	3.568,0	3.155,2	-2.43	2.722,3	-4.8
石油加工、煉焦及核燃料加工業	21.386,3	11.728,9	-11.32	7.728,9	-12.98
化學工業	6.627,6	4.891,6	-5.89	4.045,2	-6.14
非金屬礦物製品業	7.748,0	5.148,7	-7.85	4.186,6	-6.66
金屬冶煉及壓延加工業	9.546,7	6.678,4	-6.90	5.547,1	-6.00
金屬製品業	6.099,6	4.574,9	-5.59	4.069,1	-3.83
通用、專用設備製造業	4.744,4	3.810,7	-4.29	2.869,2	-9.03
交通運輸設備製造業	4.196,0	3.325,7	-4.54	2.723,3	-6.44
電氣機械及器材製造業	4.910,1	4.056,8	-3.75	3.502,1	-4.78
通信設備、計算機及其他電子設備製造業	3.427,9	2.753,9	-4.28	2.639,2	-1.41
儀器儀表及文化、辦公用機械製造業	3.888,8	2.889,1	-5.77	2.654,8	-2.78
工藝品及其他製造業	2.748,7	2.004,8	-6.12	1.466,4	-9.9
電力、熱力的生產和供應業	17.107,6	12.455,8	-6.15	9.703,6	-7.99
燃氣、生產和供應業	11.424,6	5.263,3	-14.36	3.897,2	-9.53
水的生產和供應業	4.650,7	3.611,3	-4.93	2.848,9	-7.6
建築業	4.812,9	3.951,6	-3.87	2.860,7	-10.21

表6.10(續)

	2002年行業完全碳排放系數(噸/萬元)	2007年行業完全碳排放系數(噸/萬元)	2002—2007年的年均增速(%)	2010年行業完全碳排放系數(噸/萬元)	2007—2010年的年均增速(%)
交通運輸、倉儲和郵政業	6.604,1	5.142,9	-4.88	4.188,2	-6.62
批發、零售業和住宿、餐飲業	2.163,7	1.539,2	-6.58	1.247,8	-6.76
其他行業	2.108,1	1.600,3	-5.36	1.337,3	-5.81

　　預測時應該充分利用最近的信息，所以在對2020年行業完全碳排放系數進行預測的時候可以參考2007—2010年的年均增速但是必須要做調整。因為隨著碳排放利用效率水平的上升，要想在進一步提高效率會更難，行業完全碳排放系數的降低速度是會越來越慢的。

　　在「十一五」規劃中提出能耗強度降低20%的目標，而在「十二五」規劃中提出的能耗強度降低目標就下降為16%。國家在做出能耗強度降低目標的時候做了多方面的考慮，由於化石能源的使用直接帶來碳排放，所以能耗利用效率高不高也會直接影響碳排放利用效率高不高。因此，行業完全碳排放系數與能耗強度存在直接的相關性，所以行業完全碳排放系數的增速調整可以參考能耗強度目標的變化。按能耗強度降低20%的目標來計算，能耗強度的年均增速為-4.36%，按能耗強度降低16%的目標來計算，能耗強度的年均增速為-3.43%，表明能耗強度增速以五年為間隔減少了0.93%。可以假設行業完全碳排放系數增速的變動幅度也以此差距來調整。2007—2010年各個行業完全碳排放系數的年均增速如表6.10所示，每隔五年增速就以-0.93%調整一次，由此可以得到2011—2020年各年行業完全碳排放系數的增速（見表6.11）。

表 6.11　　行業完全碳排放系數的年均增速表　　單位:%

行業	2007—2010	2011—2015	2016—2020
農、林、牧、漁業	-4.14	-3.21	-2.28
煤炭開採和洗選業	-2.71	-1.78	-0.85
石油和天然氣開採業	-3.55	-2.62	-1.69
金屬礦採選業	-3.11	-2.18	-1.25
非金屬礦及其他礦採選業	-6.69	-5.76	-4.83
食品製造及菸草加工業	-8.00	-7.07	-6.14
紡織業	-8.97	-8.04	-7.11
紡織服裝鞋帽皮革羽絨及其製品業	-2.21	-1.28	-0.35
木材加工及家具製造業	-6.49	-5.56	-4.63
造紙印刷及文教體育用品製造業	-4.8	-3.87	-2.94
石油加工、煉焦及核燃料加工業	-12.98	-12.05	-11.12
化學工業	-6.14	-5.21	-4.28
非金屬礦物製品業	-6.66	-5.73	-4.8
金屬冶煉及壓延加工業	-6.00	-5.07	-4.14
金屬製品業	-3.83	-2.9	-1.97
通用、專用設備製造業	-9.03	-8.1	-7.17
交通運輸設備製造業	-6.44	-5.51	-4.58
電氣機械及器材製造業	-4.78	-3.85	-2.92
通信設備、計算機及其他電子設備製造業	-1.41	-0.48	0.45
儀器儀表及文化、辦公用機械製造業	-2.78	-1.85	-0.92
工藝品及其他製造業	-9.9	-8.97	-8.04
電力、熱力的生產和供應業	-7.99	-7.06	-6.13

表6.11(續)

行業	2007—2010	2011—2015	2016—2020
燃氣的生產和供應業	-9.53	-8.6	-7.67
水的生產和供應業	-7.6	-6.67	-5.74
建築業	-10.21	-9.28	-8.35
交通運輸、倉儲和郵政業	-6.62	-5.69	-4.76
批發、零售業和住宿、餐飲業	-6.76	-5.83	-4.9
其他行業	-5.81	-4.88	-3.95

從表6.11可以看出，行業碳利用效率提高得越來越慢也是情理之中。所以利用2010年各行業完全碳排放系數和年均增速就可以計算出2020年各行業的完全碳排放系數（見表6.12）。

表6.12　　2020年各行業的完全碳排放系數表

單位：噸/萬元

行業	完全碳排放系數	行業	完全碳排放系數	行業	完全碳排放系數	行業	完全碳排放系數
農、林、牧、漁業	0.979,5	紡織服裝鞋帽皮革羽絨及其製品業	1.914,1	金屬製品業	3.179,7	電力、熱力的生產和供應業	4.904,3
煤炭開採和洗選業	4.421,0	木材加工及家具製造業	1.269,5	通用、專用設備製造業	1.296,5	燃氣的生產和供應業	1.668,0
石油和天然氣開採業	3.785,9	造紙印刷及文教體育用品製造業	1.925,0	交通運輸設備製造業	1.622,6	水的生產和供應業	1.501,1
金屬礦採選業	3.325,8	石油加工、煉焦及核燃料加工業	2.255,9	電氣機械及器材製造業	2.481,6	建築業	1.136,7

表6.12(續)

行業	完全碳排放系數	行業	完全碳排放系數	行業	完全碳排放系數	行業	完全碳排放系數
非金屬礦及其他礦採選業	1.679,1	化學工業	2.487,5	通信設備、計算機及其他電子設備製造業	2.635,0	交通運輸業和倉儲、郵政業	2.448,6
食品製造及菸草加工業	0.693,2	非金屬礦物製品業	2.437,3	儀器儀表及文化辦公用機械製造業	2.308,9	批發、零售業和住宿、餐飲業	0.718,8
紡織業	0.922,3	金屬冶煉及壓延加工業	3.461,5	工藝品及其他製造業	0.602,8	其他行業	0.851,3

從表6.12可以看出,到2020年採掘業、石化業、金屬冶煉加工製品業、電力、熱力的生產和供應業仍是高碳排放行業。

(4) 2020年全國最終消費能源二氧化碳排放總量和投資能源二氧化碳排放總量

全國最終消費的能源二氧化碳總量的計算公式為:

$$coe_C = EX_C = \begin{bmatrix} e_1 & \cdots & e_n \end{bmatrix} \begin{bmatrix} x_{c1} \\ \cdots \\ x_{cn} \end{bmatrix}$$

$$= \begin{bmatrix} e_1 & \cdots & e_n \end{bmatrix} \begin{bmatrix} 1-a_{11} & \cdots & a_{1n} \\ \cdots & \cdots & \cdots \\ a_{n1} & \cdots & 1-a_{nn} \end{bmatrix}^{-1} \begin{bmatrix} C_1 \\ \cdots \\ C_n \end{bmatrix} = \bar{E}C$$

其中,coe_C表示最終消費帶來的能源二氧化碳總量,E表示行業的直接碳強度行向量,X_C表示由最終消費需求產生的總產出列向量,a_{11}表示直接消耗係數,C_i表示行業I的最終消費需求,$\bar{E}$表示行業的完全碳排放係數行向量,C表示行業最終消費需求列向量。

全國投資的能源二氧化碳總量的計算公式為：

$$coe_I = EX_I = \begin{bmatrix} e_1 & \cdots & e_n \end{bmatrix} \begin{bmatrix} x_{i1} \\ \cdots \\ x_{in} \end{bmatrix}$$

$$= \begin{bmatrix} e_1 & \cdots & e_n \end{bmatrix} \begin{bmatrix} 1-a_{11} & \cdots & a_{1n} \\ \cdots & \cdots & \cdots \\ a_{n1} & \cdots & 1-a_{nn} \end{bmatrix}^{-1} \begin{bmatrix} I_1 \\ \cdots \\ I_n \end{bmatrix} = \overline{E}I$$

其中，eoe_I 表示投資帶來的能源二氧化碳總量，E 表示行業的直接碳強度向量，X_I 表示由投資需求產生的總產出列向量，I_i 表示對行業 I 的投資，$\overline{E}$ 表示行業的完全碳排放系數行向量，I 表示行業投資需求列向量。

通過上面的公式和前面測算的數據可以得到 2020 年全國最終消費的能源二氧化碳排放和投資的能源二氧化碳排放，兩者之和即為全國公平性碳排放總量，結果見表 6.13。

表 6.13　2020 年全國最終消費需求碳排放和投資需求碳排放表

單位：萬噸

全國最終消費碳排放	全國投資碳排放	全國公平性碳排放總量
657,408.7	362,242.3	1,019,651

6.2.2.2　全國效率性碳排放權的測定

從上面公平性的分配加總結果來看，到 2020 年全國的公平性碳排放權為 1,019,651 萬噸。結合前面的全國能源二氧化碳總量目標來看，全國目標控制為 1,491,669 萬噸，差距為 472,018 萬噸，這部分碳排放權可以通過效率的方式進行地區配置。

6.2.3 全國公平性碳排放權的地區分配

6.2.3.1 2020年各省人口規模、地區生產總值和人均GDP的預測

（1）2020年各省市地區生產總值預測

各個省的地區生產總值會受到諸如經濟發展基礎、政策導向、地區規劃等各種因素的影響，若對每個省分別進行預測，工作量是非常巨大的。鑒於本書的研究目的和研究主線並不是對地區人口和地區生產總值的具體預測，而是提出利用投入產出法進行碳排放權地區更加合理分配的一種思路和方法，所以對各省地區生產總值的預測進行了簡化。

預測的依據是「十二五」規劃提出全國經濟增速為7%，同時根據我國2020年經濟總量較2010年翻一番的目標得到我國經濟在未來只需要保持7%左右的增速就可以實現目標。本書對各個省市的地區生產總值的預測都以此速度為依據。當然，為了實現國家的整體目標，各個地區的經濟增速雖然會存在一定程度的差異，但是，本書研究的目的是在正常的經濟增長下進行合理的碳排放量的分配。某些地區經濟超常增長所需要的碳排放不應該通過額外分配碳排放指標去解決，而應該通過技術進步減少碳排放強度去解決。某些地區主動控制人口和經濟增長的增速，由此所控制的碳排放量是該地區應當獲得的資源，也不應該「鞭打快牛」而減少碳排放的合理分配。所以，這種以全國經濟平均增速作為各個省市經濟增速的簡化方式一定程度上是合理的。於是，可以推算出到2020年各個省市的地區生產總值。各個省市地區生產總值之和與2020年較2010年翻一番的全國GDP目標值存在一定偏差。為了保證經濟總量翻一番的目標，需要將此預測結果進行調整，調整方式就是以各個地區預測的地區生產總值占比對2020年全國GDP的目標值進行分配，

最后的結果見表 6.14。

表 6.14　2020 年各省市地區生產總值預測表　單位：億元

地區	地區生產總值	地區	地區生產總值	地區	地區生產總值
北京	24,887.81	浙江	47,947.20	海南	4,015.70
天津	18,340.08	安徽	24,298.57	重慶	16,153.24
河北	36,119.99	福建	27,770.98	四川	33,515.60
山西	16,083.75	江西	18,299.67	貴州	10,218.75
內蒙古	21,482.51	山東	69,791.48	雲南	14,958.94
遼寧	34,558.15	河南	41,039.27	陝西	20,477.88
吉林	16,567.73	湖北	31,483.43	甘肅	7,999.61
黑龍江	18,356.37	湖南	31,270.53	青海	2,681.48
上海	27,569.94	廣東	79,337.46	寧夏	3,273.68
江蘇	75,505.84	廣西	18,350.08	新疆	10,669.85

從表 7.14 中的預測結果來看，到 2020 年，江蘇、山東、廣東仍是經濟大省，其地區生產總值分別為 75,505.84 億元、69,791.48 億元和 79,339.46 億元，排前三名。

（2）2020 年各省市人口規模預測

在預測各省市 2020 年人口規模時採用灰色預測模型 GM（1，1）。灰色預測模型是鄧聚龍教授於 20 世紀 70 年代首先提出的，以灰色理論為基礎，認為系統的行為現象雖然是模糊的，數據是複雜的，但畢竟是有序的，所以可以從雜亂中尋找規律。這種預測方法是一種對含有不確定因素的系統進行預測的方法。由於影響人口規模變化的因素有很多，除了政策控制外，還有許多是個人因素，而且有些因素是不完全確定的，所以用此方法進行人口規模預測比較合適。通過對影響城市人口規模變化

因素的歷史資料進行統計分析，探討其在時間上的變化規律，從而對未來的變化進行預測，以實現對含有已知信息又含有不確定因素的系統進行預測的目的。在預測的時候要以歷年各省市的年平均人口數為基礎，實現對各省市年平均人口數的預測，以便為預測人均 GDP 奠定基礎。其結果見表 6.15。

表 6.15　　　　2020 年年末各省市人口預測數　　單位：萬人

地區	人口	地區	人口	地區	人口
北京	2,107	浙江	6,800	海南	946
天津	1,755	安徽	5,514	重慶	3,096
河北	7,971	福建	4,035	四川	7,868
山西	4,139	江西	4,773	貴州	2,851
內蒙古	2,971	山東	10,268	雲南	4,877
遼寧	4,905	河南	9,637	陝西	3,709
吉林	2,804	湖北	5,805	甘肅	2,425
黑龍江	3,859	湖南	7,193	青海	593
上海	2,438	廣東	12,013	寧夏	706
江蘇	8,655	廣西	4,259	新疆	2,478

從表 6.15 中的預測結果可以看出，江蘇、山東、河南、廣東和四川仍是我國人口大省，到 2020 年其人口規模分別達到 8,655 萬人、10,268 萬人、9,637 萬人、14,014 萬人和 7,868 萬人。

(3) 2020 年各省市人均 GDP 預測

各省市 2020 年地區生產總值除以各自的年平均人口數則可計算出各地 2020 年的人均 GDP。其結果見表 6.16。

表 6.16　　　　　各省市 2020 年人均 GDP　　　單位：元/人

地區	地區人均GDP	地區	地區人均GDP	地區	地區人均GDP
北京	118,115	浙江	70,512	海南	42,432
天津	104,502	安徽	44,067	重慶	52,166
河北	45,312	福建	68,828	四川	42,599
山西	38,858	江西	38,341	貴州	35,840
內蒙古	72,297	山東	67,971	雲南	30,675
遼寧	70,457	河南	42,586	陝西	55,210
吉林	59,086	湖北	54,237	甘肅	32,985
黑龍江	47,568	湖南	43,472	青海	45,236
上海	113,102	廣東	66,040	寧夏	46,351
江蘇	87,238	廣西	43,085	新疆	43,056

從表 6.16 可以看出，到 2020 年，北京、天津和上海的人均 GDP 將超過 10 萬元/人，人均 GDP 較低的地區為江西、貴州、雲南、甘肅等地。

6.2.3.2　全國最終消費碳排放和投資碳排放的地區分配

(1) 全國最終消費碳排放權的地區分配

在把全國最終消費帶來的能源二氧化碳進行地區分配的時候要從消費需求的公平性出發，影響地區最終消費需求的主要因素是地區的人口規模。從公平的角度出發應該保證每個人都有消費相同類型和相同數量的產品與服務的權利，保證各個地區的人均碳排放相等，所以可以按照各省市 2020 年人口規模占全國人口的比重作為權重把全國最終消費能源二氧化碳進行分配。其結果見表 6.17。

表 6.17 2020 年各省市最終消費需求能源二氧化碳分配結果

地區	人口比重(%)	分得的排放權(萬噸)	地區	人口比重(%)	分得的排放權(萬噸)
北京	1.49	9,792.89	河南	6.81	44,788.04
天津	1.24	8,156.53	湖北	4.10	26,978.54
河北	5.64	37,048.17	湖南	5.09	33,431.14
山西	2.93	19,236.88	廣東	8.49	55,834.09
內蒙古	2.10	13,809.96	廣西	3.01	19,794.45
遼寧	3.47	22,795.90	海南	0.67	4,398.42
吉林	1.98	13,031.76	重慶	2.19	14,391.22
黑龍江	2.73	17,935.03	四川	5.56	36,565.79
上海	1.72	11,329.06	貴州	2.02	13,251.19
江蘇	6.12	40,225.79	雲南	3.45	22,664.06
浙江	4.81	31,602.84	陝西	2.62	17,238.37
安徽	3.90	25,627.07	甘肅	1.71	11,271.49
福建	2.85	18,752.18	青海	0.42	2,755.01
江西	3.37	22,182.26	寧夏	0.50	3,282.48
山東	7.26	47,720.83	新疆	1.75	11,517.26

從表 6.17 可以看出，江蘇、山東、河南、湖南、廣東和四川等人口大省分得了較多的排放權，分別為 40,225.79 萬噸、47,720.83 萬噸、44,788.04 萬噸、33,431.14 萬噸、55,834.09 萬噸和 36,565.79 萬噸。

（2）全國投資碳排放權的地區分配

在把全國投資帶來的能源二氧化碳進行地區公平性分配的時候要從兩方面進行考慮。一方面要考慮各個地區經濟規模的

差異。由於經濟規模不同需要支撐經濟發展的投資規模會存在差異，經濟規模大的地區分得更多的投資碳排放權，經濟規模小的地區分得更少的碳排放權，以保證不同規模的經濟體都得以健康發展。另一方面要考慮經濟發展水平的差異。按照國家西部大開發的策略，應該加快西部地區的經濟發展，縮小其與東部沿海發達省市的差距。人均 GDP 是衡量地區經濟發展水平最具代表性的指標，對於人均 GDP 較低的中西部地區應該給予其更多的投資需求碳排放權，以加快其經濟發展。而對於人均 GDP 較高的東部地區應分配較少的投資需求碳排放權，保證落后地區有追趕發達地區經濟的時間和條件，對其的限製作用相應更少，目的是使全國各地區的經濟發展更為均衡。所以，全國投資需求碳排放的地區分配步驟如下：

第一步，按照 2020 年地區生產總值的占比作為權重對全國投資需求能源二氧化碳排放總量進行地區分配，得到各個地區基於經濟規模的投資需求碳排放權。

從表 6.18 可以看出，經濟規模較大的江蘇、浙江、山東、廣東分得了最多的碳排放權，分別為 34,060.44 萬噸、21,628.83 萬噸、31,482.72 萬噸和 35,788.87 萬噸。

表 6.18 根據經濟規模不同進行的排放權分配結果

單位：萬噸

地區	分得的排放權	地區	分得的排放權
北京	11,226.81	河南	18,512.69
天津	8,273.15	湖北	14,202.08
河北	16,293.61	湖南	14,106.04
山西	7,255.33	廣東	35,788.87
內蒙古	9,690.69	廣西	8,277.66

表6.18(續)

地區	分得的排放權	地區	分得的排放權
遼寧	15,589.07	海南	1,811.47
吉林	7,473.65	重慶	7,286.68
黑龍江	8,280.50	四川	15,118.78
上海	12,436.71	貴州	4,609.65
江蘇	34,060.44	雲南	6,747.93
浙江	21,628.83	陝西	9,237.51
安徽	10,961.01	甘肅	3,608.60
福建	12,527.40	青海	1,209.61
江西	8,254.92	寧夏	1,476.75
山東	31,482.72	新疆	4,813.13

第二步，以2020年各個地區人均GDP倒數的歸一化值作為權重對全國投資需求的能源二氧化碳總量進行地區分配，得到各個地區基於經濟發展水平的投資需求碳排放權。

從表6.19可以看出，經濟相對落後的中西部地區分得了更多的碳排放權，而經濟發達的北京、上海等地分得的碳排放權卻很少。

表6.19　根據經濟發展水平不同的排放權分配結果

單位：萬噸

地區	分得的排放權	地區	分得的排放權
北京	5,201.28	河南	14,426.09
天津	5,878.83	湖北	11,327.21
河北	13,558.31	湖南	14,131.96

表6.19(續)

地區	分得的排放權	地區	分得的排放權
山西	15,810.07	廣東	9,302.67
內蒙古	8,497.55	廣西	14,259.09
遼寧	8,719.52	海南	14,478.43
吉林	10,397.44	重慶	11,776.72
黑龍江	12,915.22	四川	14,421.63
上海	5,431.81	貴州	17,141.28
江蘇	7,042.23	雲南	20,027.34
浙江	8,712.63	陝西	11,127.50
安徽	13,941.34	甘肅	18,625.09
福建	8,925.80	青海	13,581.06
江西	16,023.19	寧夏	13,254.14
山東	9,038.41	新疆	14,268.47

第三步，認為經濟規模和發展水平對地區分得投資需求的能源二氧化碳同等重要，所以對上兩步得到的結果進行算術平均就可以得到各個地區公平性投資需求的能源二氧化碳排放。其結果見表6.20。

表6.20 2020年各省市投資需求能源二氧化碳分配結果

單位：萬噸

地區	分得的排放權	地區	分得的排放權
北京	8,214.05	河南	16,469.39
天津	7,075.99	湖北	12,764.64
河北	14,925.96	湖南	14,119.00

表6.20(續)

地區	分得的排放權	地區	分得的排放權
山西	11,532.70	廣東	22,545.77
內蒙古	9,094.12	廣西	11,268.38
遼寧	12,154.30	海南	8,144.95
吉林	8,935.55	重慶	9,531.70
黑龍江	10,597.86	四川	14,770.21
上海	8,934.26	貴州	10,875.46
江蘇	20,551.34	雲南	13,387.64
浙江	15,170.73	陝西	10,182.50
安徽	12,451.18	甘肅	11,116.85
福建	10,726.60	青海	7,395.33
江西	12,139.06	寧夏	7,365.44
山東	20,260.56	新疆	9,540.80

從表6.20可以看出,經濟規模較大且發展水平落后的中西部地區分得的碳排放權比較多。

最后,把各省市基於最終消費需求分得的能源二氧化碳排放和基於投資需求分得的能源二氧化碳排放加總可以得到各地最終需求分得的能源二氧化碳排放總量。其結果見表6.21。

表6.21　2020年各省市最終需求分得的碳排放總量

單位:萬噸

地區	碳排放量	地區	碳排放量	地區	碳排放量
北京	18,006.94	浙江	46,773.57	海南	12,543.37
天津	15,232.51	安徽	38,078.24	重慶	23,922.92

表6.21(續)

地區	碳排放量	地區	碳排放量	地區	碳排放量
河北	51,974.13	福建	29,478.78	四川	51,336.00
山西	30,769.58	江西	34,321.32	貴州	24,126.65
內蒙古	22,904.09	山東	67,981.39	雲南	36,051.70
遼寧	34,950.20	河南	61,257.43	陝西	27,420.88
吉林	21,967.30	湖北	39,743.18	甘肅	22,388.34
黑龍江	28,532.89	湖南	47,550.13	青海	10,150.34
上海	20,263.32	廣東	78,379.86	寧夏	10,647.92
江蘇	60,777.13	廣西	31,062.82	新疆	21,058.06

從表6.21可以看出，按照經濟健康發展所需投資和消費碳排放權全部得到滿足的思路，河北、江蘇、山東、河南、廣東和四川分得了較多的排放權。因為這些地區要麼是人口大省，要麼是經濟大省。2013年這六個省份的人口數占全國的40%左右，而地區生產總值占全國的46%左右。

6.2.3.2 利用地區碳轉移進行調整

從公平的角度來看，在得到了各個地區最終需求能源二氧化碳排放總量後，應該用省際碳轉移量進行調整。省際能源二氧化碳淨轉入地其消費碳排放超過了生產碳排放，應該在最終需求能源二氧化碳總量上減去省際碳淨轉入量；省際能源二氧化碳淨轉出地生產碳排放超過了消費碳排放，應該在最終需求能源二氧化碳總量上加上省際碳淨轉出量，以保證碳排放權分配更加公平。

在前文的分析中，通過高碳排放行業占比與省際能源二氧化碳淨調入和淨調出的半對數模型分析得到了高碳排放行業占比變動1%引起的省際能源二氧化碳淨調入和淨調出變動百分

比，通過對2020年各個省市高碳排放行業占比的預測得到了2020年各省市能源二氧化碳省際淨調入和淨調出較2010年的變動百分比。其結果見表6.22。

表6.22 2020年省際能源二氧化碳淨調入和淨調出測算表

單位：%

地區	2010年淨轉入占比	2020年淨轉入占比較2010年降低百分比	2020年淨轉入占比	地區	2010年淨轉出占比	2020年淨轉出占比較2010年升高百分比	2020年淨轉出占比
浙江	9.01	0.78	8.23	湖南	0.17	-0.01	0.16
山東	2.15	0.57	1.58	天津	0.24	0.41	0.65
上海	6.07	0.27	5.8	甘肅	0.45	0.09	0.54
福建	5.88	0.64	5.24	廣西	1.14	0.5	1.64
重慶	10.17	0.41	9.76	貴州	1.75	1.22	2.97
北京	8.75	0.43	8.32	新疆	2.37	-0.26	2.11
四川	3.43	0.34	3.09	內蒙古	1.62	0.82	2.44
江蘇	1.42	0.40	1.02	河南	1.98	-1.57	0.41
湖北	2.11	0.37	1.74	山西	1.94	0.35	2.29
雲南	3.03	1.29	1.74	黑龍江	3.67	-0.78	2.89
吉林	2.76	0.29	2.47	河北	2.12	0.3	2.42
海南	8.72	1.64	7.08	遼寧	8.07	-0.26	7.81
江西	3.17	0.16	3.01	—	—	—	—
陝西	1.20	0.76	0.44	—	—	—	—
安徽	1.24	0.18	1.06	—	—	—	—
寧夏	2.73	0.89	1.84	—	—	—	—
青海	3.61	0.39	3.22	—	—	—	—
廣東	0.09	0.02	0.07	—	—	—	—

從表 6.22 可以看出，碳排放淨轉入占比較高的地區是浙江、上海、福建等沿海發達地區和海南等產業結構不完整地區，而碳排放淨轉出占比較高的地區是遼寧、黑龍江等工業發達地區和山西、新疆等資源豐富地區。

通過上一步得到的 2020 年各省市最終需求能源二氧化碳排放總量和表 6.22 得到的各個省市能源二氧化碳省際淨轉移量占比相乘可以得到 2020 年各個地區省際能源二氧化碳淨轉移量。其結果見表 6.23。

表 6.23　　2020 年省際能源二氧化碳淨轉移量表

單位：萬噸

地區	2020 年淨轉入	地區	2020 年淨轉出
北京	1,498.17	天津	99.01
吉林	542.59	河北	1,257.77
上海	1,175.27	山西	704.62
江蘇	619.92	內蒙古	558.85
浙江	3,849.46	遼寧	2,727.61
安徽	403.62	黑龍江	824.60
福建	1,544.68	河南	251.15
江西	1,033.07	湖南	76.08
山東	1,074.1	廣西	509.43
湖北	691.53	貴州	716.56
廣東	54.86	甘肅	120.89
海南	888.07	新疆	444.32
重慶	2,334.87	—	—
四川	1,586.28	—	—

表6.23(續)

地區	2020年淨轉入	地區	2020年淨轉出
雲南	627.29	—	—
陝西	120.65	—	—
青海	326.84	—	—
寧夏	195.92	—	—

從表6.23可以看出，全國的省際能源二氧化碳淨轉入和能源二氧化碳淨轉出之和本應該為零，但表6.23中的結果表明省際能源二氧化碳淨轉入量要大於淨轉出量。其原因是本書在計算各個省市能源二氧化碳轉入、轉出的時候都使用的是同一個地區的消耗係數，比如在計算北京的能源二氧化碳轉入、轉出量的時候，轉出量使用北京的直接消耗係數是合理的。因為轉出的二氧化碳是北京生產產品產生的，而轉入的二氧化碳卻來自各個地區，準確的計算應該用轉入地的直接消耗係數進行計算，但由於所需詳細資料並沒有，所以轉入碳排放仍以北京的直接消耗係數為準。而實際上，碳淨轉入的地區多是能源資源貧乏的地區，以調入資源型中上游高碳排放行業為主。從各個省市的直接消耗係數來看，資源豐富的欠發達地區在生產這類行業上的中間投入相對更少，所以會高估北京的碳轉入量，淨轉入量也被高估。而對於省際能源二氧化碳淨轉出的地區，轉入的行業以中下游為主。這類行業發達地區的生產效率相對更高，所以淨轉出地中的碳轉入量又被高估了，淨轉出量被低估了，正因為如此才造成了碳淨轉入量合計要大於碳淨轉出量合計。由於淨轉入量被高估了、淨轉出量被低估了，所以以兩者的算術平均數作為淨轉入量和淨轉出量，各個省市的碳淨轉移量以各自占比作為權重進行分配，從而得到新的省際碳淨轉移

結果,見表6.24。

表6.24 調整后2020年省際能源二氧化碳淨轉移量表

單位:萬噸

地區	2020年淨轉入	地區	2020年淨轉出
北京	1,083.58	天津	160.37
吉林	392.44	河北	2,037.25
上海	850.03	山西	1,141.30
江蘇	448.37	內蒙古	905.19
浙江	2,784.19	遼寧	4,418.00
安徽	291.93	黑龍江	1,335.63
福建	1,117.22	河南	406.80
江西	747.19	湖南	123.23
山東	776.86	廣西	825.14
湖北	500.16	貴州	1,160.64
廣東	39.68	甘肅	195.81
海南	642.31	新疆	719.68
重慶	1,688.73	—	—
四川	1,147.30	—	—
雲南	453.70	—	—
陝西	87.26	—	—
青海	236.39	—	—
寧夏	141.70	—	—

經過省際碳轉移調整後各個地區分得的公平性能源二氧化碳排放總量的計算公式如下:

省際能源二氧化碳淨轉入地區分得的碳排放權=最終需求

碳排放權-調整后2020年省際碳淨轉入量

省際能源二氧化碳淨轉出地區分得的碳排放權＝最終需求碳排放權+調整后2020年省際碳淨轉出量

測算結果見表6.25。

表6.25　2020年各省市公平性碳排放權分配結果

單位：萬噸

地區	公平性碳排放量	地區	公平性碳排放量	地區	公平性碳排放量
廣東	78,340.18	安徽	37,786.31	甘肅	22,584.15
山東	67,204.53	雲南	35,598.00	重慶	22,234.19
河南	61,664.23	江西	33,574.13	新疆	21,777.74
江蘇	60,328.76	山西	31,910.88	吉林	21,574.86
河北	54,011.38	廣西	31,887.96	上海	19,413.29
四川	50,188.70	黑龍江	29,868.52	北京	16,923.36
湖南	47,673.36	福建	28,361.56	天津	15,392.88
浙江	43,989.38	陝西	27,333.62	海南	11,901.06
遼寧	39,368.20	貴州	25,287.29	寧夏	10,506.22
湖北	39,243.02	內蒙古	23,809.28	青海	9,913.95

從表6.25可以看出，從公平角度來看，人口大省河北、江蘇、山東、河南和廣東等地分得的碳排放權都比較多，並且這些地區的經濟總量也比較大，人均GDP比較低的貴州、雲南和廣西等地也分得了較多的碳排放權，山西、黑龍江、遼寧等碳排放淨轉出的地區也分得了相應較多的碳排放權。可見，這種分配結果充分考慮了人口消費需求、經濟發展需求和碳轉移的公平性，比較合理。

6.2.4 全國效率性碳排放權的地區分配

從前面的分析可知，效率性原則應該要使相同碳投入帶來更多產出的地區分得更多的碳排放權。也就是說，要使單位碳排放的產出最大化，碳排放直接與化石能源消耗掛勾，在能源的二氧化碳排放因子不變的情況下，效率性也是要使能源生產力高的地區分得更多的碳排放權，所以全國效率性碳排放權總量可以按照各個地區能源生產力的歸一化值作為權重進行分配。

首先需要對各個省市 2020 年的能源生產力進行預測，發展和改革委員會參考各地區經濟發展的階段、東中西部經濟發展的地區差異以及各地區「十一五」節能目標完成的情況，把 31 個省市分為 5 類：

第一類地區包括天津、上海、江蘇、浙江和廣東，其單位 GDP 能耗降低率最高，為 18%；

第二類地區包括北京、河北、遼寧和山東，其單位 GDP 能耗降低率為 17%；

第三類地區包括山西、吉林、黑龍江、安徽、福建、江西、河南、湖北、湖南、重慶、四川和陝西，其單位 GDP 能耗降低率為 16%；

第四類地區包括內蒙古、廣西、貴州、雲南、甘肅和寧夏，其單位 GDP 能耗降低率為 15%；

第五類地區包括海南、青海和新疆，其單位 GDP 能耗降低率為 10%。

根據各個地區的能耗降低目標可以算得能耗強度的年均增速，以此速度對 2020 年各地區能耗強度進行推算，再通過取倒數的方式可以得到各個地區的能源生產力，以其歸一化值為權重對全國效率性碳排放總量進行分配。其結果見表 6.26。

表 6.26　2020 年各省市效率性碳排放權分配結果

單位：萬噸

地區	碳排放量	地區	碳排放量	地區	碳排放量
北京	31,184.73	海南	16,866.94	四川	13,660.08
廣東	28,780.02	廣西	15,777.22	雲南	11,429.41
浙江	27,239.32	吉林	15,415.01	河北	11,170.56
上海	26,571.00	黑龍江	15,138.50	甘肅	9,135.58
江蘇	25,007.77	河南	14,551.90	內蒙古	8,700.93
福建	23,120.75	湖北	14,315.14	貴州	7,021.08
天津	22,069.91	湖南	14,251.98	山西	7,003.85
江西	19,934.21	陝西	13,842.50	新疆	6,820.10
安徽	18,266.29	遼寧	13,833.67	青海	5,110.66
山東	17,055.99	重慶	13,799.66	寧夏	4,943.25

從表 6.26 中的分配結果來看，能源生產力較高的京津地區、東部沿海地區以及南部沿海地區的福建和廣東分得的效率性碳排放權更多，而中西部能源生產力相對低的地區分得的效率性碳排放權比較少，結果比較合理。

6.2.5　各個地區 2020 年分得的能源二氧化碳排放總量

各個地區 2020 年分得的碳排放權總量＝公平性碳排放權＋效率性碳排放權。其結果見表 6.27。

表 6.27　2020 年全國能源二氧化碳總量地區分配結果

單位：萬噸

地區	碳排放量	地區	碳排放量	地區	碳排放量
廣東	107,120.20	江西	53,508.34	天津	37,462.80

表6.27(續)

地區	碳排放量	地區	碳排放量	地區	碳排放量
江蘇	85,336.52	遼寧	53,201.87	吉林	36,989.88
山東	84,260.52	福建	51,482.31	重慶	36,033.85
河南	76,216.13	北京	48,108.08	內蒙古	32,510.20
浙江	71,228.69	廣西	47,665.18	貴州	32,308.37
河北	65,181.95	雲南	47,027.41	甘肅	31,719.72
四川	63,848.78	上海	45,984.29	海南	28,768.00
湖南	61,925.34	黑龍江	45,007.02	新疆	28,597.84
安徽	56,052.61	陝西	41,176.12	寧夏	15,449.47
湖北	53,558.16	山西	38,914.74	青海	15,024.61

從表6.27中的分配結果來看，因為廣東省的人口數量排名在全國靠前，所以分得的能源二氧化碳總量排名全國第一；山東、河北、河南和四川等地由於人口數量排名全國前列而分得了較多的碳排放權；雲南、廣西、山西等地因為人均GDP比較低，為保證其經濟發展空間也給予了其較多的碳排放權；上海、天津、北京由於經濟發展水平較高在公平性碳排放權的分配上較少，但北京和上海的人口還是不少，所以，最終分得的碳排放權在全國處於中等水平；而海南、青海、寧夏等地由於人口非常稀少也分得了較少的碳排放權。可見，分配的結果比較合理，充分地考慮了公平性和效率性。

6.3 本章小結

在前文研究的基礎上，本章從最終需求的角度出發，利用

投入產出法和計量經濟模型相結合的手段對國家能源二氧化碳總量目標進行了地區分配，充分考慮了消費需求的公平性、經濟發展需求的公平性、碳轉移的公平性，以及能源生產力的效率性。從分配結果來看，因為廣東省的人口數量排名在全國靠前，所以分得的能源二氧化碳總量排名全國第一；河北、河南和山東由於人口數量排名全國前列而分得了較多的碳排放權；雲南、廣西、山西等地因為人均 GDP 比較低，為保證其經濟發展空間也給予了其較多的碳排放權；上海、天津、北京由於經濟發展水平較高在公平性碳排放權的分配上較少，但北京和上海的人口還是不少，所以，最終分得的碳排放權在全國處於中等水平；而海南、青海、寧夏等地由於人口稀少也分得了較少的碳排放權，分配的結果比較合理。

7. 總結與展望

7.1 本書的主要結論

7.1.1 全國碳排放總量目標的實現離不開地區的努力

從我國碳排放的歷史演變規律來看，雖然碳排放總量仍然增長，但總量增速已經明顯減緩，各行業的碳強度也已明顯降低，說明我國積極努力的碳減排已經初見成效。為了實現國際碳減排合作，我國在 2009 年承諾到 2020 年我國碳強度較 2005 年降低 40%~45%的目標。這個目標實際是總量控制目標的過渡階段和軟約束，也是對我國未來的碳排放總量在自然增長的基礎上加以控制。所以，碳強度目標可以轉換成碳排放總量目標，要求我國在經濟快速增長的基礎上，能源二氧化碳排放總量以較低的速度增加。根據預測結果，2020 年我國碳排放總量應該為 1,491,669.03 萬噸。而我國幅員遼闊，各個地區發展的基礎和條件存在較大差異，所以分區減排、分區設定碳排放總量目標對全國減排目標的實現意義重大。

7.1.2 規模擴張是我國碳排放增加的主要原因

結構調整對碳減排的作用還未明顯體現，技術進步是碳減

排的重要手段。

（1）經濟規模擴張是我國能源消耗二氧化碳總量增加的主要原因。經濟規模包括投資規模、最終消費規模和淨出口規模，其總共引起能源二氧化碳總量較基期增加了 108.16%。2005 年我國國內生產總值為 158,020.7 億元，比 2000 年增長了 0.6 倍，這期間能源消費增長了 0.62 倍，能源二氧化碳排放增長了 0.61 倍；2013 年我國國內生產總值為 568,845.2 億元，比 2005 年增長了 2.1 倍，能源消費增長了 0.67 倍，能源二氧化碳排放增長了 0.82 倍。可見，能源二氧化碳排放的增長是隨著建立在能源消費基礎上的經濟增長而產生的。伴隨中國經濟的快速發展，能源消費也隨之迅速增長。早在 2010 年，國際能源署就發布了中國已經超過美國成為全球第一能源消費國的消息，受到我國國家能源局的質疑。到 2014 年，隨著我國經濟發展對能源消費的新一輪擴張后，我國已經成為世界第一大能源消費國和二氧化碳排放國。並且對建築業的大量投資和服務業最終消費規模的大幅度擴大是引起我國能源二氧化碳總量上升的主要因素。

（2）結構因素對我國能源二氧化碳的總體影響程度較小。結構因素包括最終消費結構、投資結構和淨出口結構，其總共引起能源二氧化碳上升了 14.98%。這說明我國結構調整對碳減排的作用還未體現，在長期中我國仍需要通過結構調整來實現碳減排。但由於最終消費結構、投資結構和淨出口結構在短期內難以實現較大的變動，且對某些中上游基礎性行業的需求不減反增造成結構變動難以對能源二氧化碳總量產生較大影響。隨著我國經濟進入新常態，經濟結構調整成為主要發展方向。在未來，通過結構調整將是實現我國碳減排的重要途徑。

（3）行業完全碳排放系數減小是抑制我國能源二氧化碳的主要原因。行業完全碳排放系數衡量了行業碳排放權的生產利用水平，行業完全碳排放系數的降低是我國實現節能減排的重

要途徑。從本章的研究可以看出，70%左右的行業都是由於技術進步而實現了碳減排，但採掘業、石化業和金屬冶煉加工業技術仍未起到提高生產率的作用，而且這三大行業都是高碳排放行業。在未來，應該在國家的扶持下，淘汰落后產能，提高其生產效率。

7.1.3 經濟因素、人口因素、能源因素和技術因素影響程度的不同是造成地區碳排放差異的主要原因

（1）地區生產總值影響程度不同的原因在於各個地區支撐經濟發展的產業結構不同。地區生產總值每增加一單位引起能源二氧化碳增長較多的地區集中在山西、遼寧、黑龍江和新疆等高碳排放行業占比較高的地區。

（2）人均GDP每增加一單位引起各地區能源二氧化碳增量差異的原因在於各個地區經濟發展階段不同、產業構成不同。北京、天津、上海、貴州等第三產業占比較高的地區人均GDP增加一單位所帶來的能源二氧化碳增量較小。

（3）高碳排放行業占比變動引起地區能源二氧化碳增量差異的原因一方面是由於各個地區高碳排放行業對化石能源的使用總量和使用效率存在差異；另一方面是由於各個地區高碳排放行業內部結構有一定差異，而高碳排放行業內部各個行業的直接碳強度也不同。

（4）人口規模變動引起地區能源二氧化碳變動量不同的原因在於各地區居民的最終消費結構存在差異，人均碳強度不同。北京、上海等人均碳強度高的地區每增加一個人口增長的能源二氧化碳會比較多，而新疆、山西等能源資源豐富的地區由於人口稀少，人均碳強度也較高，每增長一個人口增長的能源二氧化碳總量也會較多。

（5）城鎮人口占比影響程度不同的原因在其影響了地區的

最終需求結構，河北、山西、遼寧、山東、河南、四川等地區城鎮化進程對工業中高碳排放行業的依賴性比較大，引起能源二氧化碳較大幅度的上升。

（6）能源生產力造成地區能源二氧化碳差異的原因在於各個地區現有的技術發展水平不同，北京、天津、上海、江蘇和廣東等能源生產力本身較為靠前的地區能源生產力的再增加能更好地抑制能源二氧化碳排放。

（7）煤炭消耗比重造成地區能源二氧化碳差異的原因是：一方面，各個地區各個行業煤炭消費的比重存在差異，並且各個行業對煤炭的利用效率也各不相同；另一方面，各個地區煤炭開採、加工、利用和轉換效率存在差異。在煤炭開採、加工、利用轉換效率高的地區，煤炭消費占比對地區能源二氧化碳的影響會小一些；而在煤炭開採、加工、利用轉換效率低的地區，煤炭消費占比對地區能源二氧化碳的影響相對就會更大。能源資源豐富地區全要素生產率帶動了經濟增長增加的能源二氧化碳並未完全被技術進步減少的二氧化碳抵消，而經濟相對發達的地區，全要素生產率對碳排放的抑製作用明顯。

7.1.4 資源稟賦和產業結構的不同帶來國際和省際間的碳轉移

我國的碳排放呈現出由落后地區向發達地區轉移，由資源豐富地區向資源貧乏地區轉移，由產業結構完整地向產業結構相對欠缺地區轉移的特點。

（1）省際和國際碳轉移與地區的資源稟賦和產業結構有一定的關係，並且國際碳轉移與地區所處的地理位置也有較大的關係。經濟發展水平較高的地區主要以流出中下游產品為主，流入了大量的能源資源和資源型高碳排放行業支撐本地經濟發展，而能源資源或金屬礦產資源豐富的地區由於流出的行業以

資源型為主，流入了大量的中下游行業以彌補本地高碳排放產業結構無法滿足的多層次需求。所以，經濟發展水平較高的地區省際轉出產品隱含能源二氧化碳總量較多，單位產品轉出能源二氧化碳總量少；經濟欠發達地區由於經濟規模有限，省際轉入產品隱含能源二氧化碳總量和單位產品轉入能源二氧化碳總量都較少。由於沿海省市便利的交通條件，進出口產品載碳量都比較多，而內陸能源資源和礦產資源豐富地區出口了大量的煤炭、石油天然氣、金屬礦非金屬礦資源等，承擔了部分國際碳轉移。

（2）各個地區產業結構的不同造成其在國家整體經濟發展過程中的地位有所差異。東部沿海和南部沿海資源較為匱乏，從外省和國外輸入了能源資源型高碳排放的中上游行業支撐本地經濟發展，應該承擔更多的碳減排責任、分配更少的碳排放權。東北的遼寧和黑龍江，中部的山西、河南，西北的甘肅、內蒙古和新疆，以及西南廣西和貴州由於礦產資源或者是能源資源豐富，向外省輸出了大量的基礎性工業行業，承擔了過多的二氧化碳排放，碳減排潛力相應有限，應分配更多的碳排放權。

（3）從國內區域碳轉移的行業構成來看，東北區域需要大量使用其他區域的採選業來發展本地的重工業；京津區域的能源資源較為貧乏，需要從其他區域大量進口滿足生產和生活所需；北部沿海機械工業向其他區域輸送了大量最終產品；東部沿海的紡織服裝業、化學工業、交通運輸設備製造業和電氣機械及電子通信設備製造業向其他區域提供了大量最終產品，而食品及菸草加工業和非金屬礦物製品業卻需要向其他區域大量進口；南部沿海的金屬冶煉及製品業向其他區域輸送了大量最終產品；中部區域的農業、採選業、食品製造及菸草加工業、非金屬礦物製品業和電氣蒸汽熱水、煤氣自來水生產和供應業

向其他區域輸送了大量最終產品，而紡織服裝業、化學工業、機械工業、交通運輸設備製造業和電氣機械及電子通信設備製造業等卻需要從其他區域大量進口。

（4）國家在進行能源二氧化碳總量地區分配的時候需要站在地區消費的角度考慮省際間的碳轉移，各個地區的二氧化碳減排也可以從出口產業結構的角度進行調整。對於資源禀賦高、產業結構以基礎性工業行業為主的地區，由於其向外省市輸出了大量的資源型行業，在全國經濟發展中處於基礎性地位，在進行能源二氧化碳總量分配的時候應該給予其更多的碳排放權力；而對於資源禀賦低，以發展第三產業為主的地區，能源二氧化碳通過輸入產品更多地轉移給了其他地區，應該分得較少的排放權。

7.1.5 碳排放權的最終分配兼顧了消費公平性、投資公平性、碳轉移公平性和效率性

本書在最后結合前面引起地區能源二氧化碳排放差異的因素和地區碳轉移，從最終需求的角度出發對國家能源二氧化碳總量控制目標進行了地區分解，充分考慮了消費需求的公平性、經濟發展需求的公平性、碳轉移的公平性，以及能源生產力的效率性。從分配結果來看，因為廣東省人口眾多，所以分得的能源二氧化碳總量排名全國第一；河北、河南和山東由於人口排名全國前列而分得了較多的碳排放權；雲南、廣西、山西等地因為人均 GDP 比較低，為保證其經濟發展空間也給予了其較多的碳排放權；上海、天津、北京由於人口較少而在公平性碳排放權的分配上也較少。而海南、青海、寧夏等地由於人口稀少也分得了較少的碳排放權，分配的結果比較合理。

7.2　若干政策建議

（1）國家在進行碳排放總量控制的時候必須根據各個省市的發展差異分配差異化的碳減排考核目標。對於東部沿海、南部沿海、京津等發達地區，其能源資源和礦產資源較為貧乏，產業結構以中下游工業行業和服務業為主，但在經濟發展過程中對能源、礦產等基礎性工業行業的需求又是必不可少的。於是通過進口或者從外省市調入的方式輸入了大量的資源型中上游高碳排放行業。而對於中西部部分經濟欠發達、資源豐富、產業結構以高碳排放行業為主導的地區，卻通過向外省市輸出產品的方式承擔了過多的碳排放。在全國整體經濟發展戰略下，為了保證各個地區健康發展的權利，國家在進行碳排放總量控制的時候，必須從公平和效率兩個角度出發，充分考慮各個地區的經濟發展水平、產業結構、能源利用效率和人口狀況的差異，使各個地區分配的碳排放目標與自身碳減排責任和碳減排潛力相適應。只有這樣，各個地區才能通過自身的努力實現全國的碳減排目標。

（2）國家還應該通過引導省際碳排放淨調入的地區對向其輸送產品的主要省市提供資金或技術支持的形式以實現全國減排的目標。碳排放省際淨調入的地區包括東部沿海和南部沿海等大部分發達地區。與欠發達地區相比，這些地區通過把自身的碳排放轉移給了其他地區而達到了碳減排的目的。並且由於其經濟較為發達，科技水平較高，生產效率也更高，國家應該引導這些地區在調入其他地區產品的時候通過資金和技術的支持來幫助生產水平落後地區達到碳排放控制，從而通過區域間的相互推動更好地實現全國的碳減排。

(3) 充分發揮技術進步在碳減排中的作用。碳排放作為一種重要的促進經濟增長的投入要素，其產出效率直接影響了國家碳排放，所以應該通過制度規範、資源優化配置以及提高碳生產力的方式來充分發揮全要素生產率在全國碳排放控制中的作用，並提高各種非能源產品投入的使用效率。

(4) 統籌全國的產業佈局，並提高高碳排放行業的能源利用效率。國家應該根據各個地區的資源稟賦優勢支持其優勢行業的發展，比如中西部資源較為豐富的地區多以煤炭、石油、金屬等高碳排放行業為優勢，而北京、上海等資源匱乏的地區以服務業為優勢，各個層次的行業對整個國家經濟的健康發展的作用巨大，應該根據不同的產業發展條件來引導各地區的優勢產業發展。但是在這個過程中，對於電力、熱力的生產和供應業，石油加工煉焦及核燃料加工業，金屬冶煉及壓延加工業，交通運輸、倉儲和郵政業，煤炭開採和洗選業，非金屬礦物製品業和化學工業等重點減排行業，也應該努力提高其能源使用效率，進行產業升級。

(5) 進一步完善國家與碳排放相關的數據編製方法，建立碳排放統計核算體系，充分發揮國家統計體系在碳排放總量控制中的作用。要實現國家碳排放總量的控制，首先應該對國家碳排放總量有一個比較精確的計算，這個需要基礎數據的支持。在進行地區碳排放權分配的時候，也需要對各個省市間的貿易往來，以及各個省市各類能源消耗數據有一個比較統一和詳細的記載。只有完善了與碳排放相關的數據資料，才能有更精確的數據，也才能從中尋求數量規律，便於對碳排放總量控制方法的改進。

7.3 本研究的不足

本書的主要不足主要表現在兩個方面：一是由於缺乏更近期的投入產出表數據，本書的研究只能利用可以獲得的 2007 年和 2010 年的投入產出數據。特別是在利用地區碳轉移對各個地區分得的能源二氧化碳排放總量進行調整的時候，由於數據資料的局限，我國只編製了 2002 年中國地區擴展投入產出表，所以只能利用 2002 年的截面數據進行預測。這種預測的準確性還有待進一步驗證。二是本書為了解決多重共線性問題採用了主成分面板迴歸，雖然得到的結論從理論上解釋比較合理，但是由於主成分迴歸分析的缺陷，無法對原始變量的顯著性進行統計檢驗。

參考文獻

中文文獻

[1] 劉蘭翠. 我國二氧化碳減排問題的政策建模與實證研究 [D]. 合肥：中國科學技術大學, 2006.

[2] 莊貴陽. 氣候變化挑戰與中國經濟低碳發展 [J]. 國際經濟評論, 2007 (5)：50-52.

[3] 夏堃堡. 發展低碳經濟, 實現城市可持續發展 [J]. 環境保護, 2008 (3)：33-35.

[4] 袁男優. 低碳經濟的概念內涵 [J]. 環境保護, 2010 (2)：43-46.

[5] 陳柳欽. 低碳經濟新次序：中國的選擇 [J]. 節能與環保, 2010 (2)：5-7.

[6] 姚遙. 新時期低碳經濟的內涵與發展趨勢分析 [J]. 山西財經大學學報：哲學社會科學版, 2011 (4)：140-144.

[7] 曹瑩. 論我國發展低碳經濟的策略選擇 [J]. 現代商貿工業, 2012 (4)：40.

[8] 吳開亞, 王文秀, 張浩, 等. 上海市居民消費的間接碳排放及影響因素分析 [J]. 華東經濟管理, 2013, 27 (1)：1-7.

[9] 姚亮, 劉晶茹, 王如松. 中國城鄉居民消費隱含的碳排放對比分析 [J]. 中國人口·資源與環境, 2011, 21 (4)：

25-29.

［10］朱勤，彭希哲，吳開亞. 基於投入產出模型的居民消費品載能碳排放測算與分析［J］. 自然資源學報，2012，27（12）：2018-2029.

［11］安玉發，彭科，包娟. 居民食品消費碳排放測算及其因素分解研究［J］. 農業技術經濟，2014（3）：74-82.

［12］範玲，汪東. 我國居民間接能源消費碳排放的測算及分解分析［J］. 生態經濟，2014，31（7）：28-32.

［13］劉蘭翠. 我國二氧化碳減排問題的政策建模與實證研究［D］. 合肥：中國科學技術大學，2006.

［14］智靜，高吉喜. 中國城鄉居民食品消費碳排放對比分析［J］. 地理科學進展，2009，28（3）：429-434.

［15］吳燕，王效科，逯非. 北京市居民事物消費碳足跡［J］. 生態學報，2012（5）：1570-1577.

［16］張曉平. 中國對外貿易產生的CO_2排放區位轉移效應分析［J］. 地理學報，2009，64（2）：234-242.

［16］張為付，杜運蘇. 中國對外貿易中隱含碳排放失衡度研究［J］. 中國工業經濟，2011（4）：138-147.

［17］閆雲鳳，趙忠秀. 消費碳排放與碳溢出效應：G7、BRIC和其他國家的比較［J］. 國際貿易問題，2014（1）：99-107.

［18］姚亮，劉晶茹. 中國八大區域間碳排放轉移研究［J］. 中國人口·資源與環境，2010（12）：16-19.

［19］石敏俊，王妍，張卓穎，等. 中國各省區碳足跡與碳排放空間轉移［J］. 地理學報，2012，67（10）：1327-1338.

［20］潘元鴿，潘文卿，吳添. 中國地區間貿易隱含CO_2［J］. 統計研究，2013（9）：21-28.

［21］劉強，莊幸，姜克雋，等. 中國出口貿易中的載能量

及碳排放量分析［J］.中國工業經濟，2008（8）：46-55.

［22］陳紅敏.包含工業生產過程碳排放的產業部門隱含碳研究［J］.中國人口·資源與環境，2009，19（3）：25-30.

［23］蔣金荷.中國碳排放量測算及影響因素分析［J］.資源科學，2011，33（4）：597-604.

［24］謝守紅，王利霞，邵珠龍.中國碳排放強度的行業差異與動因分析［J］.環境科學研究，2013（11）：1252-1258.

［25］王蘭會，符穎佳，許雙.中國林產品行業隱含碳的計量研究［J］.中國人口·資源與環境，2014（S_2）：28-31.

［26］曲建升，王莉，邱巨龍.中國居民住房建築固定碳排放的區域分析［J］.蘭州大學學報：自然科學版，2014，50（2）：200-207.

［27］馬忠海.中國幾種主要能源溫室氣體排放系數的比評價研究［D］.北京：中國原子能科學研究院，2002.

［28］於飛天.碳排放權交易的市場研究［D］.南京：南京林業大學，2007.

［29］王偉中.「京都議定書」和碳排放權分配問題［J］.清華大學學報，2002（6）：835-842.

［30］陳文穎.全球未來碳排放權「兩個趨同」的分配方法［J］.清華大學學報：自然科學版，2005（6）：850-857.

［31］潘家華，鄭豔.基於人際公平的碳排放概念及其理論含義［J］.世界經濟與政治，2009（10）：6-16.

［32］宋玉柱，高岩，宋玉成.關聯污染物的初始排污權的免費分配模型［J］.上海第二工業大學學報，2006，23（3）：194-199.

［33］胡鞍鋼.通向哥本哈根之路俄全球減排路線圖［J］.當代亞太，2008（6）：22-38.

［34］蘇利陽，王毅，汝醒君，等.面向碳排放權分配的衡

量指標的公正性評價［J］.生態環境學報，2009，18（4）：1594-1598.

［35］王偉中，陳濱，魯傳一，等.「京都議定書」和碳排放權分配問題［J］.清華大學學報，2002，17（6）：81-85.

［36］趙文會，高岩，戴天晟.初始排污權分配的優化模型［J］.系統工程，2007，25（6）：57-61.

［37］王麗梅.一種排污權初始分配和定價策略［J］.專題研究，2010，17（1）：26-27.

［38］楊姝影，蔡博峰，曹淑艷，等.二氧化碳總量控制區域份額方法研究［M］.北京：化學工業出版社，2012.

［39］王鋒，馮根福.中國經濟低碳發展的影響因素及其對碳減排的作用［J］.中國經濟問題，2011，3（5）：62-69.

［40］韓貴鋒，徐建華，蘇方林，等.環境庫茲涅茨曲線研究評述［J］.環境與可持續發展，2006（1）：1-3.

［41］徐玉高，郭元，吳宗鑫.經濟發展、碳排放和經濟演化［J］.環境科學進展，1999，2（4）：54-64.

［42］杜婷婷.中國經濟增長與CO_2排放演化探悉［J］.中國人口·資源與環境，2007，17（2）：94-99.

［43］宋濤，鄭挺國，佟連軍.環境污染與經濟增長之間關聯性的理論分析和計量檢驗［J］.地理科學，2007，2（4）：156-162.

［44］楊國銳.低碳城市發展路徑與制度創新［J］.城市問題，2010（7）：44-48.

［45］趙愛文，李東.中國碳排放與經濟增長的協整與因果關係分析［J］.長江流域資源與環境，2011，20（11）：1297-1303.

［46］趙成柏，毛春梅.碳排放約束下我國地區全要素生產率增長及影響因素分析［J］.中國科技論壇，2011（11）：

68-74.

[47] 王莉雯, 衛亞星. 沈陽市經濟發展演變與碳排放效應研究 [J]. 自然資源學報, 2014, 29 (1): 27-38.

[48] 王中英, 王禮茂. 中國經濟增長對碳排放的影響分析 [J]. 安全與環境學報, 2006, 6 (5).

[49] 胡初枝, 黃賢金, 鐘太洋, 等. 中國碳排放特徵及其動態演進分析 [J]. 中國人口·資源與環境, 2008, 18 (3): 38-42.

[50] 王偉林, 黃賢金. 區域碳排放強度變化的因素分解模型及實證分析——以江蘇省為例 [J]. 前沿論壇, 2008 (1): 32-35.

[51] 楊國銳. 低碳城市發展路徑與制度創新 [J]. 城市問題, 2010 (7): 44-48.

[52] 虞義華, 鄭新業, 張莉. 經濟發展水平、產業結構與碳排放強度 [J]. 經濟理論與經濟管理, 2011 (3): 72-81.

[53] 張麗峰. 我國產業結構、能源結構和碳排放關係研究 [J]. 干旱區資源與環境, 2011, 5 (5).

[54] 李健, 周惠. 中國碳排放強度與產業結構的關聯分析 [J]. 中國人口·資源與環境, 2012, 22 (1): 7-14.

[55] 李科. 中國產業結構與碳排放量關係的實證檢驗——基於動態面板平滑轉換模型的分析 [J]. 數理統計與管理, 2014, 33 (3): 381-392.

[56] 彭希哲, 朱勤. 我國人口態勢與消費模式對碳排放的影響分析 [J]. 人口研究, 2010, 34 (1): 48-58.

[57] 李楠, 邵凱, 王前進. 中國人口結構對碳排放量影響研究 [J]. 中國人口·資源與環境, 2011, 21 (6): 19-23.

[58] 王芳, 周興. 人口結構城鎮化與碳排放基於跨國面板數據的實證研究 [J]. 中國人口科學, 2012 (2): 47-56.

[59] 朱勤, 魏濤遠. 居民消費視角下人口城鎮化對碳排放的影響 [J]. 中國人口·資源與環境, 2013, 23 (11): 21-29.

[60] 陳迅, 吳兵. 經濟增長、城鎮化與碳排放關係實證研究 [J]. 經濟問題探索, 2014 (7): 112-117.

[61] 劉希雅, 王宇飛, 等. 城鎮化過程中的碳排放來源 [J]. 中國人口·資源與環境, 2015, 25 (1): 61-66.

[62] 智靜, 高吉喜. 中國城鄉居民食品消費碳排放對比分析 [J]. 地理科學進展, 2009, 28 (3): 429-434.

[63] 張雷. 經濟發展對碳排放的影響 [J]. 地理學報, 2003, 58 (4): 629-637.

[64] 徐國泉, 劉則淵, 姜照華. 中國碳排放的因素分解模型及實證分析: 1995—2004 [J]. 中國人口·資源與環境, 2006, 16 (6): 158-161.

[65] 劉紅光, 劉衛東. 中國工業燃燒能源導致碳排放的因素分解 [J]. 地理科學進展, 2009 (2): 286-292.

[66] 王倩倩, 黃賢金, 陳志剛, 等. 我國一次能源消費的人均碳排放重心移動及原因分析 [J]. 自然資源學報, 2009, 24 (5): 833-841.

[67] 楊子暉. 經濟增長、能源消費與二氧化碳排放的動態關係研究 [J]. 世界經濟, 2011 (6): 100-125.

[68] 鄭幕強. 東盟五國能源消費與碳排放因素分解分析 [J]. 經濟問題探索, 2012 (2): 145-150

[69] 王群偉, 周鵬, 周德群. 我國二氧化碳排放績效的動態變化、區域差異及影響因素 [J]. 中國工業經濟, 2010, 1 (1): 45-54.

[70] 李凱杰. 技術進步對碳排放的影響——基於省際動態面板的經驗研究 [J]. 北京師範大學學報: 社會科學版, 2012, 233 (5): 130-139.

［71］劉建翠．產業結構變動、技術進步與碳排放［J］．首都經貿大學學報，2013（5）：15-20．

［72］張兵兵，等．技術進步對二氧化碳排放強度的影響研究［J］．資源科學，2014，36（3）：567-576．

［73］武文風．馬克思技術進步理論研究［D］．天津：南開大學，2013．

［74］郭慶旺，賈俊雪．中國潛在產出與產出缺口的估算［J］．經濟研究，2004（5）：31-39．

［75］曾賢剛．我國各省區CO_2排放狀況、趨勢及其減排對策［J］．中國軟科學，2009（S1）：53-62．

［76］鄒秀萍，陳劭鋒，寧淼，等．中國省級區域碳排放影響因素的實證分析［J］．生態經濟，2009（3）：31-25．

［77］宋幫英，蘇方林．我國省域碳排放量與經濟發展的GWR實證研究［J］．財經科學，2010（4）：41-48．

［78］李國志，李宗植．中國二氧化碳排放的區域差異和影響因素研究［J］．中國人口·資源與環境，2010，20（5）：22-27．

［79］韓亞芬，孫根年，李琦，等．基於環境學習曲線的中國省際碳排放及減排潛力分析［J］．河北北方學院學報，2011，3（6）：37-49．

［80］仲雲雲，仲偉周．我國碳排放的區域差異及驅動因素分解——基於脫鉤和三層完全分解模型的實證研究［J］．經濟研究，2012，2（2）：123-133．

［81］宋德勇，徐安．中國城鎮碳排放的區域差異和影響因素［J］．中國人口·資源與環境，2011，21（11）：8-14．

［82］王佳，楊俊．中國地區碳排放強度差異成因研究——基於Shapley值分解方法［J］．資源學，2014，36（3）：557-566．

[83] 鄧吉祥, 劉曉, 王箏. 中國碳排放的區域差異及演變特徵分析與因素分解 [J]. 自然資源學報, 2014, 29 (2): 189-199.

[84] 張曉平. 中國對外貿易產生的 CO_2 排放區位轉移分析 [J]. 地理學報, 2009 (2): 234-242.

[85] 余慧超, 王禮茂. 中美商品貿易的碳排放轉移研究 [J]. 自然資源學報, 2009, 24 (10): 1837-1846.

[86] 王文舉, 向其鳳. 國際貿易中的隱含碳排放核算及責任分配 [J]. 中國工業經濟, 2011 (10): 56-64.

[87] 王媛, 王文琴, 方修琦, 等. 基於國際分工角度的中國貿易碳轉移估算 [J]. 資源科學, 2011 (7): 1331-1337.

[88] 張為付, 杜運蘇. 中國對外貿易中隱含碳排放失衡度研究 [J]. 中國工業經濟, 2011 (4): 138-147.

[89] 王媛, 魏本勇, 方修琦, 等. 基於 LMDI 方法的中國國際貿易隱含碳分解 [J]. 中國人口·資源與環境, 2011 (2): 141-146.

[90] 李珊珊, 羅良文. FDI 行業結構對中國對外貿易隱含碳排放的影響——基於指數因素分解的實證分析 [J]. 中國人口·資源與環境, 2012 (5): 855-863.

[91] 姚亮, 劉晶茹. 中國八大區域高碳排放轉移研究 [J]. 中國人口·資源與環境, 2010 (12): 16-19.

[92] 石敏俊, 王妍, 張卓穎, 等. 中國各省區碳足跡與碳排放空間轉移 [J]. 地理學報, 2012 (10): 1327-1338.

[93] 潘元鴿, 潘文卿, 吳添. 中國地區間貿易隱含 CO_2 [J]. 統計研究, 2013 (9): 21-28.

英文文獻

[1] Reunders A H M E, Vringer K, Blok K. The direct and indirect energy requirement of households in the European Union [J].

Energy Policy, 2003, 31 (2): 139-153.

[2] Park H C, Heo E. The direct and indirect household energy requirements in the Republic of Korea from 1980 - 2000, An input-output analysis [J]. *Energy Policy*, 2007, 35 (5): 2839-2851.

[3] Brent Kin and Roni Neff. Measurement and communication of greenhouse gas emissions from U. S. food consumption via carbon calculators [J]. *Ecological Economics*, 2009 (69): 186-196.

[4] Pathak H, Jain N, Bhatia A, Patel J, Aggarwal P K. Carbon footprints of Indian food items [J]. *Agriculture, Ecosystems and Environment*, 2010, 139 (2): 66-73.

[5] Manfred Lenzen. Primary energy and greenhouse gases embodied in Australian final consumption: an Input output analysis [J]. *Energy Policy*, 1998, 26 (6): 495-506.

[6] Giovani Machado, Roberto Schaeffer, Ernst Worrell. Energy and carbon embodied in the international trade of Brazil: an input-output approach [J]. *Ecological Economics*, 2001, 39 (3): 409-424.

[7] Manfred Lenzen, Lise L Pade, Jesper Munksgaard. CO_2 multipliers in multi-region input-output models [J]. *Economic Systems Research*, 2004, 16 (4): 391-412.

[8] Nadim Ahmad, Andrew W Wyckoff. Carbon dioxide emissions embodied in international trade of goods [EB/OL]. http://www.oecd.org/sti/working-papers, 2009-04-15.

[9] Glen P Peters, Edgar G Hertwich. Pollution embodied in trade: the Norwegian case [J]. *Global Environmental Change*, 2006, 16 (4): 379-387.

[10] Grossman G M, Krueger A B. Environmental impacts of a North Ameriican Free Trade A greement [C] //National Bureau of Economic Research Working Paper 3914, NBER. Cambridge MA. 1991.

[11] Bin Shuia, Robert C. Harriss. The role of CO_2 embodiment in US-China trade [J]. Energy Policy, 2006 (34): 4063-4068.

[12] Christopher L Weber, Glen P Peters, Dabo Guan, Klaus Hubacek. The contribution of Chinese exports to climate change [J]. *Energy Policy*, 2008 (36): 3572-3577.

[13] Yan Yunfeng, Yang Laike. China's foreign trade and climate change: A case study of CO_2 emissions [J]. *Energy Policy*, 2010 (38): 350-356.

[14] Auffhammer M, Carson R T. Forecasting the path of China's CO_2 emissions using province-level information [J]. *Journal of Environmental Economics and Management*, 2008, 55 (3): 229-247.

[15] Bressers H Th A, Huitema D. Economic instruments for environmental protection: can we trust the magic carpet? [J]. *International Political Science Review*, 1999, 20 (2): 175-196.

[16] Burtaraw D, et al. Improving efficiency in bilateral emission trading [J]. *Environmental and Resource Economics*, 1998, 11 (1): 19-33.

[17] Cramton P, Kerr S. Tradable carbon permit auctions-how and why to auction not grandfather [J]. *Energy Policy*, 2002, 30 (4): 333-345.

[18] Chen G Q, Zhang Bo. Greenhouse gas emissions in China 2007: Inventory and input - output analysis [J]. *Energy Policy*, 2014 (30): 886-902.

[19] Dhakal S. Urban energy use and carbon emissions from cities in China and policy implications [J]. *Energy Policy*, 2009,

37 (11): 4208-4219.

[20] Gao Y. Demyanov difference of two sets and optimality conditions of Lagrange multipliers type for constrained quasidifferentiable optimization [J]. *Journal of Optimization Theory and Applications*, 2000, 104 (2): 377-394.

[21] Gao Y. Representation of the Clarke generalized Jacobian via the quasidifferential [J]. *Journal of Optimization Theory and Applications*, 2004, 123 (3): 519-532.

[22] Khrushch, M. Carbon Emissions Embodied in Manufacturing Trade andInternational Freight of the Eleven OECD Countries [D]. Berkeley: University of California at Berkeley (MSc.'s Thesis), 1996.

[23] George Daskalakis, Gbenga Ibikunle, Ivan Diaz-Rainey. The CO_2 Trading Market in Europe: A Financial Perspective [J]. *Financial Aspects in Energy*, 2011 (11): 51-67.

[24] W. David Montgomery. Markets in licenses and efficient pollution control programs [J]. *Journal of Economic Theory*, 1972, 5 (3): 395-418.

[25] Misiolek W S, Elder H W. Exclusionary manipulation of markets for pollution rights [J]. *Journal of Environmental Economics and Management*, 1989, 16 (2): 156-166.

[26] Malueg D A. Welfare consequences of emission credit trading programs [J]. *Journal of Environmental Economics and Management*, 1990, 18 (1): 66-77.

[27] Malik A S. Further results on permit markets with market power and cheating [J]. *Journal of Environmental Economics and Management*, 2002, 44 (3): 371-371.

[28] Robert W. Hahn. Market power and transferable property

rights [J]. *Quarterly Journal of Economics*, 1984, 99 (4): 753-753.

[29] Liang Qiaomei, Fan Ying, Wei Yiming. Multi-regional input-output model for regional energy requirements and CO2emissions in China [J]. *Energy Policy*, 2007 (35): 1685-1700.

[30] Akira Maeda. The emergence of market power in emission rights markets: The role of initial permit distribution [J]. *Journal of regulatory Economics*, 2003, 24 (3): 293-314.

[31] Petit J R、Jouzel J、Raynaud D. Climate and Atmospheric History of the Past 420000 Years from the Vostok Ice Core, Antarctical [J]. *Nature*, 1999 (399): 429-436.

[32] IPCC. Climate Change 2007: Contribution of Working Groups I, II and III to the Fourth Assessment Report of the Intergovernmental Panel on Climate Change [R]. Geneva: Switzerland, 2007: 100-104.

[33] Siddiqi T A. The Asia Financial Crisis-Is It Good for the Global Environment? [J]. *Global Environmental Change*, 2000 (10): 127-131.

[34] Elizabeth Brooks, Simin Davoudi. Climate justice and retrofitting for energy efficiency: Examples from the UK and China [J]. *disP - The Planning Review*, 2014, 50 (3): 101-110.

[35] Rose A, Stevens B. The efficiency and equity of marketable permits for CO_2 emission [J]. *Resource and Energy Economics*, 1993, 15 (1): 117-146.

[36] Eftichios Sophocles Sartzetakis. On the efficiency of competitive markets for emission permit [J]. *Environmental and Resource Economics*, 2004, 27 (1): 1-19.

[37] Santore R, Robison H and Klein Y. Strategic state-level environmental policy with asymmetric pollution spillovers [J]. *Jour-*

nal of Public Economics, 2001, 80 (2): 199-224.

[38] Van Egteron H, Weber M. Marketable permits, market power, and cheating [J]. *Journal of Environmental Economics and Management*, 1996, 30 (2): 161-173.

[39] Woerdman E. Implementing the Kyoto Protocol: Why JI and CDM show more promise than international emissions trading [J]. *Energy Policy*, 2000, 28 (1): 326.

[40] L X Zhanga, C B Wanga, A S Bahajb. Carbon emissions by rural energy in China [J]. *Renewable Energy: An International Journal*, 2014 (66): 641-649.

[41] Zhao W H, Gao Y. Second-order optimality conditions for a constrained optimization [J]. *International Journal of Pure and Applied Mathematics*, 2005, 20 (1): 69-80.

[42] Heil M T and Wodon Q T. Inequality in CO_2 Emissions between Poor and Rich Countries [J]. *The Journal of Environmental and Development*, 1997 (6): 426-452.

[43] Liang Qiaomei, Fan Ying, Wei Yiming. Multi-regional input-output model for regional energy requirements and CO_2 emissions in China [J]. *Energy Policy*, 2007, 35 (3): 1685-1700.

[44] Clarke-Sather A, et al. Carbon Inequality at the Sub-national Scale: A Case Study of Provincial-level Inequality in CO_2 Emissions in China 1997—2007 [J]. *Energy Policy*, 2011 (39): 5420-5428.

[45] Acemoglu D, Aghion P, Bursztyn L, et al. The Environment and Directed Technical Change [D]. Cambridge: Harvard University, 2009.

[46] Satterthwaite D. The Implications of Population Growth and Urbanization for Climate Change [J]. *Environment and Urbaniza-*

tion, 2009, 21 (2): 545-567.

[47] Sathaye J, Meyers S. Energy Use in Cities of the Developing Countries [J]. *Annual Review Energy*, 1985, (10): 109-133.

[48] Zhang Xingping, Cheng Xiaomei. Energy consumption, carbon emissions, and economic growth in China [J]. *Ecological Economics*, 2009, 68 (10): 2706-2712.

[49] Blundell R and Bond S R. Initial Conditions and Moment Restrictions in Dynamic Panel Data Models [J]. *Journal of Econometrics*, 1998, 87: 115-143.

[50] Wen G, Cao Z. An empirical study on the relationship between China's economic development and environmental quality—Testing China's environmental Kuznets curve [J]. *Joural of Sustainable Development*, 2009 (2): 65-72.

[51] Duro, J. A., and Padilla, E.. International Inequalities in Per Capita CO_2 Emissions: A Decomposition Methodology by Kaya Factors [J]. *Energy Economics*, 2006 (28): 170-187.

[52] Pachauri S, Jiang L. The Household Energy Transition in India and China [J]. *Energy Policy*, 2008, 36 (11): 4022-4035.

[53] Berry B JL. City Classification Handbook: Methods and Applications [M]. New York: John Wiley&Sons, 1970.

[54] Brajer V, Mead R W, Xiao F. Health benefits of tunneling through the Chinese environmental Kuznets curve (EKC) [J]. *Ecological Economics*, 2008, 66 (4): 674-686.

[55] Houghton J T, et al. Climate Change 1995: The Science of Climate Change [M]. Cambridge: Cambridge University Press, 1996.

[56] De Freitas L C, Kaneko S. Decomposing the decoupling of CO_2 emissions and economic growth in Brazil [J]. *Ecological Eco-*

nomics, 2011, 70 (8): 1459-1469.

[57] Poumanyvong P, Kaneko S. Does Urbanization Lead to Less Energy Use and Lower CO2 Emissions? A Cross-country Analysis [J]. *Ecological Economics*, 2010, 70: 434-444.

[58] Ang B W. The LMDI approach to decomposition analysis: A pratical guide [J]. *Energy Policy*, 2005, 33 (7): 867-871.

[59] Kaya Y. Impact of Carbon Dioxide Emission on GNP Growth: Interpretation of Proposed Scenarios [R]. Presentation to the Energy and Industry Subgroup, Response Strategies Working Group, IPCC, Paris, 1989.

[60] International Energy Agency. World Energy Outlook 1996 [M]. Paris: Organization for economic Cooperation and Development, 1996.

[61] David F G, Jason Z Y. Urbanization and Energy in China: Issues an Implications [J]. *Urbanization and Social Welfare in China*, 2004.

[62] Cantore N, Padialla E. Equality and CO_2 Emissions Distribution in Climate Change Integrated Assessment Modeling [J]. *Energy*, 2009 (35): 298-313.

[63] Manne A, Richels R. The impact of learning by doing on the timing and costs of CO_2 abatement [J]. *Energy Economics*, 2004, 26 (4): 603-619.

[64] Joseph E. Aldy. Divergence in State-level Per Capita Carbon Dioxide Emissions [J]. *Land Economics*, 2007, 83 (3): 535-369.

[65] Grubb M, Muller B, Butler L. The relationship between carbon dioxide emissions and economic growth [R]. Oxbridge study on CO_2-GDP relationships. University of Cambridge, 2004.

[66] Ma C, Stem D I. Biomass and China's Carbon Emission: A Missing Piece of Carbon Decomposition [J]. *Energy Policy*, 2008, 36 (7): 2517-2526.

[67] Jaffe A B, Newell R G, Stavins R N. Environmental policy and Technological Change [J]. *Environmental and Resource Economics*, 2002, 22 (1-2): 41-70.

[68] Northam R M. Urban Geography [M]. New York: John Wiley&Sons, 1975.

[69] Imai H. The Effect of Urbanization on Energy Consumption [J]. *Journal of Population Problem*, 1997, 53: 43-49.

[70] Ang B W, Zhang F Q. A Survey of Index Decomposition Analysis in Energy and Environmental Studies [J]. *Energy Policy*, 2000, 25: 1149-1176.

國家圖書館出版品預行編目(CIP)資料

中國能源二氧化碳排放總量控制-和地區分配研究 / 何艷秋 著. -- 第一版. -- 臺北市：崧博出版：財經錢線文化發行，2018.10

面 ； 公分

ISBN 978-957-735-519-5(平裝)

1. 工業經濟 2. 碳排放 3. 中國

555.92　　　107015861

書　名：中國能源二氧化碳排放總量控制-和地區分配研究
作　者：何艷秋 著
發行人：黃振庭
出版者：崧博出版事業有限公司
發行者：財經錢線文化事業有限公司
E-mail：sonbookservice@gmail.com
粉絲頁　　　　　網　址：
地　址：台北市中正區延平南路六十一號五樓一室
8F.-815, No.61, Sec. 1, Chongqing S. Rd., Zhongzheng Dist., Taipei City 100, Taiwan (R.O.C.)
電　話：(02)2370-3310　傳　真：(02) 2370-3210
總經銷：紅螞蟻圖書有限公司
地　址：台北市內湖區舊宗路二段 121 巷 19 號
電　話：02-2795-3656　傳真：02-2795-4100　網址：
印　刷：京峯彩色印刷有限公司（京峰數位）

　　本書版權為西南財經大學出版社所有授權崧博出版事業有限公司獨家發行電子書及繁體書繁體版。若有其他相關權利及授權需求請與本公司聯繫。

定價：500 元
發行日期：2018 年 10 月第一版
◎ 本書以POD印製發行